Ernst Peter Fischer / Klaus Mainzer (Hrsg.)
Die Frage nach dem Leben

SERIE PIPER
Band 1119

Zu diesem Buch

Die Gesetze der Natur scheinen dem Leben – jedenfalls auf den ersten Blick – fundamental zu widersprechen. Darwins Entdeckung – die Ordnung der Lebensformen nimmt im Lauf der Zeit zu – stand ein von den Physikern gefundenes Gesetz entgegen, demzufolge die Strukturiertheit der Materie nur abnehmen kann.

Wie die Wissenschaften dieses »Rätsel des Lebens« Schritt für Schritt lösten, ist Gegenstand dieses Buches. Die Autoren knüpfen in ihren Texten an eine Frage an, die der Physiker Erwin Schrödinger (1887–1961) in einer Vorlesung 1943 gestellt hatte und die Titel seines berühmten Buches aus dem Jahr 1944 war. Schrödingers Fragen zu diesem Thema standen am Anfang einer Entwicklung, die zur heutigen Molekularbiologie geführt hat.

Die Herausgeber:
Ernst Peter Fischer, geboren1947 in Wuppertal, studierte Physik und Biologie, Promotion 1977, Privatdozent für Ideengeschichte an der Universität Konstanz. Er ist Herausgeber des »Mannheimer Forum«. Im Piper Verlag liegen vor: »Niels Bohr« (SP 5226) und »Das Atom der Biologen« (SP 759).
Klaus Mainzer, geboren 1947 in Opladen, studierte Mathematik, Physik, und Philosophie, Promotion 1973, Habilitation 1979 (Universität Münster), 1981 Prof. f. Philosophie (Universität Konstanz), 1988 o. Prof. f. Philosophie u. Wissenschaftstheorie (Universität Augsburg). Bücher u.a.: »Geschichte der Geometrie«, 1980; »Symmetrien der Natur«, 1988.

Ernst Peter Fischer/
Klaus Mainzer (Hrsg.)

Die Frage nach dem Leben

Mit Beiträgen von
Gerold Adam, Erich Bohl, Ernst Peter Fischer,
Ernst Florey, Hermann Haken, Rolf Knippers,
Bernd-Olaf Küppers, Klaus Mainzer, Hans Primas
und Arne Wunderlin

Mit 49 Abbildungen

Piper
München Zürich

ISBN 3-492-11119-X
Originalausgabe
November 1990

Umschlag: Federico Luci,
unter Verwendung einer Chromosomen-Aufnahme
(CNRI, Science Photo Library, London/Focus, Hamburg)
Gesamtherstellung: Clausen & Bosse, Leck
Printed in Germany

Inhalt

Die Frage nach dem Leben

Eine Vorbemerkung

Die Gesetze der Natur scheinen dem Leben fundamental zu widersprechen – auf den ersten Blick jedenfalls, der in der zweiten Hälfte des 19. Jahrhunderts gelungen ist. Denn kurz nachdem Charles Darwin mit der Evolution der Organismen die Tatsache entdeckt hatte, daß die Ordnung der Lebensformen im Laufe der Zeit immer zunimmt, fanden die Physiker ein Gesetz, demzufolge die Strukturiertheit der Materie nur abnehmen kann. Leben und Gesetz paßten damals also nicht nur nicht zusammen, sie gingen völlig verschiedene Wege, und die Grundlagenwissenschaften standen von nun an vor einer großen Aufgabe, nämlich eine Lösung zu finden für das, was oft als »Rätsel des Lebens« bezeichnet worden ist.

Die Kluft, die sich vor über einhundert Jahren zwischen der Physik und ihrem Untersuchungsgegenstand einerseits und der Biologie und dem Leben andererseits aufgetan hatte, konnte inzwischen überbrückt werden. Die Einsicht, daß sich das Leben und die Naturgesetze nicht widersprechen, wurde dabei vor allem durch die Entwicklung der Molekularbiologie möglich. Mit ihrer Hilfe wurde der Blick frei auf die besondere Konstruktion der Natur, mit deren Hilfe in dem Konflikt zwischen zunehmender und abnehmender Ordnung genau die Mitte gehalten wird. Gemeint sind damit die Erbsubstanz und die Gene, denen es gelingt, die Ordnung des sie tragenden Lebewesens zu reproduzieren. Mit anderen Worten, die Gene sind die Erfindung, mit der die Natur eine vorhandene Ordnung erhält.

Auf diese Bedeutung der Gene hat zum erstenmal der große Physiker Erwin Schrödinger hingewiesen, der sich mitten im zweiten Weltkrieg in Dublin die alte und beunruhigende Frage nach dem Leben gestellt hatte, ob nämlich die biologischen Erscheinungen mit Hilfe der physikalischen Gesetze verstanden werden können, oder ob hier etwas grundlegend nicht zusammenpaßt. Schrödinger publizierte seine Überlegungen in einer kleinen Schrift, die unter dem Titel »Was ist Leben?« gegen Ende des zweiten Weltkriegs erschienen ist und eine große Wirkung erzielen konnte, trotz vieler kleiner Ungenauigkeiten, auf die seine Kritiker heute noch hinweisen. Schrödingers Buch erzielte seine große Wirkung vor allem deshalb, weil es genau die Fragen stellte, die die damals in Schwung kommende Bakteriengenetik lösen konnte, und mit deren Antworten sich diese Wissenschaft zur Molekularbiologie entwickelte, die bis in unsere Tage ihre Triumphe feiert.

Aus Anlaß des 100. Geburtstages von Erwin Schrödinger wurde eine neue Ausgabe der Schrift »Was ist Leben?« vorgelegt, da die erste deutsche Fassung seit den fünfziger Jahren vergriffen ist. Wir nahmen den Geburtstag und die Neuauflage des Buches zum Anlaß, an der Universität Konstanz eine Vorlesungsreihe zu organisieren, in der die Frage »Was ist Leben?« von verschiedenen Fachwissenschaftlern neu bedacht werden sollte. Die Vorlesungen wendeten sich an Hörer aller Fakultäten. Sie wurden auch von zahlreichen Lehrern und interessierten Bürgern der Stadt Konstanz besucht. Im Vorwort zu seinen Vorlesungen über die Frage »Was ist Leben?« stellt Schrödinger voller Stolz fest, daß im Verlauf der vier Veranstaltungen das Interesse der Zuhörerschaft nicht abgenommen habe. Wir können hier ebenso stolz berichten, daß der Hörsaal auch bei der elften und letzten Vorlesung so übervoll wie bei der ersten Veranstaltung war.

Die ersten beiden Vorlesungen sollten eine umfassende Einführung in die Thematik bieten. Dabei zeigte sich bereits, daß die wissenschaftstheoretische Diskussion zur Frage »Was ist Leben?« mit alten naturphilosophischen Traditionen eng verbunden sind. Zur unmittelbaren Entwicklung der Molekularbiologie hat Schrödingers Buch in teilweisem Rückgriff auf diese Traditionen einen wirksamen Anstoß gegeben.

Die großen Triumphe der molekular ausgerichteten Wissenschaften erwecken manchmal den Eindruck, als ob sie die traditionellen Fächer völlig verdrängt hätten und auf alle Fragen eine eindeutige Lösung bieten könnten. Die Einseitigkeit dieser Sichtweise klarzulegen, war Aufgabe des dritten Beitrags, der temperamentvoll und streitbar die Grenzen der molekularen Wissenschaft vom Leben aufzeigte.

Wir haben zu Beginn auf die Diskrepanz hingewiesen, die zwischen der physikalischen Tendenz zur Unordnung und den Eigenschaften des Lebens besteht. Daß die Unvereinbarkeit von Leben und Gesetz in Wirklichkeit nur scheinbar ist und die großen Fortschritte, die nötig waren, um die geeignete Verbindung herzustellen, waren die Themen der folgenden beiden Vorlesungen, die sich einmal mit dem Ursprung der biologischen Information und noch allgemeiner mit der Entstehung von Ordnung beschäftigen. Sie machen anschaulich klar, daß es Gesetze des Lebens gibt, ohne daß damit jede Freiheit verlorengeht.

Als Schrödinger sich mit diesen Fragen beschäftigte, empfahl er den Wissenschaftlern, sich auf die Forschung der Gene zu konzentrieren, die damals in den vierziger Jahren nur ganz am Rande des Interesses standen. Schrödinger sprach damals im Zusammenhang mit dem Gen von einem »aperiodischen Kristall«. Wie tief inzwischen unsere Kenntnis der Vererbung ist, zeigt der anschließende Beitrag, der sich um die heutige Antwort auf die Frage »Was ist ein Gen?« bemüht.

Auffallend an lebenden Systemen im Gegensatz zu den Gegenständen der Physik ist ihre Komplexität. Leben besteht nie aus nur einigen wenigen Teilen. Da müssen mindestens einige hunderttausend Moleküle zusammenkommen, die zudem eine bestimmte Vielfalt aufweisen müssen. Warum das Leben so kompliziert ist, versteht man vermutlich am besten, wenn man wie in dem folgenden Aufsatz die Wege erkundet, auf denen es seine ersten Schritte gemacht hat.

Nachdem das Leben einmal in Gang gekommen war, hat es eine unglaubliche Mannigfaltigkeit von Formen erschaffen, denen wir nur staunend gegenüber stehen können, gerade weil sie auf überzeugend einfache Weise zustande kommen. Wie wenig wir trotz aller derzeitigen genetischen Erfolge von den Eigenschaften der lebenden und sich entwickelnden Form wissen, macht der Beitrag »Was kann das Leben?« deutlich, aus dem man auch verblüfft lernt, daß die Natur Aufgaben lösen kann, die ihr im Leben nie gestellt werden.

Das große Geheimnis hinter dem Erfolg der Physik ist die Tatsache, daß die Mathematik – aus nicht völlig verstandenen Gründen – so gut auf die Natur paßt. Sie scheint aber nur zu passen, so meinte man lange Zeit, wenn das Leben keine Rolle spielt. Inzwischen hat sich da ein Wandel vollzogen, und es ist klar, daß es so etwas wie eine Geometrie des Lebens gibt, die überzeugend in der Sprache der Mathematik beschrieben werden kann. Der letzte Beitrag zeigt, daß dies auch derjenige verstehen kann, der sonst nur die Sprache des Alltags spricht.

Konstanz, im Mai 1990

Klaus Mainzer und Ernst Peter Fischer

Klaus Mainzer

Die Philosophen und das Leben

Eine wissenschaftstheoretische Einführung

Die Frage »Was ist Leben?« war der Titel einer Vorlesung des Physik-Nobelpreisträgers Erwin *Schrödinger*, die er 1943 in Dublin gehalten hatte und die anläßlich seines 100. Geburtstages erneut publiziert wurde. Schrödingers Buch stand 1944 am Anfang einer stürmischen Entwicklung, in der Physiker, Chemiker und Mathematiker die Biologie neu entdeckten und unsere Ausgangsfrage »Was ist Leben?« auf neuer physikalischer und biochemischer Grundlage zu beantworten suchten. Eine solche Frage kann also nicht nur von einer naturwissenschaftlichen Disziplin beantwortet werden, sondern löst interdisziplinäre Forschung aus und bietet sich geradezu für das Studium generale an. Erwin Schrödinger schreibt dazu selber im Vorwort zu seinem Buch:

> »Wir haben von unseren Vorfahren das heftige Streben nach einem ganzheitlichen, alles umfassenden Wissen geerbt. Bereits der Name der höchsten Lehranstalten erinnert uns daran, daß seit dem Altertum und durch viele Jahrhunderte nur die universale Betrachtungsweise voll anerkannt wurde. Aber das Wachstum in die Weite und Tiefe, das die mannigfaltigen Wissenszweige seit etwa einem Jahrhundert zeigen, stellt uns vor ein seltsames Dilemma. Es wird uns klar, daß wir erst jetzt beginnen, verläßliches Material zu sammeln, um unser gesamtes Wissensgut zu einer Ganzheit zu verbinden. Andererseits aber ist es einem einzelnen Verstande beinahe unmöglich geworden, mehr als nur einen kleinen spezialisierten Teil zu beherrschen. Wenn wir unser wahres Ziel nicht für immer aufgeben wollen, dann dürfte es nur den einen Ausweg aus dem Dilemma geben: Daß einige von uns sich an die Zusammenschau von Tatsachen und Theorien wagen...«[1]

Um diese Zusammenschau von Tatsachen und Theorien geht es in dieser Vorlesungsreihe von Biologen, Chemikern, Physikern, Mathematikern und Philosophen. Naturwissenschaftlich zeichnet sich heute Leben als ein hierarchisch geordnetes System ab, das aus wohlunterschiedenen Teilsystemen wachsender Komplexität aufgebaut ist – von den subatomaren Elementarteilchen, den Atomen, Molekülen, Genen, Zellen, Zellverbänden bis zu den höheren Organismen der Pflanzen und Tiere, die als Populationen in ein kompliziertes Ökosystem auf unserer Erde miteinander vernetzt sind und sich in den technischen Gesellschaften der Menschen fortsetzen. Das alles ist in einer gigantischen Evolution begriffen, die vor Millionen von Jahren begann und nach bestimmten Gesetzmäßigkeiten zum heutigen Zustand des Lebens führte.

In dieser oder ähnlicher Weise wird uns heute das *Bild des Lebens* durch die moderne *Naturwissenschaft* vermittelt[2]. Aber Leben ist nicht nur Gegenstand eines komplizierten naturwissenschaftlichen Wissens. Leben betrifft uns alle. Wir sprechen vom »Sinn des Lebens«, von der »Verantwortung für das Leben«, von »Lebensqualität«. Man sprach vom »ewigen Leben«, aber auch von »lebenswertem« und »lebensunwertem« Leben. Die Frage »Was ist Leben?« zieht sich also wie ein roter Faden durch die Geschichte der Menschheit. Die Art, wie diese Frage von den Menschen jeweils beantwortet wurde, hat ihre Lebenseinstellung, ihre Stellung zur Natur, ihr Weltbild also und ihr Handeln entscheidend geprägt. Daher ist die Frage »Was ist Leben?« auch eine *philosophische Frage.*

Im folgenden werde ich den historischen Wandel in der Beantwortung dieser Frage in vier Abschnitten skizzieren: 1. Leben als Organismus im antiken-mittelalterlichen Weltbild, 2. Leben als Maschine im mechanistischen Weltbild der Neuzeit (17./18. Jahrhundert), 3. Leben als Evolution im Zeitalter Darwins (19. Jahrhundert), 4. Leben in der technisch-wissenschaftlichen Welt (20. Jahrhundert). Dabei wird sich zeigen, daß unser Thema »Was ist Leben?« nicht nur als naturwissenschaftliche Fragestellung zu verstehen ist, die im Laufe der Jahrhunderte im Sinne eines linearen Fortschritts besser beantwortet wurde. »Was ist Leben?« ist vielmehr eine Menschheitsfrage, die von jeder Generation neu gestellt und mit ihrem Wissen und ihrer Erfahrung neu beantwortet werden muß, um *Orientierung* für das eigene Handeln zu gewinnen.

Leben als Organismus im antiken-mittelalterlichen Weltbild

Bevor wir uns mit der neuzeitlichen Wissenschaftsgeschichte beschäftigen, schicke ich einen Abschnitt über Frühzeit, Antike und Mittelalter voraus. Damit wird einmal der Hintergrund deutlich, auf dem der naturwissenschaftliche Umbruch zu Beginn der Neuzeit zu verstehen ist. Zum anderen weist dieses alte vorwissenschaftliche Natur- und Lebensverständnis viele Aspekte auf, die z. B. in heutigen ökologischen Diskussionen um den Lebensbegriff herausgestellt werden. So wird in frühen mythischen Deutungen betont, daß Leben sich in zyklischen Kreisläufen des Wachsens und Vergehens, von Geburt und Tod vollzieht und daß nur derjenige überlebt, der sich im Einklang mit den großen Naturzyklen befindet – von Ebbe und Flut, dem Wechsel der Jahreszeiten, von Tag und Nacht, dem Wechsel der Sternbilder, fruchtbaren und unfruchtbaren Perioden der Natur usw. Die Natur selber erschien wie ein großer Organismus, in dessen natürliche Abläufe die Menschen eingebunden waren. Die *Naturmythologien* und ihre Rituale dienten dem Zweck, den Menschen in Harmonie mit dieser organischen Ordnung leben zu lassen.

Die *Naturphilosophie* löste die Mythologie ab, als nach den ersten Gründen und Ursachen des Lebens gefragt wurde und nicht länger personifizierte Dämonen und Götter akzeptiert waren. So soll bereits der Vorsokratiker *Thales von Milet* im 6. vorchristlichen Jahrhundert das Wasser als Ursache des Lebens aufgefaßt haben, weil alle Lebewesen vom Wasser durchtränkt seien, weil Lebendiges dem Feuchten entspringe und sich vom Wässerigen ernähre. Bei seinem Zeitgenossen *Anaximander* (611–546 v. Chr.) scheinen sogar Evolutionsvorstellungen anzuklingen, wenn er lehrt, daß die ersten Lebewesen aus dem Feuchten entstanden, als dieses infolge der Sonnenwärme verdampfte. Ursprünglich in eine stachlige Rinde eingehüllt, stiegen sie im späteren Alter ans Land und paßten, nachdem die Rinde zersprungen, ihre Lebensweise an die neuen Verhältnisse an. Dabei gingen Philosophen wie *Empedokles* noch von vertrauten Stoffen wie Wasser, Luft, Feuer und Erde aus, auf die Lebensprozesse durch Mischung und Wandlung zurückzuführen seien.

Abstrakter mußte der Atomismus von *Demokrit* gewirkt haben, der selbst Lebensvorgänge auf kleine unsichtbare Teilchen (Atome) zurückführte, die sich im leeren Raum bewegen. In pythagoräischer Tradition stellt *Platon* sogar ideale geometrische Körper als Bausteine der Materie heraus. Wissenschaftstheoretisch gesprochen ist der mathematische Atomismus der Antike ein erstes reduktionistisches Programm des Lebens, d. h. der Versuch, physiologische und biologische Vorgänge auf physikalische Bausteine der Materie zurückzuführen.

Das alles klingt vom Standpunkt heutiger mathematischer Naturwissenschaft aus sehr modern, war aber in der damaligen Zeit zu spekulativ und wenig überzeugend. Warum sollte man auch die vertrauten Lebensvorgänge durch abstrakte, starre und tote Dinge erklären, die man doch nicht wahrnehmen konnte? Viel naheliegender und realistischer war für die damaligen Menschen der umgekehrte Weg, nämlich das Unbekannte nach dem Vorbild der vertrauten organischen Lebensvorgänge zu erklären.

Modern gesprochen lehnte *Aristoteles* (384–322 v. Chr.) den atomistischen Reduktionismus und die Mathematisierung der Lebensvorgänge als spekulativ ab. Nur die ewigen Kreisbewegungen der Sterne sind nach Aristoteles mathematisierbar, die Unruhe des Lebens nicht. Leben zeichnet sich nach Aristoteles durch die Fähigkeit zur *Selbstbewegung* aus, ohne von außen angestoßen zu werden. Leben bedeutet in diesem Sinn »eine Seele besitzen«, die wiederum als organisierende Kraft *(Entelechie)* der Materie verstanden wird *(Vitalismus)*. Die Selbstorganisation des Lebens, so könnte man modern sagen, wird nach Aristoteles durch Ziele und Zwecke funktional gesteuert (*Teleologie*). So wächst der Baum aus dem Samen zu dem

Zweck, seine endgültige Gestalt zu erreichen. Man könnte daher die Aristotelische Position als eine *vitalistische Teleologie* bezeichnen.

Bemerkenswert ist, daß er die Natur in eine stetige Stufenfolge von mehr oder weniger belebten Organismen *(scala naturae)* gliedert und nicht in einen absoluten Gegensatz von »tot« und »lebendig« oder »organisch« und »anorganisch«:

> »Die Natur macht den Übergang vom Leblosen zum Lebendigen so allmählich, daß durch die Stetigkeit desselben die Grenze zwischen beiden und die Stellung der Mittelglieder unsicher ist. Nach dem Reich des Leblosen kommt zunächst das der Pflanzen, und unter diesen sind nicht nur die einzelnen Unterschiede der größeren oder geringeren Lebendigkeit zu bemerken, sondern auch die ganze Gattung erscheint im Vergleich mit dem Anorganischen als belebt, im Vergleich mit den Tieren als leblos. Weiter ist auch der Übergang von den Pflanzen zu den Tieren ein stetiger. Denn bei manchen Seetieren kann man zweifeln, ob sie Tiere oder Pflanzen sind, da sie an dem Boden angewachsen sind und nicht losgetrennt leben können, ja die ganze Klasse der Schalentiere gleicht mit denen zusammengehalten, die gehen können, bloßen Pflanzen.«[3]

Auf dem Hintergrund dieser Stufenfolge formuliert Aristoteles *eine Art biogenetisches Grundgesetz:*

> »Anfänglich scheinen alle Tierföten eine Art Pflanzenleben zu führen; in der Folge erst ist bei ihnen von der Empfindungs- und Denkseele zu sprechen. Daß die Tiere die Ernährungsseele haben, ist klar; ... aber im weiteren Verlauf müssen sie auch die Empfindungsseele bekommen, kraft derer sie Tiere sind.«[4]

Bei aller Theorie ist Aristoteles einer der ersten beobachtenden Botaniker, Zoologen und Physiologen. Er stellt eine erste *Systematik* der Pflanzen und Tiere nach unterschiedlichen Merkmalen auf und versucht, *physiologische Prozesse* zu beschreiben (Abbildung 1). Wir begegnen hier wieder der vertrauten Vorstellung von den organischen Lebenszyklen, die auch zur Erklärung anorganischer Prozesse herangezogen

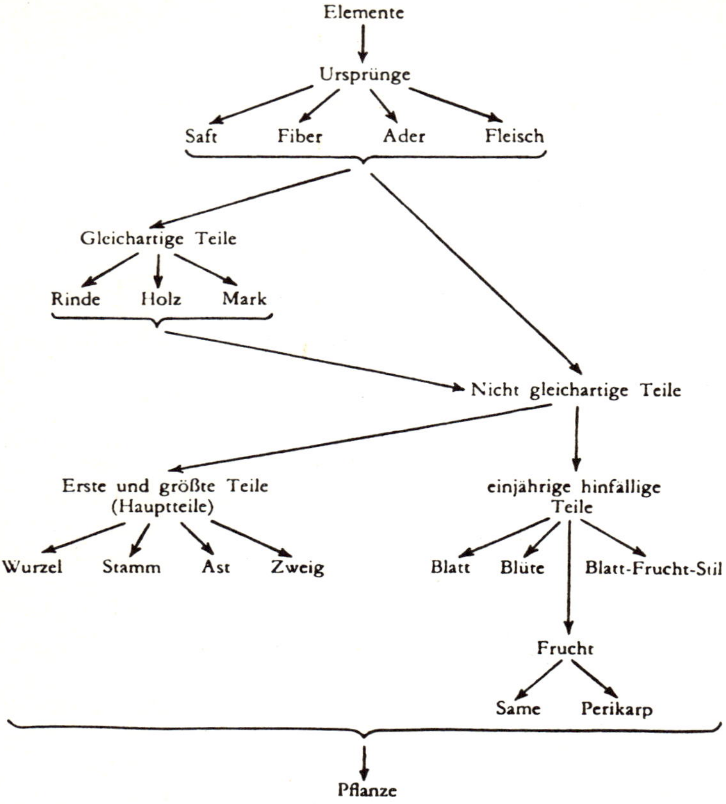

Abb. 1: *Aristotelische Systematik der Pflanzen (nach Theophrast)*

wurde. Während wir heute organische und physiologische Funktionen wie Zeugung, Empfängnis, Vererbung, Verdauung, Reife usw. durch anorganische und molekulare Abläufe erklären, geht Aristoteles mit seinem *organischen Paradigma der Natur* umgekehrt von den vertrauten physiologischen Funktionen aus und versucht damit, alle anorganischen Vorgänge zu erklären.

Eine solche organische Einstellung zum Leben hat praktische Folgen z. B. in der Medizin. So lehrt später *Galenus*, der

Leibarzt des Kaisers Marc Aurel, im Sinne aristotelischer Teleologie, daß Körperorgane vollkommen ihren Funktionen angepaßt seien. Als Beispiel wird auch das Verdauungssystem angeführt, daß den »nützlichen« Teil der Nahrung verdaue, in das Blut absorbiere und die Abfallprodukte zurücklasse. Das Leben erfordert daher gesunde Ernährung, d. h. aristotelisch im Einklang und im Maß mit den Funktionen des Organismus.

Im Mittelalter verbindet *Albertus Magnus* (1193–1280) die aristotelische Lebensauffassung mit dem Christentum. Von großer Aktualität ist in dem Zusammenhang Alberts Lehre, daß gesundes Leben nur in einer gesunden Umwelt und bei gesunden Lebensbedingungen möglich ist. In eigenen Schriften beschäftigt er sich mit den Auswirkungen von Luft, Klima, Landschaft, Witterung auf den gesunden und kranken Organismus. Nahrung, Verdauung, Traumleben und Lebensdauer sieht er, was uns heute sofort einleuchtet, von der Qualität der Luft bestimmt. In seiner Schrift »De vegetabilibus« empfiehlt Albert daher die Anlage und den Aufbau von Ziergärten (viridaria), d. h. grünen und erholsamen Gärten – zur Freude des Auges, des Geruchssinnes und der Atmungsorgane. Der »Garten des Menschlichen«, in dem sich Körper und Seele erholen können, ist also keine Erfindung umweltgeschädigter Zeitgenossen.

Im Mittelpunkt von Alberts biologischem und medizinischem Denken steht der Mensch als *leib-seelische Ganzheit.* Seine therapeutischen Empfehlungen für ein harmonisches Wohlbefinden des Menschen reichen von einer geregelten Ernährung bis zu einem gesunden Sexualleben. Wie die moderne historische Forschung zeigt, waren die Menschen des Mittelalters keine Kinder von Traurigkeit. Verklemmungen und Entfremdungen bleiben häufig späteren, sogenannten aufgeklärten bürgerlichen Zeitaltern vorbehalten.

Leben als Maschine im mechanistischen Weltbild der Neuzeit (17./18. Jahrhundert)

Die entscheidende Voraussetzung der neuzeitlichen Physik war die Verbindung von Mathematik, Beobachtung, Experiment und Technik, die in der Renaissance viele Wissenschaftler anstreben. Mit seiner scharfen Kritik an der aristotelischen Bewegungslehre leitet *Galilei* faktisch die Ablösung der Physik von der aristotelisch-mittelalterlichen Philosophie ein. Damit war aber keine Lösung aus der Philosophie schlechthin gemeint. Vielmehr sollte die alte durch eine neue mathematische und experimentelle Naturphilosophie abgelöst werden. Entsprechend lautet auch der Titel von *Newtons* Hauptwerk von 1687 »Philosophiae naturalis principia mathematica«. Geometrie und Mechanik werden zum Vorbild der Naturwissenschaften. In der Wissenschaftsgeschichte spricht man deshalb auch von einer *Mechanisierung des Weltbildes*.

Wie in einem großen Uhrwerk sollte in der Natur ein Rad ins andere greifen und, über viele Stufen vermittelt, Bewegungen verursachen. Wenn Gott einmal die Uhr der Natur aufgezogen hat, so funktioniert sie nach mechanischen Gesetzen in prästabilierter Harmonie, wie *Leibniz* sich ausdrückt.

Auch die *Physiologie der Lebensvorgänge* sollte nun mechanistisch erklärt werden. So modifiziert Descartes die Hypothese von *Harveys* Blutkreislauf, in dem das Herz als Pumpmaschine eingesetzt wurde. Allgemein stellte *Descartes* vom tierischen und menschlichen Körper fest, daß sich sein Mechanismus allein aus der Einrichtung der Organe ergibt »und das mit der gleichen Notwendigkeit wie der Mechanismus einer Uhr aus der Kraftlage und Gestalt ihrer Gewichte und Räder folgt«.[5] Die Anatomie des menschlichen Körpers, die man spätestens seit der Renaissance durch die Sezierung von Leichen studierte, war nichts anderes als eine Anwendung der cartesischen analytischen Methode, wonach ein System zunächst in seine Teile zu zerlegen sei, um dann seine Funktion durch die Gesetze der Geometrie und Mechanik zu erklären.

Der italienische Physiker und Physiologe *G. A. Borelli* (1608–1679), der mit seiner *Iatrophysik* als Vorläufer der *Bio-*

physik verstanden werden kann, überträgt einen berühmten Ausspruch Galileis auf die Biologie, wenn er in »De motu animalium« geradezu emphatisch feststellt:

»Und da die wissenschaftliche Erkenntnis aller dieser Dinge vorwiegend auf der Geometrie beruht, wird es richtig sein, daß Gott bei der Erschaffung der tierischen Organismen Geometrie trieb, und daß wir zu ihrem Verständnis die Geometrie brauchen; denn sie ist die einzige und passende Wissenschaft, wenn man die göttliche Schrift der Tierwelt lesen und verstehen will.«[6]

Während jedoch Descartes noch eine unsterbliche Seele für den Menschen vorsah, reduzierte *Lamettrie* 1747 den Menschen mit dem Kampfruf *»L'homme machine«* auf einen seelenlosen Automaten, der sich von den Tieren nur durch die höhere Komplexität und Organisation seiner Teile unterscheidet. Der Mechanismus der Natur, bei Descartes und Leibniz noch deistisch verstanden, schlug in der Aufklärung in Materialismus und Atheismus um. Nach der Physik sollte auch in der Physiologie und Medizin die organische Naturauffassung in der Tradition von Aristoteles ausgetrieben werden. Bezeichnend dafür ist eine Schilderung *Voltaires* über Lamettrie: Als Lamettrie 1751 nach einem üppigen Festmahl plötzlich erkrankte und in wenigen Tagen an Verdauungskomplikationen starb, sollen die Gottesfürchtigen erleichtert aufgeseufzt haben. Wie angemessen, so hörte man, daß ein Materialist durch seine eigene Unersättlichkeit sterben sollte.

Gleichwohl werden im Zeitalter der Mechanik einige aristotelische Konzepte weiterdiskutiert. So nimmt Leibniz wie Aristoteles eine *hierarchische Ordnung* der Natur an, die von kleinsten Bausteinen (Monaden) bis zu den komplexen Organismen eine stetige Skala der Beseelung aufweist. Angeregt durch *Leibniz* schlägt der Genfer Zoologe C. *Bonnet* (1720–1793) eine Hierarchie der Natur (»Echelle des êtres naturelles«) vor, in der in geradezu moderner Weise die *»Organisationshöhe«* als Maßstab für die Komplexität der Systeme eingeführt wird:

»Unter allen Ausprägungen der Materie ist die Organisation die hervorragendste. Die vollkommenste Organisation ist diejenige, welche mit einer gleichen oder geringeren Zahl von unterschiedlichen Teilen die meisten Wirkungen erzielt. Unter den irdischen Wesen ist dies der menschliche Körper... Das Wesen, das nur aus der Wiederholung der ähnlichen oder gleichen Teile gebildet ist, besitzt nur den allerniedrigsten Grad von körperlicher Vollkommenheit. Wahrscheinlich gehört hierher das Atom- oder Elementarteilchen.«[7] »Die Vollkommenheit der Naturmaschinen bemißt sich, wie bei den künstlichen, nach der Zahl der Stücke und der Vielfalt der Wirkungen. Diejenige ist die vollkommenste, die mit den wenigsten Teilen die größten Wirkungen hervorbringt.«[8]

Ende des 18. Jahrhunderts trägt *Kant* seine *Kritik des mechanistischen Rationalismus* vor, in der er die beschränkte Anwendbarkeit des Maschinenbegriffs in der Biologie nachweist. Der Maschinenbegriff ist nämlich im 18. Jahrhundert nur im Sinne der Mechanik präzisiert. Dann kann aber ein Organismus »nicht bloß Maschine sein, denn die hat«, so schreibt Kant in seiner »Kritik der Urteilskraft«, »lediglich bewegende Kraft; sondern sie besitzt in sich bildende Kraft, und zwar eine solche, die sie den Materien mitteilt, welche sie nicht haben (sie organisiert): also eine sich fortpflanzende bildende Kraft, welche durch das Bewegungsvermögen allein (den Mechanism) nicht erklärt werden kann.«[9] Andererseits lehnt Kant auch die *aristotelische Teleologie* ab und läßt die Rede von »Zwecken« in der Natur nur als Analogie und anthropomorphe Redeweise zu. Entscheidend sei vielmehr, daß ein Organismus als ein Produkt der Natur als ein »sich selbst organisierendes Wesen« zu verstehen sei.

Auch *Goethe* lehnte die *materialistisch-mechanistische Aufklärung*, wie sie z. B. der französische Enzyklopädist Holbach in seinem »Système de la Nature« vorgetragen hatte als »grau... totenhaft... wie ein Gespenst und ohne Sonne«[10] ab.

»Was wär' ein Gott, der nur von außen stieße
Im Kreis das All am Finger laufen ließe,
Ihm ziehmt's, die Welt im Inneren zu bewegen,

Natur in sich, Sich in Natur zu hegen,
So daß, was in Ihm lebt und webt und ist,
Nie Seine Kraft, nie Seinen Geist vermißt.«[11]

Leben entfaltet sich nach Goethe organisch und harmonisch wie die Metamorphose einer Pflanze oder die geistige Reife eines Menschen (Abbildung 2).

Auf dem Hintergrund der Goethezeit und von Kants Kritik am mechanistischen Weltbild entsteht Anfang des 19. Jahrhunderts in Deutschland eine *romantische Naturphilosophie*, in der Natur wieder als Organismus begriffen wird. *F. W. J. Schelling* (1775–1854) entwirft eine »Wissenschaft vom Lebendigen«, in der er Organisation und Reproduktion als Kennzeichen des Lebendigen herausstellt.

»Es ist also Eine Organisation, die durch alle diese Stufen herab allmählich bis in die Pflanze sich verliert, und Eine ununterbrochen wirkende Ursache, die von der Sensibilität des ersten Tiers an bis in die Reproduktionskraft der letzten Pflanze sich verliert.«[12]

L. Oken (1779–1851), Mediziner und Gründungsrektor der Universität Zürich, beschreibt als Anhänger der romantischen Naturphilosophie einen »Planetarischen Prozeß«, in dem der lebende Organismus aus einer Synthese von Magnetismus, Chemismus und Galvanismus erklärt wird (Abbildung 3)[13]. Als Reaktion auf den neuzeitlichen Mechanismus tritt also die Philosophie des Organismus und Vitalismus unter neuen historischen Bedingungen wieder auf. So modern uns heute ihre Grundbegriffe der *Selbstorganisation* und *Selbstreproduktion* anmuten, so bleibt sie damals Spekulation, bestenfalls geniale Intuition, da eine entsprechend experimentell-naturwissenschaftliche Basis fehlt.

Abb. 2: *»Urpflanze« (Original von Goethe)*

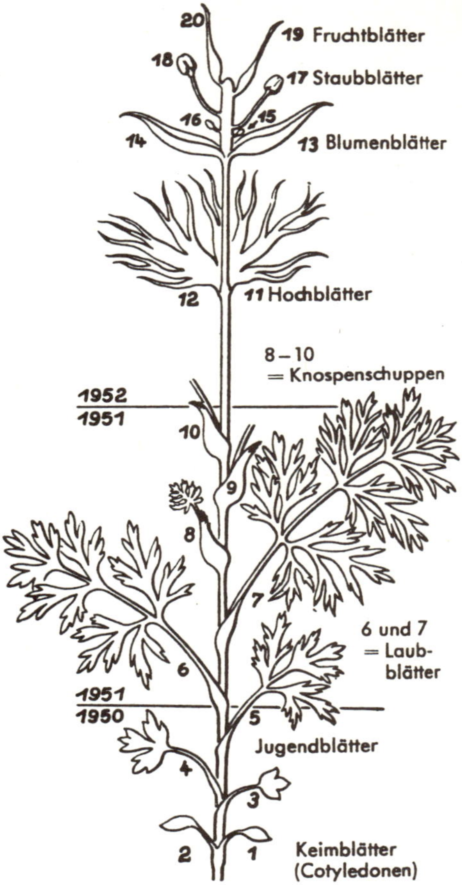

Metamorphose einer Blattgestalt (Pulsatilla)

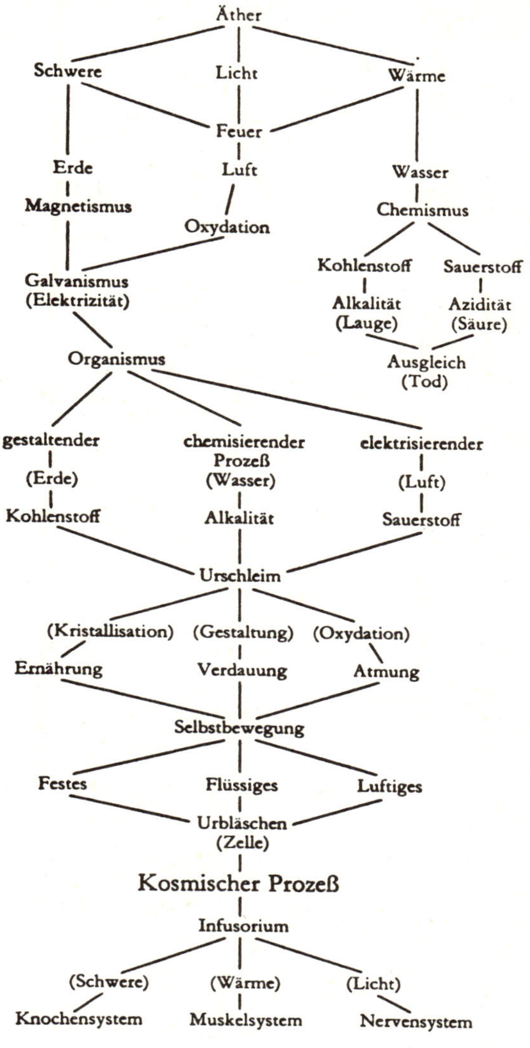

Abb. 3: *Leben als ›Planetarischer Prozeß‹ (nach Oken)*

Das friedliche Bild eines sich organisch und harmonisch entfaltenden Lebens, das so ganz den Persönlichkeitsidealen der Goethezeit und des deutschen Idealismus entsprach, wurde bald schon in der Biologie verdrängt. *Charles Darwins* Lehre von der Entwicklung der biologischen Arten durch natürliche Zuchtauswahl schien die Annahme von zielgerichteten (teleologischen) Kräften der belebten Natur überflüssig zu machen. Die Durchsetzung einer Art im *»survival of the fittest« (H. Spencer)* hängt kausal vom größeren Selektionsvorteil unter bestimmten Umweltbedingungen (z. B. Nahrung, Klima) ab. Dabei greift Darwin Ideen auf, die vorher teilweise auch bereits Lamarck (1744–1829) geäußert hatte (»Vererbung erworbener Eigenschaften«). Entscheidend sind für Darwin die (genetische) Variabilität einer Art (»Mutation«) und die natürliche Selektion, die der Entwicklung eine Richtung gibt.

Viele Zeitgenossen empfanden den Darwinismus nicht nur als naturwissenschaftliche Theorie. Darwins Evolutionstheorie entwarf vielmehr ein Bild des Lebens, in dem sich die Gesellschaft des 19. Jahrhunderts mit ihrer stürmischen Fortschrittsdynamik, den grandiosen Erfolgen der »Tüchtigen« und der erbarmungslosen Verelendung und Selektion der »Schwachen« wiedererkannte. Seit dieser Zeit spricht man auch vom *Sozialdarwinismus* als einer politischen Einstellung.

Eine Ausweitung der Evolution des Lebens vom Einzeller bis zum Menschen trägt in der zweiten Hälfte des 19. Jahrhunderts E. *Haeckel* vor. Dabei konnte die Evolutionstheorie in dieser Zeit keineswegs mit damals bereits hochgradig bestätigten physikalischen und chemischen Theorien verglichen werden. Außer einigen morphologisch vergleichenden Studien lag nämlich zur Zeit Darwins als Bestätigung nichts vor. So beschreibt Darwin zwar die genetische Variabilität einer Art und die natürliche Selektion, ohne sie aber erklären zu können. Die *Vererbungsgesetze Mendels* (1865) waren ihm (wie seinen Zeitgenossen) unbekannt. Dennoch wird einer der großen Physiker des 19. Jahrhunderts rückblickend auf sein Jahrhundert sagen:

»Wenn Sie mich nach meiner innersten Überzeugung fragen, ob man unser Jahrhundert einmal das eiserne Jahrhundert oder das Jahrhundert des Dampfes oder der Elektrizität nennen wird, so antworte ich ohne Bedenken, das Jahrhundert Darwins wird es heißen.«[14]

Die Rede ist von *L. Boltzmann* (1844–1909). Als Physiker hatte er die Atomhypothese der Chemiker übernommen und eine statistisch-molekulare Begründung der Wärmetheorie, also der Thermodynamik, verfochten. 1886 gab Boltzmann die physikalische Erklärung der *Photosynthese*, die ja eine bioenergetische Voraussetzung des Lebens ist. Als Naturphilosoph entwarf er um die Jahrhundertwende ein *Gesamtbild des Lebens*, das auf der Evolutionstheorie, der Thermodynamik und dem übrigen physikalischen und chemischen Wissen des 19. Jahrhunderts gründet und in vielem bereits unser heutiges naturwissenschaftliches Bild des Lebens vorwegnimmt. Wie ist es möglich, daß in einer Natur, die nach dem *zweiten Hauptsatz der Thermodynamik* auf Unordnung, Tod und Zerfall programmiert scheint, die Evolution des Lebens zu immer komplexeren Ordnungs- und Lebenssystemen stürmt? Boltzmann gibt Erklärungen, die bereits moderne biochemische Grundbegriffe der molekularen Selbstvermehrung *(Autokatalyse)* und des Energie- und Stoffwechsels *(Metabolismus)* vorwegnehmen.

»Wir machen die Hypothese«, so schreibt Boltzmann, »es hätten sich Atomkomplexe entwickelt, die imstande waren, sich durch Bildung Gleichartiger um sich herum zu vermehren. Von den so entstandenen größeren Massen waren jene am lebensfähigsten, die sich durch Teilung zu vervielfältigen vermochten, dann jene, denen eine Tendenz innewohnte, sich nach Stellen günstiger Lebensbedingungen hinzubewegen.«

Die Entstehung von ersten primitiven Lebewesen führt Boltzmann auf eine Auslese aus unbelebten Bausteinen zurück, die er 1904 mit der *Brownschen Bewegung* in Zusammenhang brachte.

»... es waren also zunächst nur ganz einfache Individuen, einfache Zellen oder Protoplasmaklümpchen vorhanden. Stete Bewegung, die sogenannte Brownsche Molekularbewegung, ist ja, wie man weiß, allen kleinen Klümpchen eigen; ein Anwachsen durch Aufsaugen ähnlicher Bestandteile und eine nachherige Vermehrung durch Teilung ist auf rein mechanischem Wege vollkommen begreiflich. Ebenso begreiflich ist es, daß die raschen Bewegungen durch die Umwelt beeinflußt und modifiziert wurden. Solche Klümpchen, bei denen diese Modifikation in dem Sinne erfolgte, daß sie sich durchschnittlich (mit Vorliebe) dorthin bewegten, wo es besser zum Aufsaugen geeignete Stoffe (bessere Nahrung) gab, gelangten besser zum Wachstum und häufiger zur Fortpflanzung und überwucherten daher bald alle anderen.«[15]

Die Pflanzen, die ihren Körper aus einfachen Bestandteilen aufbauen, sind nach Boltzmann als komplexe Ordnungsgebilde unwahrscheinliche Strukturen, die gegen die in ihrem Körper (nach dem zweiten Hauptsatz) spontan auftretende Tendenz zur Entropievermehrung mit Sonnenlicht ankämpfen. Wegen der hohen Temperatur der Sonne wird der Erde Energie verhältnismäßig niedriger Entropie zugeführt, die zur Kompensierung der spontanen *Entropiezunahme* in den Pflanzen verwendet werden kann. Boltzmann stellt deshalb zur Photosynthese 1886 fest:

»Der allgemeine Daseinskampf der Lebewesen ist daher nicht ein Kampf um die Grundstoffe... Auch nicht um Energie, welche in Form von Wärme, leider unverwandelbar, in jedem Körper reichlich vorhanden ist, sondern ein Kampf um die Entropie, welche durch den Übergang von der heißen Sonne zur kalten Erde disponibel wird. Diesen Übergang möglichst auszunützen, breiten die Pflanzen die unermeßlichen Flächen ihrer Blätter aus und zwingen die Sonnenenergie in noch unerforschter Weise, ehe sie auf das Temperaturniveau der Erde herabsinkt, chemische Synthesen auszuführen, von denen man in unseren Laboratorien noch keine Ahnung hat. Die Produkte dieser chemischen Küche bilden das Kampfobjekt für die Tierwelt.«[16]

Boltzmann verlängerte seine physikalisch begründete Evolutionstheorie bis zur *stammesgeschichtlichen Entwicklung* des Nervensystems und der damit verbundenen Entstehung von Gedächtnis und Bewußtsein. Danach wurde bereits das Überleben einfacher Lebewesen durch die Empfänglichkeit für äußere Eindrücke, chemische Beschaffenheit und Bewegung des umgebenden Mediums wie z. B. Licht und Schatten gefördert. Die Empfindlichkeit führte nach Boltzmann zur Entwicklung von Empfindungsnerven, die Beweglichkeit zu Bewegungsnerven:

> »Das Gehirn betrachten wir als den Apparat, das Organ zur Herstellung der Weltbilder, welches sich wegen der großen Nützlichkeit dieser Weltbilder für die Erhaltung der Art entsprechend der Darwinschen Theorie beim Menschen geradeso zur besonderen Vollkommenheit ausbildete, wie bei der Giraffe der Hals, beim Storch der Schnabel zu ungewöhnlicher Länge.«[17]

Auch die Fähigkeit, Begriffe und Denkansätze zu bilden, werden von Boltzmann evolutionistisch erklärt. Aus der Tatsache, daß jeder Mensch in den *Kategorien* von *Raum, Zeit* und *Kausalität* denkt, folgert er ihre genetische Verankerung. Kants apriorische Denkgesetze werden nun evolutionistisch durch ihre Zweckmäßigkeit beim Kampf der Vorfahren ums Überleben gedeutet.

Boltzmann zögert nicht, die gesamte *soziokulturelle Entwicklung* der Menschheit als Fortsetzung der biologischen Evolution zu erklären. 1894 schreibt der Wiener Mediziner S. *Exner* ganz im Sinne Boltzmanns über das Thema »Die Moral als Waffe im Kampf ums Dasein«. Boltzmann selber hält am 30. Oktober 1905 in der Philosophischen Gesellschaft an der Universität Wien einen Vortrag mit dem merkwürdigen Titel »Erklärung des Entropiesatzes und der Liebe aus den Prinzipien der Wahrscheinlichkeitsrechnung«. Man merkt, daß der Darwinismus seine Grenzen erreicht hatte.

Bis Anfang dieses Jahrhunderts war es nicht gelungen, Leben auf physikalischer und chemischer Grundlage zu erklären. Die klassische Mechanik, die Grundlage des naturwissenschaftlichen Weltbildes im 17. und 18. Jahrhundert war, ging von deterministischen und zeitlich reversiblen Naturgesetzen aus, die keine Erklärung für irreversible Lebensprozesse bot. Eine Pendeluhr läuft nach den Gesetzen der Mechanik wenigstens prinzipiell unbegrenzt und auch zeitlich rückwärts, wenn nicht Reibungskräfte sie daran hindern. Der Mensch wird geboren, wächst und stirbt – unwiderruflich. Warum?

Die *Thermodynamik des 19. Jahrhunderts* zeichnet zwar nach dem zweiten Hauptsatz irreversible Prozesse aus, wonach abgeschlossene Systeme einen Zustand maximaler Entropie bzw. Unordnung, also des Zerfalls anstreben. Wie ist aber dann die Entstehung von komplexen Ordnungssystemen lebender Organismen zu verstehen?

Im Sinne der *statistischen Interpretation* Boltzmanns kann es sich nur um ein unwahrscheinliches Ereignis handeln – eine kosmische Fluktuation, die lokal, »am Rande des Universums« (wie später noch *J. Monod* sagen wird) ausgelöst wurde, wieder verschwinden wird und für den globalen Zustand des Kosmos keine Rolle spielt. Bei dieser Interpretation bleibt, wie Monod später vorschlägt, nur eine existentialistische Haltung à la *Camus*, in der letztlich sinnlosen biologischen und kulturellen Evolution angesichts der sinnlosen Sisyphusarbeit des Menschen mit Würde und Anstand unterzugehen. Das tragische Lebensende des genialen Ludwig Boltzmann, der 1909 durch Freitod stirbt, scheint im nachhinein geradezu symbolisch. Strenggenommen liefert Boltzmanns Thermodynamik jedoch keine Erkärung für die Entstehung des Lebens. Er zeigt nur, daß der zweite Hauptsatz bei statistischer Interpretation nicht im Widerspruch zur Darwinschen Evolution steht.

Nach Mechanik im 17. und 18. Jahrhundert und Thermodynamik im 19. Jahrhundert ist seit Anfang dieses Jahrhunderts die *Quantenmechanik* die physikalische Grundlage des modernen naturwissenschaftlichen Weltbildes. Sie liefert die Bewegungsgesetze von Systemen im subatomaren und atomaren Bereich (Elementarteilchen-, Kern- und Atomphysik). Charakteristisch ist die prinzipielle Unbestimmtheit ihrer Meßgrößen (Observablen), mit der sich die Quantenmechanik vom Determinismus der klassischen Mechanik unterscheidet. Gemeinsam ist jedoch die zeitliche Reversibilität der Naturgesetze.[18]

In den zwanziger Jahren konnte das seit den Vorsokratikern verfolgte Programm des *physikalischen Reduktionismus*, wonach alle Vorgänge der Natur auf physikalische Wechselwirkungen kleinster Bausteine zurückgeführt werden sollten, einen ersten Erfolg verbuchen. Die *Quantenchemie der Moleküle* wurde nach den Gesetzen der Quantenmechanik erklärt. Die Schrödinger-Gleichungen für atomare und subatomare Systeme konnten durch molekulare Schrödinger-Gleichungen (Heitler/London 1927) ergänzt werden. Neue Fundamentalkräfte außer den physikalischen, wie man sie noch im 19. Jahrhundert vermutet hatte, treten in der Molekularchemie nicht auf. Ist Chemie auf Physik reduzierbar? *Wissenschaftstheoretisch* nur in einem eingeschränkten Sinn.[19] Die Struktur- und Orbitalmodelle der Moleküle können nämlich nur durch Abstraktion von quantenmechanischen Korrelationen gewonnen werden, die nach den Gesetzen der Quantenmechanik die Quantenwelt bestimmen. Während z. B. nach dem *Pauli-Prinzip* die Elektronen eines Atoms ununterscheidbar sind, stellt sie sich der Chemiker als quasi-klassische Objekte vor, die auf wohlunterschiedenen Orbitalen um das molekulare Kerngerüst »kreisen«. Die dem Chemiker vertrauten *Born-Oppenheimer-* und *Hartree-Fock-Verfahren* liefern erst die quasi-klassischen molekularen Modelle von Kerngerüst und Orbitalen. Zudem werfen komplexere Moleküle praktische Berechenbarkeitsgrenzen für Schrödinger-Gleichungen auf, ungeachtet der phantastischen Erfolge numerischer Quantenchemie.

Jedenfalls schien die *(schwache) Theoriereduktion* von *Chemie* auf *Physik* den Naturwissenschaftlern zu zeigen, daß im Sinne einer solchen Reduktion fortzufahren sei und eines Tages nach den Elementarteilchen, Atomen und chemischen Molekülen biologische Markromoleküle, Zellen und schließlich Organismen auf Physik und Chemie reduzierbar seien. Der historische Weg der Biologie zur Molekulartheorie wird im nächsten Vortrag noch eigens behandelt. Ich beschränke mich hier auf einige wissenschaftstheoretische Bemerkungen.

Strenggenommen war in den zwanziger und dreißiger Jahren noch nichts zugunsten oder gegen einen physikalischen Reduktionismus oder Vitalismus entschieden. So vertraten der Physiker W. Heitler, der Biologe A. Driesch, die Philosophen H. Bergson und A. N. Whitehead und andere ausgesprochen *neovitalistische Thesen*, die in modifizierter Form an Aristoteles anschlossen.[20] Danach gibt es nicht nur eigene biologische Gesetze, die zu den physikalisch-chemischen Gesetzen hinzukommen müssen. Diese neuen Gesetze setzen vielmehr auch die Gesetze der Physik und Chemie teilweise außer Kraft. Standardphänomene, die nach dieser Auffassung unmöglich aus Physik und Chemie ableitbar seien, wurden bereits von Aristoteles über Goethe bis Schelling erwähnt. Dazu gehören die zielgerichtete (teleologische) Selbstorganisation und Spontaneität des Lebens von der lebenden Zelle bis zum bewußten Handeln des Menschen. Ferner wird die Gestalt eines Organismus angeführt, die nur als Ganzheit erfahrbar sei und bei analytischer Sezierung zerstört würde, weiterhin für höhere Lebewesen ihre Individualität und Einmaligkeit.

Unter dem Eindruck der Kopenhagener Deutung der Quantenmechanik versuchten einige Physiker um *N. Bohr*, eine vermittelnde Position zwischen Physikalismus und Vitalismus mit Hilfe des *Komplementaritätsbegriffs* einzunehmen[21]. Die Komplementarität zweier sich ausschließender Betrachtungsweisen, mit denen N. Bohr in der Quantenmechanik z. B. den Welle-Teilchen-Dualismus gerechtfertigt hatte, wurde nun für zwei inkommensurable Klassen von Gesetzmäßigkeiten, wie man meinte, angenommen, nämlich die physikalisch-chemischen und lebensspezifischen Gesetze.

Wissenschaftstheoretisch möchte ich jedoch betonen, daß Komplementarität kein physikalisches Gesetz der Quantenmechanik ist, sondern eine philosophische Interpretation dieser Theorie, die z. B. von *E. Schrödinger* nicht geteilt wurde[22]. Schrödinger spürte, daß die Zeit in den dreißiger und vierziger Jahren für eine definitive Antwort noch nicht reif war und die

Komplementaritätsvorstellung nur den status quo zwischen den beiden Blöcken des *Physikalismus* und *Vitalismus* umschreibt.

»Nach allem«, so schreibt er in ›Was ist Leben?‹, »was wir von der Struktur der lebenden Materie gehört haben, müssen wir darauf gefaßt sein, daß sie auf eine Weise wirkt, die sich nicht auf die gewöhnlichen physikalischen Gesetze zurückführen läßt, und zwar nicht deswegen, weil eine ›neue Kraft‹ oder etwas Ähnliches das Verhalten der einzelnen Atome innerhalb eines lebenden Organismus leitete, sondern weil sich dessen Bau von allem unterscheidet, was wir je im physikalischen Labor untersucht haben.«[23]

Schrödinger erinnert in dem Zusammenhang an die Situation eines Ingenieurs, der nur mit Wärmemaschinen vertraut ist und nun einen Elektromotor untersuchen soll. Wegen der Tatsache, daß beide Motoren auf ganz verschiedene Weise arbeiten, wird er nicht auf die Idee verfallen, daß der Elektromotor durch Geisterhand getrieben sei. In einer geradezu an Leibniz erinnernden Weise äußert Schrödinger die Hoffnung, einen Organismus als »das feinste Meisterstück« zu verstehen, »das jemals nach den Leitprinzipien von Gottes Quantenmechanik vollendet wurde.«[24]

Die Entstehung von Ordnung lebender Systeme versucht Schrödinger ganz im Sinne seines Landsmanns L. Boltzmann zu beschreiben. Ein Schwerpunkt dieser Vorlesungsreihe wird in dem Nachweis bestehen, daß dieser Ansatz nicht möglich und ein neuer physikalischer Theorierahmen notwendig ist. Lebende Systeme sind nämlich Beispiele für *offene Systeme*, die sich durch ständigen Stoff- und Energieaustausch mit ihrer Umgebung (Metabolismus) vom thermischen Gleichgewicht und dem damit verbundenen Zerfall möglichst fernhalten. Die Thermodynamik nach Boltzmann ist auf solche *Gleichgewichtssituationen* fixiert. Leben vollzieht sich aber offenbar fern des thermischen Gleichgewichts. Eine mathematische und physikalische *Thermodynamik des Nicht-Gleichgewichts* liegt erst seit einigen Jahren vor (*I. Prigogine, H. Haken* u. a)[25].

Danach sind viele Phänomene wie z. B. Selbstorganisation, Metabolismus, Spontaneität, Emergenz neuer Eigenschaften, Gestalt u. a., die historisch als irreduzible Eigenschaften lebender Organismen angeführt wurden, bereits auf physikalischer und chemischer Ebene nachweisbar und erklärbar. Fern des thermischen Gleichgewichts entstehen neue Ordnungszustände dadurch, daß bestimmte äußere Systemparameter (Temperatur, Energiezufuhr) verändert werden, bis der alte Zustand instabil wird und in einen neuen Zustand umschlägt *(Phasenübergang)*. Bei kritischen Werten entstehen spontan makroskopische Ordnungsstrukturen, die sich durch kollektive (synergetische) Kooperation mikroskopischer Systemteilchen durchsetzen. Die *Entstehung von Ordnung* ist also keineswegs unwahrscheinlich und zufällig, sondern findet unter bestimmten Nebenbedingungen *gesetzmäßig* statt.[26]

Ein berühmtes physikalisches Beispiel für einen solchen Phasenübergang ist das *Laserlicht*, das spontan durch Koordinierung zunächst ungeordneter Photonen entsteht, wenn die äußere Energiezufuhr des Lasersystems einen bestimmten hohen kritischen Wert erreicht hat. In der *Meteorologie* läßt sich das spontane Entstehen von Wolkenmustern als Phasenübergang beschreiben, der bei bestimmten kritischen Temperaturwerten und Umweltbedingungen eintritt. Aus der *Chemie* sind Musterbildungen von Flüssigkeiten *(dissipative Strukturen)* bekannt, die durch Zufuhr energiereicher Substanzen zu dem jeweiligen Gemisch entstehen und als periodische Pulsationen (chemische Uhr) aufrechterhalten werden können. In diesen Fällen sind Kooperationseffekte von unzähligen Molekülen für den Phasenübergang neuer Ordnungszustände verantwortlich.

Auch die Entstehung von Organismen durch *Zelldifferenzierungen* (z. B. Schleimpilz) versucht man mittlerweile durch Phasenübergänge komplexer Systeme zu beschreiben, für die bereits computergestützte Simulationsmodelle vorliegen. Ebenso gibt es bereits *ökologische Entwicklungsmodelle* von Populationen (z. B. Raubfisch-Beutefisch-Population), die als Phasenübergänge verstanden werden können.

Mathematisch werden diese physikalischen, chemischen und biologischen Beispiele von Phasenübergängen komplexer Systeme durch nicht-lineare Evolutions- bzw. Populationsgleichungen beschrieben. Auch M. Eigens *Evolutionsmodell*, wonach biologische Makromoleküle nach Gesetzen von Physik und Chemie spontan aus ihren Grundbausteinen entstehen und sich selbst zu belebten Systemen organisieren, benutzt solche Gleichungen.

Die *Nicht-Linearität* dieser Modelle bringt mathematisch die komplexen Zusammenhänge dieser Systeme zum Ausdruck, bei deren Berechnung man sehr schnell an die Berechenbarkeitsgrenzen heutiger Computer stößt. Gleichzeitig werden damit auch mathematische Modellbildungen eröffnet, die über die klassischen Grenzen der Naturwissenschaft hinausgehen. Grundlage ist eine allgemeine *Theorie komplexer Systeme*, deren Strukturbildungen durch nicht-lineare Phasenübergänge beschrieben werden und charakteristische synergetische Effekte aufweisen.

So wird in der *Wahrnehmungspsychologie* mittlerweile versucht, das spontane Erkennen von ganzheitlichen Mustern und Gestalten analog zur Muster- und Gestaltentstehung in den naturwissenschaftlichen Beispielen zu beschreiben. Selbst in *Soziologie* und *Ökonomie* versucht man mittlerweile, Wachstumsmodelle (z. B. Bevölkerung, Städtewachstum, Konjunktur) mit nicht-linearen Entwicklungsmodellen zu beschreiben.

In einer allgemeinen Systemtheorie komplexer dynamischer Systeme werden die klassischen *Grenzen zwischen belebter und unbelebter Natur* relativiert und in analogen Modellen untersucht. Die klassischen Kriterien für Leben wie Metabolismus, Selbstreproduktion und Mutabilität sind nur notwendige Bedingungen, die in diesem Rahmen erklärbar sind. Dazu gehören auch sogenannte ganzheitliche Phänomene komplexer Systeme wie ein Organismus, eine Population, Gesellschaftssysteme und ihre Umwelt, die nicht in ihre Teile zerlegt werden können, ohne das System nachhaltig zu stören und zu verändern. In diesem Sinne bilden sie eine Ganzheit, deren Teile durch Kooperation synergetische Effekte hervorrufen, die für das Gesamtsystem konstitutiv sind. Viele *historische Gegensätze* wie Vitalismus und Mechanismus, Ganzheit und Atomismus und damit einige historische Gegensätze von Geistes- und

Naturwissenschaften wurden durch zu enge physikalische Theorieansätze wie klassische Mechanik, Thermodynamik u. ä. provoziert.

Die modernen *wissenschaftstheoretischen* Diskussionen über den Lebensbegriff sind also nur im Kontext alter *naturphilosophischer Traditionen* zu verstehen. So begegnen wir bereits in der Antike dem Bild einer sich selbst schaffenden und nach eigenen immanenten Maßstäben und Zielen sich verwirklichenden Natur, einer *»poietischen«* Natur, wie es bei Aristoteles heißt, die im mittelalterlichen Aristotelismus zur *»natura naturans«* ausgebildet wird[27]. Demgegenüber geht die neuzeitliche Naturwissenschaft von der Natur als einem Erkenntnisobjekt aus, also einer *»natura naturata«*, die sich methodischen und experimentellen Bedingungen des erkennenden Menschen zu beugen hat. Charakteristisch dafür ist das mechanistische Weltbild der frühen Neuzeit.

Als Reaktion auf den mechanistisch bestimmten Natur- und Lebensbegriff der Aufklärung hatten Schelling, Hegel u. a. eine romantische Naturphilosophie entworfen, in der Natur wieder als ein durch Geist beseelter Organismus gedacht wurde. Ihre Versuche, Elektrizität, Magnetismus, chemische Verbindung etc. aus dieser spekulativen Metaphysik abzuleiten, stieß jedoch bei vielen mathematisch und experimentell orientierten Naturwissenschaftlern auf scharfe Ablehnung[28]. *»Geist«* und *»Natur«* wurden fortan als Gegensätze empfunden. Die Trennung der Geistes- von den Naturwissenschaften kündigte sich an und wurde auch durch unterschiedliche Fakultäten im 19. Jahrhundert erstmals institutionell realisiert.

So unterscheidet *Schelling* im Anschluß an die ältere Unterscheidung zwischen »natura naturans« und »natura naturata« zwischen Naturphilosophie, deren Gegenstand die Natur als schaffendes Subjekt bzw. als »Produktivität« sei, und Naturwissenschaft, deren Gegenstand Natur als »Produkt« und Erkenntnisobjekt sei.[29]

Hegel strebt die »Versöhnung« von Geist und Natur an, wobei die Natur selbst als eine Entwicklung zum Geist aufgefaßt wird: »Die denkende Naturbetrachtung muß betrachten, wie die Natur an ihr selbst dieser Prozeß ist, zum Geist zu werden, ihr Anderssein aufzuheben.«[30] Hegels *Dialektik von Natur und Geist* kritisiert also die neuzeitliche subjektivistische Einstellung, die Natur auf Erkenntnisobjekte und technische Verfügbarkeit auf naturwissenschaftlicher Grundlage reduzieren will. Natur ist nicht einfach nur *Fichtes* »Nicht-Ich«, die bloße Negation des neuzeitlichen Selbstbewußtseins, das alles beherrscht, machen und erschaffen will, sondern hebt sich in einer übergeordneten Einheit von Natur und Geist, Subjekt und Objekt auf. Natur ist nicht nur die vom Menschen technisch erschlossene und kulturell verarbeitete Welt, sondern ein Ganzes, dem er selber nur als Teil angehört.

Weniger spekulativ als in Hegels Dialektik wird heute in ökologischen Diskussionen versucht, den zerstörerischen Konsequenzen einer Aneignung der Natur durch den Menschen entgegenzuwirken. Eine *ökologische Naturphilosophie* zielt dabei nicht mehr allein auf eine unter den technisch-kulturellen Bedingungen der Industriegesellschaft verfaßte Wirklichkeit, sondern auf eine erneute Selbständigkeit der Natur, die letztlich der eigenen menschlichen Lebenserhaltung als Teil des Ganzen dienen soll. Eine selbständig handelnde (»poietische«) Natur wäre dann wieder in der Traditionslinie einer aristotelisch verstandenen Natur zu verstehen.

Dahinter steht heute nicht nur Romantik, sondern die naturwissenschaftlich fundierte Einsicht, daß die Hierarchie der Strukturarten in der Natur mit den Ökosystemen der Pflanzen und Tiere keineswegs abgeschlossen ist. Die menschliche Gesellschaft ist nämlich in die Nahrungs-, Rohstoff- und Energieketten der Natur miteingebunden. Aufgrund ihres naturwissenschaftlichen Wissens haben die Menschen ein *kompliziertes technologisch-industrielles Netz* entwickelt, mit dem sie an die Naturkreisläufe angekoppelt sind und steuernd in sie eingreifen können. Das nennen wir heute die technisch-wissenschaftliche Welt.[31]

Obwohl hier von Kreisläufen und einem damit verbundenen Harmonieverständnis der Natur die Rede ist, liegt der Unterschied zum organischen Naturverständnis in der Tradition von Aristoteles auf der Hand: nicht mehr verständnisvolle Akzeptanz eines immanenten Gleichmaßes der Natur, sondern die

Absicht, steuernd eingreifen zu wollen. Daß allerdings erst durch solche technischen Eingriffe Ernährung, Gesundheit, Lebenserwartung, Wohlstand usw. gesichert werden, ja daß die moderne Industriegesellschaft ohne ihre technisch-wissenschaftlichen Grundlagen nicht mehr existieren könnte, ist heute unbestreitbar. Ebenso klar ist aber auch, daß diese Eingriffe, und hier liegt ihre größte Gefahr, unkalkulierbare und irreversible Veränderungen von Gleichgewichten in den kompliziert vernetzten Strukturarten der Natur bewirken können.[32]

Diese Erkenntnis führt zu einer *Wertorientierung*, die es erneut verdient, *»aristotelisch«* genannt zu werden. Sie darf jedoch nicht in dem Sinne einer historisch verlorengegangenen und nun zu restaurierenden Idylle verstanden werden. Diese Stilisierung späterer Jahrhunderte hat es sowieso nie gegeben und würde wieder nur eine subjektiv gefärbte Harmoniesehnsucht widerspiegeln, um noch einmal mit Goethe und Rousseau gegen einen falsch verstandenen Newton und Darwin anzutreten. Ziel wäre vielmehr eine *Handlungsgemeinschaft mit der Natur*, die uns zugleich zu einer *normativen Bestimmung von Naturwissenschaft und Technik* führt, nämlich technisch-naturwissenschaftliches Wissen als Mittel zur Realisierung humaner Zwecke und Absicherung einer humanen Lebenswelt.

Die aktuellen Diskussionen um den Naturbegriff zeigen dem Philosophen jedenfalls, daß er sich nicht auf Methodologie und Wissenschaftstheorie der Naturwissenschaft zurückziehen kann. Andererseits lehrt ihn die eigene Geschichte, daß er sich vor dem Umschlagen der *»Aufklärung«* in *»Schwärmerei«* (Kant) zu hüten hat. Ziel ist daher eine Natur- und Wissenschaftsphilosophie, in der die Grundlagenprobleme der Naturwissenschaften auf die klassischen Fragen einer *Metaphysik der Natur* bezogen bleiben.

So sind die Vorstellungen einer *schöpferisch-organischen Natur*, die im aristotelisch-mittelalterlichen Begriff der »natura naturans« über Leibniz' und Schellings Naturphilosophie bis Whiteheads »creativity« auftreten, in der chemischen und biologischen Grundlagendiskussion durchaus nicht fremdartig. Lebende Systeme lassen sich als komplex vernetzte

Strukturarten verstehen, in denen Selbstorganisationsprinzipien wirksam sind, die aus der Physik und Chemie wohlvertraut sind. Damit wird keinesfalls behauptet, daß die alten metaphysischen Konzepte einer *»Autopoiesis«* der Natur in den modernen mathematischen Beschreibungen struktureller Selbstorganisation aufgehen.[33] Deutlich wird allerdings, daß Unterscheidungen zwischen einem organischen, ganzheitlichen und ökologischen Verständnis und einer mathematisch-naturwissenschaftlichen Beschreibung der Natur auf traditionellen Mißverständnissen beruhen, die historisch bereits fatale Folgen in der Polarisierung verschiedener Bildungstraditionen *(»two cultures«)* hatten, heute aber geradezu gefährliche Einseitigkeiten in der Einstellung zur Natur provozieren. Metaphysik der Natur übernimmt hier die Aufgabe der historischen und systematischen Orientierung. Historisch klärt sie im Bündnis mit *Wissenschaftsgeschichte* über frühere naturphilosophische Konzepte und ihre Rolle in der naturwissenschaftlichen Forschung auf. *Systematisch* zeigt sie Defizite, Beschränkungen, aber auch Überforderungen moderner Begriffsbildungen auf und hält damit die Diskussion offen.

Unter den neuen systemtheoretischen Rahmenbedingungen könnte die Hierarchie der Fächer von Physik, Quantenchemie, Chemie, Biochemie, Biologie über Ökologie und Evolutionstheorie zu Soziologie, Ökonomie und Psychologie fortgesetzt werden, deren untersuchte Systeme der Elementarteilchen, Atome, Moleküle, Kristalle, Makromoleküle, Gene, Zellen, Organismen, Populationen usw. sich durch *Grade wachsender Komplexität* auszeichnen. Der Vorschlag von Aristoteles, Leibniz u. a. in der Tradition der »scalae naturae« in gradueller Weise von Leben zu sprechen, bekommt nun auf neuer naturwissenschaftlicher Grundlage einen neuen Sinn. Eine vollständige und hinreichende Unterscheidung von Leben gegenüber Unbelebtem wird damit ausgeschlossen.

Ebenso ist eine vollständige *Reduktion* von hierarchisch höherliegenden Disziplinen auf die Prinzipien der tieferliegenden Theorien zu kritisieren. Das gelang schon für die Reduktion der Quantenchemie auf Quantenmechanik nur in Form einer Abstraktion von quantenmechanischen Korrelationen. Charakteristisch ist ja gerade die *Emergenz* von neuen Strukturen und Gestalten auf den hierarchisch höherliegenden Stufen, die vorher nicht vorhanden sind. Kurz: Soziologie wird durch Soziobiologie ebensowenig überflüssig wie Biologie durch Biochemie und Chemie durch Quantenchemie. Die Frage »Was ist Leben?« ist vielmehr nur interdisziplinär durch diese Disziplinen beantwortbar.

In einer allgemeinen *Systemtheorie komplexer dynamischer Systeme* werden also die klassischen Grenzen von Natur- und Sozialwissenschaften relativiert und in analogen Modellen untersucht.[34] In diesem gemeinsamen Theorierahmen erweisen sich die *Abgrenzungskriterien* zwischen *Natur-, Sozial- und Geisteswissenschaften*, wie sie in hermeneutischer und neukantianischer Tradition vorgeschlagen wurden, als nicht länger verbindlich. Einmaligkeit, historisch nicht wiederholbare Entwicklungen und Ganzheit erweisen sich nämlich als Phänomene, die bereits in den Naturwissenschaften auftreten und allgemein in der Dynamik komplexer Systeme mathematisch beschrieben werden. Man denke nur an den einmaligen Prozeß der kosmischen und biologischen Evolution. Komplexe Systeme wie ein Organismus, eine Population, Gesellschaftssysteme und ihre Umwelt können nicht in ihre Teile zerlegt werden, ohne das System nachhaltig zu stören und zu verändern. In diesem Sinne bilden sie eine Ganzheit, deren Teile durch *Kooperation synergetische Effekte* hervorrufen, die für das Gesamtsystem konstitutiv sind.

Unter diesen theoretischen Rahmenbedingungen könnte also die Hierarchie der Fächer von der Physik, Quantenchemie, Chemie, Biochemie, Biologie über die Ökologie und Evolutionstheorie bis hin zur Soziologie, Ökonomie und Psychologie fortgesetzt werden, deren untersuchte Systeme sich durch Grade wachsender Komplexität auszeichnen. Auf den ersten Blick scheint diese Perspektive der modernen Systemtheorie an die positivistische Wissenschaftslehre von *A. Comte* zu erinnern. Aus der Wissenschaftsgeschichte ergibt sich nämlich nach Comte eine logische und historische Klassifizierung der einzelnen Disziplinen unter dem Gesichtspunkt des erreichten *Positivitätsgrades*. Die Hierarchie der Disziplinen verläuft in der Reihenfolge von Mathematik, Astronomie, Physik, Chemie, Biologie und schließlich Soziologie.

Die Mathematik ist nicht nur die älteste Wissenschaft, sondern hat nach Comte den höchsten Grad an Positivität. Die übrigen darauf logisch und historisch aufbauenden Disziplinen können nach Comte mit abnehmendem Grad mathematische Methoden anwenden und haben daher abnehmende Grade an Positivität. Den Grund für den abnehmenden Grad an Wissenschaftlichkeit sieht Comte in der zunehmenden Komplexität des Untersuchungsgegenstandes. Für die Soziologie versucht Comte daher eine eigene Methode historischer Komparatistik zu entwickeln, mit der die historische Genesis institutionalisierter Lebensformen beschrieben werden soll.

Comtes Entwicklungstheorie zu immer neuen komplexeren Ordnungszuständen ist wenigstens formal nicht so weit entfernt von *Hegels Entwicklungslogik* des subjektiven Geistes zum objektiven und schließlich zum absoluten Geist als letzter Totalität, wie das die philosophiehistorische Unterscheidung zwischen Positivismus und Idealismus vermuten läßt. Beide gehen von einer Entwicklungslogik der Rationalität aus, die nicht mehr statisch, sondern dynamisch verstanden wird. Beide beschreiben eine Erfolgsgeschichte menschlicher Rationalität, die Comte allerdings erst unter den Bedingungen des technisch-wissenschaftlichen Fortschritts realisiert sieht. Comte entwickelt dazu eine Theorie des technisch-wissenschaftlichen Fortschritts, die auf dem Hintergrund der französischen Aufklärung und der Erfolgsgeschichte neuzeitlicher Naturwissenschaften als Befreiung von spekulativ-metaphysischen Weltbildern verstanden wird. Einem theologischen oder fiktiven Zustand in der Entwicklungsgeschichte des menschlichen Geistes folgt nach Comte zunächst ein metaphysischer oder abstrakter Zustand, um schließlich durch den wissenschaftlichen oder positiven Zustand abgelöst zu werden. Demgegenüber wird die Zunahme an Komplexität bei Hegel als Entwicklung der Metaphysik verstanden, und nicht als deren Ausgrenzungs- und Verdrängungsgeschichte bei der Entwicklung der positiven Wissenschaften.

Kritisch ist dabei Comtes schillernder *Metaphysikbegriff* zu bemerken. Auch Comtes Entwicklungslogik endet nämlich in einem quasi-metaphysischen und theologischen Endzustand, in dem seine in Form einer positiven Kirche organisierte Gesellschaftsmoral alle Klassengegensätze verschwinden lassen soll. Metaphysik läßt sich offenbar, wie auch hier wieder deutlich wird, nicht verdrängen, sondern taucht als säkularisiertes Heils- und Orientierungswissen an anderer Stelle und in neuem Gewand wieder auf wie einige Jahrzehnte nach Comte die Marxsche Entwicklungslogik und Haeckels monistische Naturreligion erneut belegt.

Der entscheidende Unterschied der mathematischen Systemtheorie zu Comtes positivistischer Fächerhierarchie besteht darin, daß damit keine naturalistische Entwicklungslogik der Natur- und Menschheitsgeschichte intendiert ist, in der menschliche Kulturen als zwangsläufige Fortsetzungen biologischer Evolutionen vorbestimmt sind. Es handelt sich vielmehr um ein theoretisches *Rahmenmodell*, das *interdisziplinäre Arbeiten* von Natur-, Sozial und Geisteswissenschaften ermöglichen soll, aber nicht die totale Aufhebung ihrer Fächergrenzen einleitet. Diese systemtheoretischen Modelle sozialer Systeme hoher Komplexität beanspruchen nicht, daß sich Geschichte so entwickeln muß, aber unter bestimmten Rahmenbedingungen entwickeln kann oder wahrscheinlich ist. *Wissenschaftstheoretisch* kommt es also auf den gewählten Kontext der Fälle an. Beachtet man diese Bedingungen, dann können solche Entwicklungsmodelle eine wichtige Rolle für die Beratung politischer Entscheidungen übernehmen, obwohl ihre hohe Komplexität auch im Zeitalter schneller Computer große konzeptionelle und instrumentelle Probleme aufwirft. Planungsmodelle ökologischer, ökonomischer, technologischer Entwicklungen erweisen sich nämlich heute als hochgradig komplex vernetzte Systeme, bei denen das »Ganze« in seinem Zusammenhang gesehen werden muß und vereinfachte Modelle mit isolierter, einseitiger Perspektive gefährlich für die Entwicklung der gesamten menschlichen Lebenswelt werden können.

Im systemtheoretischen Ansatz scheinen die sozialwissenschaftlichen Disziplinen den naturwissenschaftlichen Fächern von der Physik und Chemie über Biologie, Ökologie und Evolutionstheorie bis zur Populationsbiologie zu folgen. Andererseits sind Naturwissenschaften und Technologie Ergebnisse sozialer und kultureller Entwicklungen, wie die Diskussion um Wissenschaftstheorie und Wissenschaftsgeschichte zeigt. Die durch *Kuhn, Lakatos* u. a. ausgelöste wissenschaftstheoretische Diskussion läßt sich geradezu als Perspektivenwechsel verstehen, der den Blick von den Sozial- und Kulturwissenschaften auf die Naturwissenschaften eröffnet und die *Historisierung, Psychologisierung* und *Soziologisierung* der *Naturwissenschaften* einleitete. Die Grenzüberschreitung findet also ebenso von den Sozial- und Geisteswissenschaften auf die Natur- und Technikwissenschaften statt. Wissenschaft und Technik wären dann im Sinne *Max Webers* die *Produkte zweckrationalen Handelns*, und zwar konkret von Wissenschaftlern und Wissenschaftlergruppen, die in Institutionen wie der Universität um Werte wie Wahrheit, Zweckmäßigkeit, Ansehen, Macht etc. streiten[35].

Aus der *Hierarchie der Fächer* wird nun ein geschlossener Ring, von den Sozial- und Kulturwissenschaften zu Technik- und Naturwissenschaften und von dort wieder zurück. Welche Perspektive jeweils gewählt werden sollte, von den Sozial- und Kulturwissenschaften auf die Naturwissenschaften oder von den Naturwissenschaften auf die Sozial- und Kulturwissenschaften, hängt vom jeweiligen Kontext ab. Jedenfalls schließen sich beide Betrachtungsweisen nicht aus, sondern ergänzen sich. Im Sinne von Nils Bohr könnte man von zwei komplementären Ansätzen sprechen, die aufeinander angewiesen sind.

Dann läßt sich aber die *soziokulturelle* und *technologische Evolution des Menschen* nicht einseitig als lineare Fortsetzung seiner biologischen Evolution verstehen, obgleich dadurch Rahmenbedingungen gesetzt werden. Wir sind nämlich nicht nur Produkte der Evolution, sondern aufgrund unseres heutigen technologischen Entwicklungsstandes in der Lage, selber in die Evolution und die Entwicklung des Lebens steuernd einzugreifen. In welcher Weise das geschehen soll und ob überhaupt, liegt in unserer Entscheidungsfreiheit und ist nicht durch die Evolution determiniert. Am Ende tragen wir selber für unser Leben Verantwortung und können uns nicht mit Naturgesetzen herausreden. Stichworte wie »Gentechnologie«, »Ökologie«, »Schutz ungeborenen Lebens«, »klinische Lebenserhaltung« genügen, um zu zeigen, daß die Frage *»Was ist Leben?«* heute nicht mehr nur *biologisch, chemisch* oder *physikalisch* verstanden werden kann, sondern *anthropologisch, ethisch* und *juristisch* erweitert werden muß. Die Weise, wie wir z. B. die Frage »Was ist menschliches Leben?« beantworten, hat unmittelbare Folgen für unser medizinisch-technisches Handeln.

Historisch wurde die Frage »Was ist Leben?« von jeder Epoche neu gestellt und aufgrund ihres Wissens neu beantwortet. Diese Antworten hatten, wie wir gesehen haben, jeweils grundlegende Konsequenzen für das Weltbild, die Wert- und Lebenseinstellung der Menschen. Es ist daher wieder an der Zeit, Bilanz zu ziehen oder, wie Schrödinger sagt, »daß einige von uns sich an die Zusammenschau von Tatsachen und Theorien wagen«. Durch die Frage »Was ist Leben?« wollen wir uns dabei des *Wertes* unseres Lebens erneut bewußt werden.

Anmerkungen zur Literatur

1 E. Schrödinger, Was ist Leben?, München 1987, 29f.
2 Vgl. auch K. Mainzer, Symmetrien der Natur. Ein Handbuch zur Natur- und Wissenschaftsphilosophie, Berlin 1988.
3 Aristoteles, Historia animalium 588b 4.
4 Aristoteles, De generatione animalium II 736b 12–15. a35–b2.
5 R. Descartes, Discours de la méthode, dt. A. Buchenau, Leipzig 1919/20, 5. Teil, 39ff.
6 G. A. Borelli, De motu animalium, dt. M. Mengeringhausen, Leipzig 1927, 1ff.
7 C. Bonnet, Contemplation de la nature (1764). Oeuvres VII, 45f.
8 C. Bonnet, s. Anm. 7, 111.
9 I. Kant, Kritik der Urteilskraft, Hrsg. G. Lehmann, Stuttgart 1971, 340f.
10 J. W. Goethe, Dichtung und Wahrheit, in: Werke (Hamburger Ausgabe) Bd. IX, 490.
11 J. W. Goethe, Prooemion 1816, in: Werke (Hamburger Ausgabe) Bd. I, 357.
12 F. W. J. Schelling, Sämtliche Werke Bd. II (Hrsg. M. Schröter), München 1927, 206f.
13 L. Oken, Lehrbuch der Naturphilosophie, Jena 1831, 32ff.

14 L. Boltzmann, Der zweite Hauptsatz der mechanischen Wärmetheorie, in: ders., Populäre Schriften, Leipzig 1905, 24–46.
15 L. Boltzmann, Entgegnung auf einen von Prof. Oswald über das Glück gehaltenen Vortrag, in: s. Anm. 14, 225–239.
16 L. Boltzmann, s. Anm. 14.
17 L. Boltzmann, Über die Frage nach der objektiven Existenz der Vorgänge in der unbelebten Natur, in: ders., s. Anm. 14, 94–119.
18 Vgl. K. Mainzer, s. Anm. 2, Kap. 4.2.
19 Vgl. H. Primas, Kann Chemie auf Physik reduziert werden?, in: Chemie in unserer Zeit 19 (1985): 109–119, 160–166.
20 Vgl. H. L. Bergson, L'évolution créative, Paris 1907; A. Driesch, Philosophie des Organischen, Leipzig 1909; W. H. Heitler, Über die Komplementarität von lebloser und lebender Materie. Abhandlungen der Mathematisch–Naturwissenschaftlichen Klasse der Akademie der Wissenschaften und der Literatur in Mainz Nr. 1 1976, 3–21; A. N. Whitehead, Process and Reality. An Essay in Cosmology, New York 1978.
21 N. Bohr, Atomphysik und menschliche Erkenntnis, I–II, Braunschweig 1958/1966.
22 J. Andretsch/K. Mainzer, Wie viele Leben hat Schrödingers Katze?, Mannheim 1990.
23 E. Schrödinger, s. Anm. 1, 133.
24 E. Schrödinger, s. Anm. 1, 147.
25 Vgl. H. Haken, Synergetics. Nonequilibrium Transitions and Self-Organization in Physics, Chemistry and Biology, Berlin 1978; G. Nicolis/I. Prigogine, Die Erforschung des Komplexen, München 1987. Vgl. auch den Beitrag von H. Haken in diesem Band.
26 Vgl. auch K. Mainzer, s. Anm. 2, Kap. 4.44.
27 »natura naturans« ist eine auf aristotelische Unterscheidungen zurückgehende scholastische Begriffsbildung. Vgl. Aristoteles, Met. Δ 4. 1044b16ff.; Phys. B1. 193b12–18; de caelo A1. 268a19–22; Thomas von Aquin, Summa theologiae I–II qu. 85 art. 6, de div. nom. IV, 21 (ed. C. Pera, Turin/Rom 1950, 206). Vgl. auch H. A. Lucks. natura naturans – natura naturata, in: The New Scholasticism 9, 1935, 1–24.
28 A. Hermann, Schelling und die Naturwissenschaften, in: Technikgesch. 44 1977, 47–53.
29 F. W. J. Schelling, Einleitung zu dem Entwurf eines Systems der Naturphilosophie (1799) § 6 II, Sämtliche Werke Bd. II (Hrsg. M. Schröter), 284. In den »Ideen zu einer Philosophie der Natur als Einleitung in das Studium dieser Wissenschaft« (1792, ²1803), (Sämtliche Werke I, 720) heißt es: »Mit der Naturphilosophie beginnt, nach der blinden und ideenlosen Art der Naturforschung, die seit dem Verderb der Philosophie seit Bacon, der Physik durch Boyle und Newton allgemein sich fortgesetzt hat, eine höhere Erkenntnis der Natur, es bildet sich ein neues Organ der Anschauung und des Begreifens der Natur.«
30 G. W. F. Hegel, Enc. phil. Wiss. II, Sämtliche Werke IX (Hrsg. A. Glockner), 50.

31 Vgl. auch C. F. von Weizsäcker, Der Garten des Menschlichen. Beiträge zur geschichtlichen Anthropologie, München/Wien 1977, 57ff.

32 Vgl. auch B. Commoner, The Closing Circle. Nature, Man and Technology, New York 1971, mit dem Untertitel: Confronting the Environmental Crisis, London 1972; L. J. Milne/M. Milne, The Balance of Nature, New York 1960. I. Prigogine/I. Stengers, Dialog mit der Natur. Neue Wege naturwissenschaftlichen Denkens, München 1981.

33 Vgl. F. J. Varela, Autopoiesis and Cognition. The Realization of the Living, Dordrecht 1980. Das organische Modell in Whiteheads Naturphilosophie betont A. L. Plamondon, Whitehead's Organic Philosophy of Science, Albany 1979.

34 I. Prigogine, Order through Fluctuation: Self-Organization and Social System, in: E. Jantsch/C. H. Waddington (Hrsg.), Evolution and Consciousness: Human Systems in Transition, Reading (Mass.) 1976, 93–133.

35 M. Weber, Gesammelte Aufsätze zur Wissenschaftslehre (Hrsg. J. Winkelmann), Tübingen ^{3}1968. Weber betrachtet seine Stellungnahme zur Wissenschaftslehre der Sozialwissenschaften als eine Überwindung von Positivismus und Naturalismus.

Die Abbildungen 1–3 sind aus T. Ballauff, Die Wissenschaft vom Leben, Bd. I, Freiburg/München 1954.

Ernst Peter Fischer

Der Weg in die Molekularbiologie

Die Wende der Genetik in den vierziger Jahren

Erwin Schrödinger hielt seine Vorlesungen in Dublin über die Frage »Was ist Leben?« im Februar 1943, also mitten im zweiten Weltkrieg. Ohne daß Schrödinger davon wußte oder erfuhr, verwandelte sich die Biologie gerade in dieser Zeit, also in den vierziger Jahren unseres Jahrhunderts. Genauer gesagt verwandelte sich die Genetik. Die klassische Genetik wurde abgelöst und nach und nach von der Molekulargenetik ersetzt, die heute noch mit uns ist. Dieses neue Biologie ist nicht mehr das Werk von Biologen, sie ist das Werk von Außenseitern, von Chemikern, Medizinern und vor allem von Physikern. Und diese Wissenschaftler mußten außerhalb der etablierten biologischen Pfade arbeiten, weil die Organismen, mit denen sie arbeiteten – also Viren, Bakterien und Schimmelpilze –, bei der traditionellen Einteilung in Botanik und Zoologie unter den Tisch fielen.

Es ist also ganz sicher kein Zufall, daß der Physiker Schrödinger zu Beginn der vierziger Jahre versuchte, die Frage »Was ist Leben?« zu diskutieren. Er konnte die Frage in seinem kleinen Buch natürlich nicht beantworten, aber er hat entscheidend die Qualität der Antworten beeinflußt, die nach 1945 noch akzeptiert wurden.

Wir wollen in diesem Beitrag verfolgen, wie die Wissenschaft vom Leben den Weg in die Molekularbiologie gefunden hat und von welchen Zielen sie eigentlich dabei geleitet worden sind. Wir konzentrieren uns dabei auf die Thematik der Vererbung. Denn es ist ja vor allem dieser Aspekt, der von Schrödinger in seinem Buch sehr stark betont wird, ja man kann fast sagen, daß Schrödinger sich nahezu ausschließlich mit genetischen Fragen beschäftigt. Er setzt Leben mehr oder weniger mit Vermehrung und Replikation gleich – dies passiert einigen Beobachtern der Biologie etwa unter dem Eindruck der Erfolge der Gentechnik auch heute noch –, den Fragen des Stoffwechsels widmet Schrödinger nur ein einzelnes Kapitel. [1]

Der Grund dafür, daß Schrödinger die Welt des Lebens so einseitig ansah, liegt darin, daß er diese Welt durch die Brille eines anderen Physikers betrachtete, durch die Brille von Max Delbrück nämlich. Im fünften Kapitel seines Buches diskutiert Schrödinger ein Modell des Gens, das Delbrück bereits 1935 vorgeschlagen hatte. Wenn man es vielleicht allzu direkt formulieren will, kann man sagen, daß Schrödinger dieses ganze Kapitel aus einer Arbeit abgeschrieben hat, die Delbrück damals zusammen mit einem Genetiker (Timoféef-Ressovsky) und einem anderen Physiker (Zimmer) »über die Natur der Genmutation und der Genstruktur« veröffentlicht hatte. [2]

Delbrück wurde in den vierziger Jahren zum eigentlichen Wegbereiter der Molekularbiologie. Für seine Arbeiten wurde er 1969 – also gerade in dem Jahr seiner Gastprofessur in Konstanz – mit dem Nobelpreis für Medizin ausgezeichnet. Von entscheidender Bedeutung waren vor allem die Versuche, die ihm genau zu der Zeit in Amerika gelungen waren, als Schrödinger seine Vorlesungen in Dublin hielt. Wir werden auf diese berühmten Experimente noch zu sprechen kommen.

Die klassische Analogie

Es war übrigens nicht nur die Molekulargenetik, die von Physikern auf ihren Weg gebracht wurde, auch am Anfang der klassischen Genetik steht ein Wissenschaftler, der ursprünglich Physik gelernt hatte. Gemeint ist Gregor Mendel, der durch ein Studium an der Universität Wien die Qualifikation erworben hatte, an höheren Schulen Physik zu unterrichten. Mendel ist also nicht der »unbekannte Mönch«, zu dem ihn manche Berichte gerne machen. Er scheint aber die letzte Prüfung zum Lehrerexamen irgendwie verpatzt zu haben, so daß er seinem Kloster in Brünn schließlich nicht als Lehrer dienen konnte und im Garten eingesetzt wurde. Hier kreuzte er in aller Ruhe verschiedene Erbsensorten und entdeckte dabei die inzwischen nach ihm benannten Mendelschen Regeln der Vererbung, die heute in der Schule unterrichtet werden. Wir wollen uns in diesem Zusammenhang nur merken, daß Mendel mit seinen Gesetzen 1866 die Hypothese aufgestellt hat, daß es Erbelemente gibt – sie heißen heute Gene –, und daß diese Erbelemente einzelne Partikel im Inneren der Körper oder Zellen sind.

Die Frage, was die physikalische Ausbildung damit zu tun hat, daß Mendel solche Erbgesetze entdecken konnte, findet vermutlich eine statistische Antwort. Mendel hatte etwa im Rahmen der Thermodynamik gesehen, daß man nichts lernt, wenn man einem einzigen Molekül nachgeht. Erst wer eine große Menge – eine Population – analysiert, entdeckt Regelmäßigkeiten. Dieses Prinzip wendete Mendel auch auf die Erbsen an. Er schaute nicht nach, was bei einer Kreuzung herauskam, er zählte nach, wie die Nachkommen von vielen Kreuzungen verteilt waren. So paradox dies klingt: Es war gerade die statistische Analyse, die Genauigkeit produzierte. Mit ihr fing die klassische Genetik an. Wir werden genau diesen Gedanken wiederfinden, wenn die molekulare Genetik beginnt.

Das unstetige Element

Genaugenommen hat die klassische Genetik nicht mit Mendel begonnen. Ihre Entwicklung und ihr Aufstieg wurden erst möglich, als Mendels Gesetze kurz nach Beginn dieses Jahrhunderts wiederentdeckt wurden. An dieser zweiten Entdekkung der Gene waren zwar keine Physiker direkt beteiligt, aber es war ein ganz bestimmter Fortschritt der Physik, der den neuen Blick auf die Vererbung ermöglichte. In seinem Buch weist Schrödinger auf diese grundlegende Übereinstimmung zwischen Genetik und Physik hin. In beiden Wissenschaften wurde nämlich zu Beginn dieses Jahrhunderts entdeckt, daß es unstetige Elemente in der Natur gibt. Gemeint ist damit zunächst das berühmte Quantum der Wirkung, das genau im Jahre 1900 von Max Planck zum erstenmal registriert wurde.

Die Natur macht eben doch Sprünge, auch wenn Leibniz'

Diktum »natura non facit saltus« das Gegenteil behauptet. Die Entdeckung einer Unstetigkeit in der Physik bereitete dem unstetigen Erbelement, das Mendel entdeckt hatte, den Weg. Es war nämlich vermutlich die Überzeugung eines kontinuierlichen Fließens in der Natur, die es den Zeitgenossen Mendels nahezu unmöglich machte, an die Existenz der von ihm beschriebenen partikulären Erbelemente zu glauben. In Mendels Hypothese von den Genen steckte implizit die Behauptung, daß es also wohldefinierte materielle Strukturen gibt, von denen äußere Merkmale der Pflanzen abhingen. Diese unsichtbaren Inhomogenitäten im Saft des Lebens wirkten vor allem nicht überzeugend, solange Merkmale analysiert und verfolgt wurden, die mehr oder weniger kontinuierlich variierten, zum Beispiel die Höhe eines Stils, die zwischen grün und gelb schwankende Farbe von Blättern, und die zwischen rund und verwinkelt wechselnde Form der Schoten.

Die gesondert vorhandenen Einheiten der Vererbung wurden erst allgemein akzeptiert, als ein deutlich äußerlich sichtbarer Sprung in der Farbe von Blütenblättern auf solche Erbelemente zurückgeführt werden konnte. Dies gelang im Jahre 1900, und es ist sicher mehr als Zufall, daß in demselben Jahr das unstetige Element seinen Einzug ebenso in die Physik hielt. Max Planck stellte damals fest, daß die Energie zwischen Strahlung und Materie nicht stetig fließen kann. Sie kann vielmehr nur in Form von Paketen mit einer Mindestgröße ausgetauscht werden, und dieser minimale Wert wird durch eine Konstante bestimmt, die als Quantum der Wirkung bekannt ist.

Als die Physiker das *Quantum* entdeckten, entdeckten die Biologen die *Mutation*, so jedenfalls nannten sie die sprunghaft und ohne Zwischenstufe auftretenden Farbänderungen, wie sie zunächst bei Pflanzen und dann bei Fliegenaugen beobachtet wurden. Mit der Entdeckung des Quantums begann ein Umsturz im Weltbild der Physik, der seinen Höhepunkt um 1925 erlebte und bis etwa 1935 abgeschlossen war. Und es ist sicher wieder kein Zufall, daß sich genau nach diesem Zeitpunkt einige Physiker mehr oder weniger direkt der Biologie zuwandten. Denn nur hier konnte man noch hoffen, mit neuen Ideen Eindruck zu machen. In der Physik war die Zeit der akademischen Anwendung gekommen. Gerade im Jahre 1935 erschien dann auch die Arbeit von Max Delbrück, auf die Schrödinger seine Vorlesungen aufbaut.

Der zentrale Erfolg der neuen Quantentheorie bestand darin, daß man nun die Stabilität der Materie verstehen konnte. Gerade mit der Hilfe des Quantums konnte begriffen werden, warum ein Atom stabil war, warum etwa in einem Wasserstoffatom ein Elektron nicht vom Atomkern eingefangen wird, wie es die klassische Physik voraussagt. Ihr zufolge strahlt ein kreisendes Elektron Energie ab und nähert sich daher mehr und mehr dem Kern. Die Abstrahlung der Energie muß nach der klassischen Vorstellung natürlich kontinuierlich vor sich gehen, aber genau dies wird durch die Quantenbedingung ausgeschlossen. Das Quantum stabilisiert die Atome und damit die Materie.[3]

Die Genetik ist nicht so schnell wie die Physik vorangekommen, nachdem die Mutation entdeckt und als Konzept formuliert worden war. Genauer gesagt, es gab um 1900 weder den Begriff Genetik noch die Bezeichnung Gen. Das Wort Genetik taucht zum erstenmal im Jahre 1906 auf, und zwar mehr oder weniger als Fußnote. In einer Rezension wies der Engländer William Bateson darauf hin, daß die Wissenschaft von der Vererbung eigentlich einen besseren Namen verdient, und er schlug »Genetics« vor. Die Erbanlagen oder Elemente, um die es dabei geht, die Gene, wurden erst drei Jahre später getauft. In seinem Buch »Elemente der exakten Erblichkeitslehre« schlug der Däne Wilhelm Johannsen vor, für die von Mendel postulierten Einheiten den Namen »Gene« zu verwenden. Johannsen gefiel der Name vor allem deshalb, weil er kurz und kombinationsfähig war. Davon profitieren die heutigen Gentechniker, die ihre Strukturgene durch Gentransfer in ein anderes Genom schaffen. Johannsen warnte übrigens ausdrücklich davor, mit diesen Genen irgendeine konkrete Vorstellung zu verbinden. Gene seien Rechnungseinheiten, um statistische Analysen zu erleichtern. Erblichkeitslehre – sozusagen eine Art Mendelscher Algebra – mußte mit Mathematik betrieben werden.

Im Grunde war dieses so konzipierte Gen dem Atom der

Physik nachempfunden. Es war unsichtbar, unangreifbar, es ruhte im Körperinneren, niemand kannte sein Gewicht oder seinen Durchmesser, und eigentlich glaubte niemand, es würde wirklich existieren und sich jemals konkret greifen und vermessen lassen. Über die Atome dachte man so bis etwa 1890; diese Grundstrukturen der Materie wurden dann aber durch neue Beobachtungen (etwa der Radioaktivität) experimentellen Methoden (etwa mit Hilfe der Röntgenstrahlen) zugänglich und im Rahmen der Quantentheorie schließlich auch erklärt. Die Gene haben es noch länger verstanden, unangreifbar zu bleiben. Sie waren dafür dann auch einfacher zu verstehen als die Atome.

Der direkte Zugang zu den Genen fing damit an, daß der Vergleich Atom-Gen ernstgenommen wurde. Die konkrete Frage hieß, ob die Stabilität der Gene so verstanden werden kann wie die Stabilität der Atome, nämlich mit Mitteln und Konzepten der Physik. Diese Frage stellten sich ganz konkret drei Wissenschaftler in der Mitte der dreißiger Jahre und mitten in Berlin. 1935 veröffentlichten der junge deutsche Physiker Max Delbrück, der russische Genetiker Nicolai Timofeef-Ressovsky und der Physiker K. Zimmer ihre grundlegende Untersuchung »Über die Natur der Genmutation und der Genstruktur«. Es ist diese Arbeit von 1935, die Schrödinger veranlaßte, sein Buch zu schreiben, und eigentlich beschreibt er nur auf eine sehr populäre Weise, was vor allem Delbrück damals über die Natur des Gens erkannt hatte. Dies läßt sich heute ganz knapp zusammenfassen, indem man sagt, Delbrück hat damals überzeugend gezeigt, daß Gene sich in bestimmten Experimenten verhalten wie die Objekte der physikalischen Chemie. Mit anderen Worten, Gene sind Moleküle.

Die klassische Genetik

Der Weg zu dieser Berliner Dreimännerarbeit war durch eine Entdeckung aus dem Jahre 1927 geebnet worden, Herman Muller gelungen war, der mit der Fliege Drosophila arbeitete.[4] Der Erfolg der klassischen Genetik beruht vor allem auf Untersuchungen mit der Fruchtfliege, die der Amerikaner Thomas H. Morgan kurz nach der Jahrhundertwende als Objekt der Genetiker einführte. Morgan war ursprünglich ein Embryologe und in dieser Eigenschaft ein Gegner der Mendelschen Idee von der physikalischen Natur der Gene. Morgan konnte sich nicht vorstellen, daß die ungeheure Komplexität eines sich entfaltenden Organismus in irgendwelchen einfachen Kügelchen gespeichert sein konnte. Seine Versuche mit Drosophila überzeugten ihn aber nach und nach davon, daß das physikalische Genbild doch zutreffen mußte. Morgan wandelte sich zu einem Mendelianer und die genetische Gemeinde zog mit. Dies war etwa um 1924 der Fall.[5]

Morgan hatte inzwischen auch eine Art Schule gründen können – zuerst an der Columbia Universität in New York und dann am Caltech in Pasadena –, deren Mitglieder die klassische Genetik vorantrieben. In der Mitte der dreißiger Jahre kannten die Fliegenforscher alles von den Genen. Sie wußten, daß sie auf Chromosomen lagen und daß sie hier wie Perlen auf einer Kette angeordnet waren, und sie wußten in vielen Fällen auch schon, auf welchem Chromosom welch ein Gen lag. Dabei verwendeten sie den Begriff Gen als Größe, die über einen genetischen Test (Komplementationsanalyse) definiert wird. Was ein Gen seiner molekularen Natur nach ist oder kann, wußten die Forscher um Morgan nicht. Man konnte nur sehen, daß ein Gen einen *Unterschied* macht, das heißt, wenn eine Fliege rote Augen und eine zweite Fliege weiße Augen hatte, dann wurde der Farbunterschied durch eine Mutation verursacht.

Die Natur des Gens selbst blieb den klassischen Genetikern verborgen. Man konnte diese Einheiten nicht sehen, sichtbar im Mikroskop waren nur die Chromosomen. Nach und nach kristallisierte sich die Frage nach der stofflichen und strukturellen Natur des Gens als zentral heraus. Die Kreuzungsversuche der klassischen Drosophilagenetiker konnten hierzu keinen Beitrag liefern. Und doch hatte einer von ihnen schon einen experimentellen Weg gefunden, um der Frage nach der Natur des Gens näherzukommen.

Dies war Herman Muller, der 1927 bemerkt hatte, daß die Häufigkeit, mit der bei Drosophila Mutationen auftauchen, durch Röntgenstrahlen beeinflußt werden kann. Gene mußten also Objekte sein, die mit Gamma-Quanten in Wechselwirkung traten, oder anders ausgedrückt, Gene konnten von Quanten getroffen werden, sie mußten also Zielscheiben von atomarer Größenordnung sein. Damit war ein neues Forschungsprogramm gegeben, nämlich aus der Trefferquote über eine Treffertheorie Größe und Aufbau der Gene abzuschätzen.

Am weitesten sind auf diesem Weg zu den Genen Timofeef-Ressovsky, Zimmer und Delbrück gekommen. Die Ergebnisse ihrer Arbeit stehen eigentlich im Mittelpunkt des Buches von Schrödinger. Sie werden von ihm (wie bereits erwähnt) erfolgreich popularisiert. Schrödinger hat einen Sonderdruck der Arbeit erhalten und ihren Inhalt 1943 ausgeschlachtet. Der Physiker Schrödinger ist also durch den Physiker Delbrück auf die zentralen biologischen Fragen aufmerksam gemacht worden. Wenn wir nun verstehen wollen, was die Physiker eigentlich so nach und nach in der Biologie suchten, dann müssen wir fragen, was Delbrück eigentlich dort suchte. Bei seinen Motiven kann man persönliche und sachliche Beweggründe auseinanderhalten. Beide sind dabei von allgemeinem Interesse.

Die persönlichen Motive zeigen sich am Lebenslauf Delbrücks.[6] Er wurde 1906 in Berlin geboren und hat nach einem Studium der Physik 1928 bei Max Born promoviert. 1928 – da war die Quantenmechanik schon fertig, und wenn jemand nach neuen Ideen und weniger nach konsequenten Anwendungen suchte, dann mußte er die Physik verlassen. Sie trat damals in ihre akademische Phase, die Zeiten der Revolution war vorüber. Gesucht wurden mathematisch versierte Physiker und nicht solche mit konzeptionellen und philosophischen Tendenzen. Delbrück war mehr an Ideen und weniger an mathematischen Raffinessen interessiert und suchte in der Biologie eine geeignete Herausforderung.

Die sachlichen Gründe liegen in einer Herausforderung, die die Genetik damals bot. Ihr war zwar die Stabilität der Gene – zum Beispiel bei dem berühmten Habsburger Kinn – bekannt, sie kannte aber keine Erklärung dafür. Die Genetik existierte damals isoliert von den Grundlagenwissenschaften Chemie und Physik. Die Frage nach der Stabilität lag außerhalb ihrer

Zuständigkeit. Sie mußte aber einen Physiker reizen, vor allem einen, der hoffte, für die Stabilität der Gene eine ähnlich revolutionäre Deutung zu finden wie für die Stabilität der Atome. Und Delbrück sah eine Chance, weil die Verwandtschaft zwischen den Stabilitäten noch viel weiter ging. Der entscheidende Hinweis, wie die Stabilität der Atome zu erklären ist – das Quantum der Wirkung –, war gefunden worden, als man untersuchte, wie Strahlung und Materie miteinander reagierten, das heißt, Strahlung und tote Materie. Und nun hatte Muller gezeigt, daß Strahlung auch auf lebende Materie einen definierten und quantifizierbaren Einfluß hatte, und also schien dies der Einstieg in den Berg zu sein, auf dessen Gipfel man jenes andere Gesetz der Physik sehen würde, das das Rätsel des Lebens löst und von dem auch Schrödinger schreibt.

Delbrück und seine Freunde machten sich an die Arbeit. Ihre Ergebnisse wurden 1935 publiziert. Hierin verkündet Delbrück zwar kein anderes Gesetz der Physik, er konnte aber zeigen, daß Gene sich etwa bei Strahleneinwirkung in Abhängigkeit von der Temperatur genauso verhielten wie die Objekte, die die physikalische Chemie behandelt. Wie bereits gesagt, die Gene erwiesen sich als Moleküle.

An dieser Stelle sei eine Anmerkung erlaubt: Die entscheidende experimentelle Beobachtung bestand darin, daß die Mutationsrate linear mit der Strahlendosis ansteigt. Wenn man nun annimmt, daß die Strahlen die Gene direkt treffen, dann leuchtet die molekulare Schlußfolgerung sofort ein.

Allerdings trifft dies nicht zu. Und historisch war es ein Zufall, daß sich hier zwei Fehler gerade aufheben. Zum einen Wirken die Strahlen *nicht direkt*, sondern über den chemischen Umweg der sogenannten Radikalenbildung. Zum anderen ist die Abhängigkeit zwischen Dosis und Wirkung *nicht linear*, wenn man nur Fliegen behandelt, die sich im gleichen Stadium der Entwicklung befindet. In jedem Stadium gilt ein nichtlinearer Zusammenhang von Strahlung und Mutation. Er ist allerdings nicht immer derselbe. Und so hebt sich die Abweichung von der Linearität gerade *zufällig* auf, wenn man irgendeine Population von Fliegen nimmt.

Es scheint, daß Schrödinger hier aus falschen Daten falsche

Schlüsse gezogen hat, um dennoch die Wissenschaft dabei voranzubringen. Ein geradezu klassisches Lehrstück für die Wissenschaftsgeschichte. Nur der naive Betrachter stellt sich vor, daß Wissenschaft dadurch fortschreitet, daß aus klaren Experimenten klare Schlußfolgerungen gezogen werden, die ihrerseits wieder zu klaren Experimenten Anlaß geben. Es ist eher wie beim Spülen – um einen Vergleich anzuführen, der von Niels Bohr stammt. Denn beim Spülen behandelt man schmutziges Geschirr in schmutzigem Wasser mit einem schmutzigen Lappen, und doch steht man am Ende mit sauberen Tassen und Tellern da.[7]

Das Atom der Biologen

So fundamental das Ergebnis über die molekulare Natur der Gene im Grunde war, Delbrück zeigte sich enttäuscht. Denn offenbar boten die Gene keine Möglichkeit, eine Art Quantenrevolution der Biologie durchzuführen. Genauer gesagt, das, was ein Gen *ist* – ein Molekül nämlich –, konnte offenbar im gewohnten Rahmen der physikalischen Wissenschaften geklärt werden. Wie aber – so die nächste Frage – stand es um das, was ein Gen *macht* oder *kann*? Delbrück beschloß, die Frage nach der Replikation mehr Aufmerksamkeit zu schenken und nun galt es, das geeignete System dafür zu finden. Dies durfte kein kompliziertes Lebewesen sein, es mußte so etwas wie das Wasserstoffatom der Biologie sein, also ein Gebilde, daß sich im wesentlichen vermehrt und auch mathematisch einfach zu fassen ist.

Die Suche führte ihn 1937 mehr oder weniger aus politischen Gründen nach Amerika und aus sachlichen Gründen nach Pasadena, wo Morgan noch an Drosophila arbeitete. Drosophila stellte sich für die geplante Analyse als zu kompliziert heraus, und eigentlich wollte Delbrück unverrichteter Dinge nach Deutschland zurückfahren, als er mehr oder weniger zufällig im Keller des Institutes einen Mann traf, der mit Phagen arbeitete. Sein Name war Emory Ellis. Mit der Zusammenarbeit von Delbrück und Ellis beginnt die moderne Genetik.[8]

Am Ende der dreißiger Jahre war Ellis der einzige Biologe, der am California Institute of Technology mit Bakterien und deren Viren, den Bakteriophagen, arbeitete. Viel mehr Wissenschaftler, die hieran interessiert waren, gab es an anderen Hochschulen auch nicht. Der Name *E. coli*, den heute jedes Schulkind kennt, war damals noch weitgehend unbekannt. Ellis arbeitete mit den Bakteriophagen aus einem seltsamen Grund, der hier mit aller Deutlichkeit herausgearbeitet wird, weil er eine bemerkenswerte Lektion zur Wissenschaftsförderung liefert, die wir weiter unten lernen werden. Ellis hatte damals ein Stipendium für ein Jahr erhalten, um das Krebsproblem zu lösen. Wodurch entsteht Krebs? Wie kann er verhindert werden? Ellis hatte davon gehört, daß in diesem Zusammenhang auch Viren eine Rolle spielen. Um in dem einen Jahr möglichst weit zu kommen – er mußte ganz alleine arbeiten –, entschied er sich dafür, mit Viren zu arbeiten, die Bakterien angreifen und auflösen können. Damit konnte man schneller experimentieren. Die Phagen waren schon vor 1920 entdeckt worden, und es existierte auch ein wunderbarer Test, mit dem ihre Wirkung sichtbar gemacht werden konnte. Bei diesem Plaque-Test sieht man die Löcher, die solche bakteriellen Viren in einen Bakterienrasen stanzen. Man braucht die Platten nur gegen das Licht zu halten.

Heute wissen wir nahezu alle Details der Struktur von solchen Bakteriophagen oder auch von anderen Viren. In den zwanziger und dreißiger Jahren aber kannte man nur die Löcher, die sie in solch einem Rasen hinterließen. Man wußte noch nicht einmal, ob solche Viren tatsächlich individuelle Einheiten (Lebensformen) waren oder nicht. Schließlich bedeutet das Wort Virus seiner Herkunft nach soviel wie »giftiger Saft«, und ist zunächst einmal etwas kontinuierlich Fließendes und kein Steinchen in einem Fluß.

So unklar die Vorstellungen von der Gestalt der Viren waren, so unklar fielen auch die Versuche aus. Wenn immer ein Biologe damals den Tropfen einer Phagenlösung auf einen bakteriellen Rasen brachte, niemals erhielt er die gleiche Zahl von

Löchern. So kam es, daß zwanzig Jahre nach der Entdeckung des Phagenphänomens seine Erforschung ein reines Durcheinander war. Es war nun die Zusammenarbeit von Ellis und Delbrück, die Ordnung in dieses Chaos brachte. Ihre Arbeit über »Das Wachstum der Bakteriophagen« erschien 1939 und sie etablierte die neue Wissenschaft der Phagengenetik und bereitete auf diese Weise den Weg, der zur Molekularbiologie führte.

Ellis und Delbrück wiesen 1939 eindeutig nach, daß ein Loch in einem Rasen aus Bakterien von genau einem Phagen stammte.[9] Sie beschrieben auch ein Verfahren, mit dem sie den Angriff eines einzelnen Phagen verfolgen konnten. Der entscheidende Trick ihres Vorgehens bestand darin, *statistische* Verfahren anzuwenden. (Hier werden erste Erinnerungen an Mendels Ansatz wach.) Genau hier half die Erfahrung eines Physikers weiter. Ich will an einem Beispiel zeigen, wie dies im Detail funktionierte. Ein Problem bestand damals darin, die Konzentration der Phagen in einer Lösung zu bestimmen. Wie konnte dies gemacht werden? Delbrück schlug vor, dazu eine sehr stark verdünnte Lösung zu nehmen und auf die Bakterien zu tropfen. Stark verdünnt, das heißt, in den meisten Fällen sollte in dem Tropfen *kein* Phage sein. Solche Platten kann man leicht identifizieren und daraus die Wahrscheinlichkeit P_o bestimmen, keinen Phagen in einem Tropfen zu haben. Warum schlug er dies vor? Delbrück wußte als Physiker, der die Statistik des radioaktiven Zerfalls kannte, daß solche Ereignisse von der sogenannten Poisson-Formel beschrieben werden, und diese Gleichung verbindet die Wahrscheinlichkeit, in einem gegebenen Zeitintervall keinen Zerfall zu haben mit der mittleren Zahl der Ereignisse. Sie sind nämlich beide gleich! Das oben erwähnte P_o gibt also Auskunft über die mittlere Anzahl der Phagen, also über ihre Konzentration.

Mit dieser neuen Präzision und ähnlichen Verbesserungen wurde die Phagenforschung hoffähig und sie zog mehr und mehr interessierte Biologen an. Einige Leser oder Zuhörer werden sich nun wundern, wo dabei die Frage nach dem Gen bleibt, denn schließlich wußte am Ende der dreißiger Jahre niemand zu sagen, ob Phagen oder Bakterien mit Genen ausgestattet waren oder nicht. Wenn man es direkt ausdrückt, muß man sagen, daß die Gene für Delbrück primär gar nicht mehr von Interesse waren. Er wollte das spezifisch biologische Phänomen des Wachstums oder der *Vermehrung* erkunden, der Reproduktion. Ob es nun Proteine, Gene oder Phagen waren, die sich vermehrten, das war gleichgültig, solange es einen quantifizierbaren Versuch gab, mit dem Vermehrung studiert werden konnte. Und wer die ersten Publikationen auf diesem Gebiet nachliest, findet dabei, daß keine Unterscheidung zwischen Protein, Phage oder Gen gemacht wurde.

Es ist wichtig, sich klarzumachen, daß Delbrück diese Begriffe damals tatsächlich mehr oder weniger gleichberechtigt behandelte. Während wir uns heute unter Protein sofort so etwas wie Hämoglobin vorstellen, während wir heute bei Gen sofort an die Abkürzung DNS und eine Doppelhelix denken, und während wir heute bei Phagen an ein Gen denken, das von einem Proteinmantel umgeben ist – damals an der Schwelle zum Zweiten Weltkrieg waren mit diesen Namen nur sehr unklare Vorstellungen verbunden, und Delbrück versuchte erst gar nicht, sie auseinanderzuhalten. Seine mit Ellis verfaßte Arbeit von 1939 beginnt dann auch damit, daß er schreibt, ob ein Bakteriophage nun ein Protein oder ein Gen sei, spiele für die kommenden Versuche keine Rolle. Wenn man den beiden Autoren gesagt hätte, daß ein Phage aus vielen Proteinen besteht, die viele Gene einhüllen, sie hätten kein Wort davon geglaubt.

Die Wende von 1943

Unter diesem Aspekt muß man auch verstehen, warum sich die Phagenforscher, die Delbrück und Ellis auf ihrem Weg folgten, nicht so sehr für eine Entdeckung interessierten, die 1943 gemacht wurde, also in dem berühmten Jahr der molekularen Wende in der Biologie, als auch Schrödinger seine Vorlesung hielt. Damals wiesen Oswald Avery und sein Mitarbeiter in New York nach, daß *eine* vererbbare Eigenschaft von Bakterien an einen chemischen Stoff gebunden ist, der als Nukleinsäure identifiziert werden konnte, als DNS. [10] Die Phagenforscher beeindruckte diese Meldung deshalb nicht, weil sie sich unter DNS nichts vorstellen konnten. Heute sehen wir sofort die Doppelhelix und deren Replikationsgabel vor uns. Damals war DNS nur ein Name unter vielen anderen, ein chemischer Stoff, der nur ungenau charakterisiert war.

Und man muß auch wirklich sorgfältig formulieren. Avery hat nicht entdeckt, wie man dauernd lesen kann, daß die DNS der Stoff ist, aus dem die Gene sind. Avery hat nur bewiesen, daß *eine* vererbbare Eigenschaft an ein Molekül aus DNS gekoppelt ist. Erst 1952 gelang Alfred Hershey und Martha Chase der Nachweis, daß *alle* vererbbaren Eigenschaften von Phagen durch DNS übertragen werden.[11]

Trotzdem ist Averys Nachweis einer der drei entscheidenden Beiträge, die den Weg in die Molekularbiologie freigemacht haben. Der dritte stammt zum Teil wieder von Delbrück selbst. Er mußte nach 1939 alleine mit den Phagen weitermachen, da das Stipendium von Ellis zu Ende war und seine Geldgeber meinten, so lasse sich das Krebsproblem wohl doch nicht lösen. Und hier kommt die versprochene Lektion zur Wissenschaftsförderung: So geht es zu, wenn man die Grundlagenforschung durch Schielen auf Anwendungen beschneidet. Ellis wollte eigentlich in den kommenden Jahren systematisch versuchen, einen Test für tierische oder menschliche Viren zu entwickeln, wie er damals für bakterielle Viren zur Verfügung stand. Dieses grundlegende Forschungsprogramm wurde abgelehnt. Gefördert wurde die angewandte Forschung, die Krebs direkt anging. Erst in der Mitte der fünfziger Jahre konnte die Idee von Ellis und sein Forschungsprogramm von Renato Dulbecco realisiert werden, und sein Erfolg in dieser scheinbar nebensächlichen Grundfrage erst hat den Weg zur Krebsforschung bereitet. Erst jetzt konnten Tumorviren analysiert und bekämpft werden.[12].

Wir wollen in diesem Vortrag bei Delbrück bleiben und auf den Versuch zusteuern, der 1943 wieder eine neue Wissenschaft begründete, die Bakteriengenetik. Anfang der vierziger Jahre hatte Delbrück eine Zusammenarbeit mit dem Italiener Salvador Luria begonnen, und beide einigten sich darauf, unter anderem das Phänomen des sekundären Wachstums zu analysieren. Damit ist die Beobachtung gemeint, daß in einer Kultur aus Bakterien, die von Phagen vollständig lysiert worden sind, nach einer gewissen Zeit doch wieder Bakterien anfingen, sich zu vermehren. Dabei waren doch die Phagen alle noch vorhanden. Offenbar – so mußte man schließen – gab es einige resistente Bakterien, sie widerstanden dem Angriff der Phagen. Diese resistenten Bakterien traten auch in einer Kultur auf, die mit einem einzelnen (nichtresistenten) Bakterium gestartet worden war.

Wie war die Resistenz aufgetreten? Dazu kamen zwei Möglichkeiten in Frage, zwischen denen eine Entscheidung getroffen werden mußte. Entweder hatten sich die Bakterien gezielt an die Phagen angepaßt, oder die Bakterien hatten sich bei den Teilungen zufällig geändert. Die Alternative hieß kurz gesagt Adaptation oder Mutation, und das Problem bestand darin, einen Versuch zu ersinnen, der zwischen beiden Möglichkeiten zu unterscheiden erlaubt.

Hinter der harmlos klingenden Alternative verbirgt sich die alte und tiefe Auseinandersetzung zwischen Lamarkisten und Darwinisten. Kommt Evolution durch Anpassung zustande, also durch Gebrauch oder Nichtgebrauch von Eigenschaften, oder kommt Evolution durch zufällig auftretende Mutationen zustande, deren Effekt dann die natürliche Auswahl bestehen muß? In den vierziger Jahren besaßen die Lamarkisten unter den Bakteriologen die große Mehrheit, und insofern gewann die Untersuchung des Resistenzphänomens eine besondere Bedeutung.

Zuerst versuchte Luria es alleine zu klären. Er wollte zunächst einfach protokollieren, wie die Zahl der resistenten Bakterien ansteigt. Dabei stellte er fest, daß seine Ergebnisse riesigen Schwankungen unterworfen waren und eigentlich keine Rückschlüsse zuließen. Dann kam ihm eines Tages (genauer gesagt, eines Nachts beim Spiel an einem Geldautomaten) die Idee, daß er nicht die absoluten Zahlen, sondern gerade die Schwankungen analysieren sollte. Bei Adaptationen sollte man immer eine Normalverteilung um einen Mittelwert finden, und zwar gleichgültig, ob man viele Proben aus einer Kultur oder jeweils eine Probe aus vielen Kulturen nimmt. Bei einer Mutation sollte im zweiten Fall keine Normalverteilung auftreten, man sollte statt dessen Schwankungen in der Zahl der resistenten Bakterien sehen. Genau diese Fluktuationen in genau diesem einen Fall wurden im Experiment dann auch nachgewiesen. Hier weht ganz deutlich der statistische Geist Mendels und der Physik. Nicht eine Bakterienkultur allein muß man analysieren, sondern viele auf einmal und ihre Schwankungen. Es sind gerade die Abweichungen, die zur Präzision führen.

Lurias Idee spannte das Pferd vor den Wagen, Delbrück lieferte anschließend die saubere Theorie und 1943 publizierten Delbrück und Luria ihre sogenannte Fluktuationsanalyse.[13] Damit war die Bakteriengenetik geboren. Einmal war nun klar, daß es in Bakterien Mutationen gibt – dann gibt es auch Gene –, und zum anderen lieferte der Fluktuationstest die Möglichkeit, Mutationsraten mit unglaublicher Genauigkeit zu bestimmen.

Von nun an wendeten sich immer mehr Biologen den Mikroorganismen zu, um ihre genetischen Eigenschaften zu erkunden. Bevor Luria und Delbrück ihre Fluktuationsanalyse veröffentlichten, hatten die Bakteriologen nicht an Gene und die Genetiker nicht an Bakterien gedacht. Nun paßte alles zusammen, und der Weg in die Molekularbiologie war frei, und die Phagen- und Bakteriengenetik kam in Schwung. Um ihn auszunutzen und mehr Wissenschaftler auf sein Gebiet zu lokken, richtete Delbrück von 1945 an entsprechende Sommerkurse in dem kleinen Ort Cold Spring Harbor auf Long Island ein. Sie legten den organisatorischen Grundstein, der der Phagengenetik zum Durchbruch verhalf.

Für den Erfolg dieser Kurse und für den Erfolg, mit dem Delbrück viele Physiker und Genetiker überredete, sich seiner Phagengruppe anzuschließen, ist auch verantwortlich, daß Schrödingers Buch »Was ist Leben?« genau zu dem Zeitpunkt erschien, zu dem die ersten Kurse in Cold Spring Harbor organisiert wurden. Mit Schrödingers Hilfe wurde Delbrück berühmt, er wurde zum Mittelpunkt der neuen Genetik, die sich bald explosionsartig entwickelte.

Der ganz große Durchbruch kam 1946, als entdeckt wurde, daß auch Bakterien und Phagen die Fähigkeit zur genetischen

Rekombination haben.[14] Phagen hatten also auch Gene, die sie miteinander austauschen konnten. Inzwischen hatten die Biochemiker auch besser verstanden, was unter Proteinen zu verstehen war. Sie hatten sogar erkannt, daß ein Protein durch ein Gen charakterisiert werden kann. Weiter konnte überzeugend nachgewiesen werden, daß Phagen aus Proteinen und aus DNS bestehen. Bei einem Angriff gelangt nur die DNS in das Bakterium. Heraus kommen aber ganze Phagen, also DNS mit Proteinen. Die DNS war 1952 endgültig als Erbsubstanz erkannt worden, und nun wurde Jagd auf ihre Struktur gemacht. Die Sieger wurden 1953 ermittelt, sie hießen James Watson und Francis Crick, und ihre Doppelhelix veränderte die Welt nicht nur der Biologie.[15]

Als Watson und Crick die Struktur der DNS sozusagen gerade erkannt hatten, gingen sie zum Essen in ein Restaurant. Hier – so hat Watson später erzählt – verkündete Crick laut und vernehmlich, sie hätten gerade das Rätsel des Lebens gelöst. In der Tat, mit der Doppelhelix wußte man zumindest einmal im Prinzip sofort, wie sich Gene verdoppeln. Zum anderen hatte sich inzwischen auch herausgestellt, daß Proteine kettenförmig gebaute Moleküle waren, also chemisch analog zur DNS gebaut waren. Nun brauchte man nur noch den Code herauszufinden, auf dessen Existenz schon Schrödinger aufmerksam gemacht hatte. Hier bestanden – so sah es Crick, und so schien es vielen Biologen – keine prinzipiellen Probleme mehr. Das Rätsel des Lebens schien in der Tat gelöst zu sein. Vererbung klappte wie ein Kinderspiel, das kaum schwieriger als ein Puzzle war. In allen bunten Magazinen konnte es illustriert werden.

Heute hat sich die Situation wieder radikal verändert, und zwar gerade durch die Erfolge der Gentechnik, die uns als spürbarstes Erbe der Molekularbiologie geblieben ist. Zumindest in höheren Organismen funktioniert die Genetik nicht wie ein Kinderspiel. Hier gibt es gar keine Gene im klassischen Sinn; hier gibt es statt dessen komplizierte Mosaikgene, aus denen die Botschaft erst herausgetrennt werden soll.[16] Knapp formuliert: Eine Zelle hat keine Gene, eine Zelle macht ihre Gene. Oder noch kürzer: Gene sind nicht, Gene werden nur. Der Weg in die Molekularbiologie hat seine Grenze gefunden. Den

Genetikern ist auf diesem Weg ihr Objekt abhanden gekommen. Das Gen hat sich unter ihren Händen aufgelöst. Nur einzelne Stücke sind geblieben, und die müssen andere zusammensetzen.

Anmerkungen zur Literatur

1 E. Schrödinger, Was ist Leben?, München 1987.
2 N. Timoféef-Ressovsky, K. G. Zimmer und M. Delbrück, Über die Natur der Genmutation und der Genstruktur, Nachrichten der Gesellschaft für Wissenschaft in Göttingen, Mathem.-Physk. Klasse, Fachgruppe 6, Nr. 13, S. 190–245, 1935.
3 E. P. Fischer, Niels Bohr – Die Lektion der Atome, München 1987.
4 E. A. Carlson, Genes, Radiation and Society, Ithaca 1981.
5 F. H. Portugal und J. S. Cohen, A Century of DNA, Cambridge (Mass.) 1977.
6 E. P. Fischer, Das Atom der Biologen, München 1988.
7 Fischer/Bohr, a. a. O.
8 J. Cairns, G. S. Stent, J. D. Watson (Hrsg.), Phage and the Origin of Molecular Biology, Cold Spring Harbor 1966.
9 E. Ellis und M. Delbrück, The Growth of Bacteriophage, Journal of General Physiology 22: 365–384, 1939.
10 Einzelheiten in Ref. 5 oder K. Wolf, Die Gene, Berlin 1983.
11 Einzelheiten in Ref. 5 und Ref. 6.
12 Fischer, Das Atom der Biologen, a. a. O.
13 S. E. Luria und M. Delbrück, Mutations of Bacteria from Virus Sensitivity to Virus Resistance, Genetics 28: 491–511, 1943.
14 Einzelheiten in Ref. 5 und Ref. 6.
15 J. D. Watson, Die Doppelhelix, Hamburg 1968.
16 E. P. Fischer, Gene sind anders, Hamburg 1988.

Hans Primas

Biologie ist mehr als Molekularbiologie

Wir müssen gleichzeitig mit mehreren Naturbeschreibungen arbeiten

Die Biologie auf dem Weg zur demiurgischen Macht

Sie mögen sich fragen, wie ein Quantentheoretiker und ausschließlich mit mathematischen Hilfsmitteln arbeitender Naturwissenschaftler dazu kommt, sich zu biologischen Fragen zu äußern. Nun, ich habe kein besonders schlechtes Gewissen, mich als Nichtbiologe über das Verhältnis von Molekularbiologie zur Biologie zu äußern, denn ein durchschnittlicher Molekularbiologe weiß kaum viel mehr als ich über die Welt der Blumen und der Tiere. Im »Handwörterbuch der Naturwissenschaften« von 1931 steht noch »Gegenstand der Biologie sind die Lebewesen, die Pflanzen und die Tiere«.[1] Dazu gehört auch die Morphologie, die für Charles Darwin noch »die Seele der Naturgeschichte« war, die aber in der Molekularbiologie kaum je erwähnt wird. Nach Adolf Portmann – einem der großen Zoologen unseres Jahrhunderts – sind die Gegenstände der vergleichenden Morphologie »die Gestalt des Tierkörpers, die Formen und die Lageverhältnisse der Organe«.[2]

Aber die Zeiten der Morphologie sind vorbei, denn inzwischen hat sich die »Arroganz der Physiker«[3] breitgemacht. Kühn und ohne allzuviel nachzudenken, wurde angenommen, wenn man nur die physikalischen Grundlagen der Lebensprozesse beherrsche, verstehe man auch die Biologie. Beispielsweise qualifizierte der Kernphysiker Lord Rutherford die systematische Biologie als »Briefmarkensammeln«: »There is physics, and there is stamp collecting.« Erstaunlicherweise wurden solche törichten Sprüche ernst genommen, und man begann, Ballast abzuwerfen. In der Folge ist die moderne Biologie dominant kausal-wissenschaftlich geworden, und das primäre

Interesse dieser Naturwissenschaftler gilt seither nicht mehr der Natur als harmonischem Ganzem.

Diese Entwicklung ist natürlich nicht auf die biologischen Wissenschaften beschränkt. Wir mögen zwar gute Forscher und gute Ingenieure sein, gute Naturwissenschaftler sind wir schon lange nicht mehr. In unserem Traum der totalen Naturbeherrschung haben wir die Naturzugehörigkeit des Menschen aus unserem Bewußtsein verdrängt. Mehr und mehr studieren wir hochtechnische Spezialprobleme und haben dabei längst die Übersicht über die Gesamtheit der Naturwissenschaft verloren. Um ein erfolgreicher Forscher zu sein, genügt es heute, Experimente haarscharf zu durchdenken und im Laboratorium akribisch zu realisieren. Philosophisches Durchdenken ist dabei nicht nötig, ja eher schädlich.

Jedoch kann »Verstehen« mehr sein als technisches Verfügungswissen und intellektuelles Begreifen von außen. Man kann Lebewesen und Dinge auch dadurch verstehen, daß man sich hineinversetzt und an ihrem Wesen partizipiert.[4] Diese Art Naturforschung ist vom selbstsicheren, aber lieblosen technisch-naturwissenschaftlichen Denken der Neuzeit bedroht. Nach Carl Friedrich von Weizsäcker ist die wissenschaftliche und technische Welt der Neuzeit das Ergebnis eines Wagnisses der Menschen. Und dieses Wagnis heißt: »Erkenntnis ohne Liebe«. Aber »wahre Erkenntnis ist immer liebende Erkenntnis, und wo sie nicht liebt, ist sie nicht wahr.«[5]

Kurz, Inhalt und Stil der Naturforschung haben sich in den letzten Jahrzehnten geändert. Das neue biologische Wissen ist Verfügungswissen und damit Herrschaftswissen[6] geworden, ganz im Sinne von Francis Bacon: »not knowledge of nature, but power over nature«. Was zählt ist der vorausberechenbare Handlungserfolg, nicht die Erkenntnis als solche. Wenn wir allerdings, wie das Francis Bacon vorgeschlagen hat, »die Natur peinlich befragen«, lassen wir Wesentliches außer Betracht. Das Baconsche wissenschaftliche Handeln zielt auf machbare Strukturen, unterdrückt, manipuliert, ist letztlich lebensfeindlich und gibt uns keinerlei Orientierung, um mit der Natur vernünftig zu leben. Damit komme ich zu meiner ersten These:

ERSTE THESE
Molekularbiologie ist eine technische Wissenschaft von großer demiurgischer Potenz. Sie produziert in erster Linie Herrschaftswissen und kaum Orientierungswissen.

Das heißt, die Molekularbiologie ist keine wissenschaftliche Theorie der belebten Natur, sondern hilft uns, über die Natur zu verfügen. Sie hat bereits viele Resultate gebracht, die sich technisch umsetzen lassen. Sie dient vornehmlich der Naturbeherrschung, im Gegensatz zur Suche nach Wahrheit.

Faßt man in diesem Sinne die Molekularbiologie als einen Beitrag zur menschlichen Machtergreifung in der Natur auf, so ist durchaus *nicht* zu kritisieren, daß im Rahmen dieser technologisch höchst erfolgreichen Methodik die Molekularbioingenieure mit Begriffen wie Kausalität, Finalität, Zufall, Information, Ganzheit in einer Weise umgehen, wie es in erkenntnistheoretisch orientierten Naturwissenschaften niemals zulässig wäre. Im Gegensatz zu den ersten Prinzipien einer erkenntnistheoretisch orientierten Physik sind die Prinzipien der Molekularbiologie Anleitungen zu praktischem Handeln. Solche Anleitungen haben lediglich eine heuristische Funktion, sie brauchen keineswegs logisch konsistent zu sein, sondern dürfen durchaus opportunistische Züge aufweisen. Sie müssen den Forscher inspirieren, brauchen aber nicht in einem tieferen Sinne richtig zu sein. Daher ist es ohne weiteres denkbar, daß die Molekularbiologen in einem pragmatischen Sinn recht haben, daß aber trotzdem ihre theoretischen Begründungen nicht stichhaltig sind.

Das molekulare Paradigma

Ich werde im folgenden versuchen, meine These vom rein pragmatischen Charakter der Molekularbiologie zu erhärten und aufzuzeigen, daß – entgegen einer weit verbreiteten Meinung – die Grundideen der Molekularbiologie zwar eine gute *empirische* Stütze haben, aber in keiner Weise auf tiefer liegenden Erkenntnissen der Quantentheorie beruhen.

Die von Erwin Schrödinger vermuteten »bisher unbekannten anderen physikalischen Gesetze«[7] sind schlicht und einfach die altbekannten empirischen Gesetzmäßigkeiten der Chemie.[8] Irgendein neues, angeblich auf der Quantentheorie beruhendes Prinzip der »Ordnung aus Ordnung«[9] kommt nach unserem heutigen Stand des Wissens im molekularbiologischen Bereich nicht zum Zuge. Um moderne Molekularbiologie zu verstehen und erfolgreich zu betreiben, braucht man keine Ahnung von Quantenmechanik zu haben, die üblichen aus der *empirischen* Chemie stammenden Bindungs- und Valenzbegriffe genügen vollauf.

Nun, das ist meine Sicht, und die stimmt keineswegs mit derjenigen aller Molekularbiologen überein. So behauptet etwa Francis Crick: »The ultimate aim of the modern movement in biology is in fact to explain *all* biology in terms of physics and chemistry.«[10]

Es bleibt natürlich die Frage, was Crick mit »Erklären« meint. Meist bekommt man auf solche nicht einfachen Fragen von den Molekularbiologen keine brauchbaren Antworten. Wo es aber um die Förderung der Wissenschaft geht, etwa bei der Verteilung öffentlicher Mittel, sind jedoch die Stellungnahmen klar und deutlich. Da wird üblicherweise die wichtige Spezialdisziplin der Molekularbiologie, mit der sich *eine* unter vielen Seinsebenen hervorragend erfassen läßt, kühn und ohne jede Begründung zur allein realen erklärt. Beispielsweise präsentierte im Jahre 1970 die Nationale Akademie der Wissenschaften der Vereinigten Staaten von Amerika ein forschungspolitisches Manifest »Biology and the Future of Man«, in dem wir folgende unbescheidenen Behauptungen finden: »At its essence life can be understood only in the language of chemistry«[11], und »Molecular biology provides the closest insight man has yet obtained of the nature of life – and therefore of himself«.[12]

Ein weiteres, für Konstanz relevantes Beispiel bietet der Begründer der Molekularbiologie, Max Delbrück. Als Berater der Gründungskommission der Konstanzer Universität versuchte er 1966 »die Naturwissenschaften nach seinen Vorstellungen zu konstruieren. Die Biologie sollte ganz Molekularbiologie sein, und Chemie und Physikalische Chemie sollten ihr zuarbeiten. Die klassischen Disziplinen wie Botanik und Zoologie sollten aufgeben werden.«[13] Seinerzeit wurde dieser Vorschlag als sehr fortschrittlich betrachtet. Heute sehen viele die Dinge anders und sprechen von einer unverständlichen Einäugigkeit.

Verstehen kann man diese Situation nur, wenn man bedenkt, daß die kreativsten Forscher häufig vom molekularen Reduktionismus geradezu hypnotisiert sind. So schreibt etwa der Nobelpreisträger Severo Ochoa: »Auf der molekularen Ebene befindet sich das Geheimnis der Vererbung und Evolution, möglicherweise das Geheimnis des Lebens überhaupt, in bestimmten chemischen Verbindungen, den Nucleinsäuren und den Proteinen«.[14]

Der naturwissenschaftliche Laie mag sich über eine so offensichtliche Blindheit hervorragender Naturwissenschaftler wundern, sollte aber auch in Betracht ziehen, daß es für einen Forscher, der von einer Erkenntnis überwältigt ist, schwierig ist, für andere Aspekte nicht blind zu sein. Die grenzenlose Faszination durch den molekularen Reduktionismus scheint auf archetypische Inhalte des kollektiven Unbewußten hinzuweisen. Nach Carl Gustav Jung ist »die Faszinierung nämlich ein zwangsartiges Phänomen, zu dem bewußte Motivierung fehlt; d. h. sie ist kein Willensvorgang, sondern eine Erscheinung, die aus dem Unbewußten auftaucht und sich dem Bewußtsein zwangsmäßig aufdrängt«.[15] Der molekule Reduktionismus hat ja seine Wurzeln im über 2000 Jahre alten Atomismus. Dieser Atomismus beruht aber keineswegs auf naturwissenschaftlichen Hypothesen, sondern es handelt sich dabei eher um Projektionen unbewußter seelischer Inhalte kollektiver Natur. Vergißt man das, so wird eine Identifikation mit den Inhalten der Projektionen unvermeidlich, was zu dem nicht ungefährlichen Zustand der Inflation führt.[16]

Der molekulare Reduktionismus beherrscht die heutige wissenschaftliche Chemie und die moderne Biologie in einem solchen Umfang, daß wir auch von einem Paradigma sprechen können:

DAS MOLEKULARE PARADIGMA DER HEUTIGEN CHEMIE UND MOLEKULARBIOLOGIE
Alle chemischen und alle biologischen Phänomene können molekular erfaßt werden. Sofern die molekulare Beschreibung nur weit genug getrieben wird, gibt sie uns das genaueste und tiefste Verständnis für alle chemischen und biologischen Phänomene und ist letztlich das einzig mögliche naturwissenschaftliche Wissen überhaupt.

Die Erfolge der auf diesem Paradigma beruhenden Forschung sind großartig und unbestritten, aber sie haben auch dazu geführt, daß viele der heutigen Chemiker die *stofflichen* Aspekte der materiellen Welt kaum mehr wahrnehmen, ganz einfach, weil diese in einer rein molekularen Betrachtungsweise wissenschaftlich gar nicht erfaßt werden können. Betrachtet man etwa die heute so übliche gedankenlose Identifizierung von Molekül und Stoff, oder von Unordnung und Entropie, so kann man den Gedanken eines *molekularen Dogmas* nicht ganz von der Hand weisen. Man muß sich daher fragen, ob eine *exklusiv* molekular orientierte Chemie und Biologie auf dem rechten Weg ist.

In der modernen Quantentheorie ist das molekulare Paradigma ein *gebrochener Mythos*. Nach Paul Tillich heißt ein Mythos, welcher als solcher erkannt ist, aber nicht überwunden werden kann und daher auch nicht eliminiert wird, ein gebrochener Mythos.[17] Während ein Mythos uneingeschränkte Anerkennung verlangt, steht ein gebrochener Mythos für eine Teilwahrheit; nicht für die ganze Wahrheit, aber für einen Aspekt der Wahrheit. Das heißt in unserem Zusammenhang: eine molekulare Beschreibung ist nie wahr, obwohl sie innerhalb eines eng umgrenzten Kontexts die bestmögliche Beschreibung sein kann. Jeder molekulare Dogmatismus wäre daher verfehlt, theoretisch falsch und praktisch verhängnisvoll. *Theoretisch falsch*, weil der Molekülbegriff keineswegs aus den ersten Prinzipien der Quantenmechanik folgt. Der Molekülbegriff ist nur im Rahmen eines heute wohlverstandenen, recht engen Kontexts quantentheoretisch fundiert und praktisch sinnvoll.[18] Moleküle existieren nicht in einem absoluten Sinn, der Molekülbegriff ist lediglich ein Begriff menschlicher Handlungsmöglichkeit. *Praktisch verhängnisvoll* ist ein molekulares Dogma, weil es theoretisch ebenso legitime, aber zur molekularen komplementäre Betrachtungsweisen unterbindet.

Schrödingers »Was ist Leben?«

Zur Popularisierung des molekularen Paradigmas in der Biologie hat Erwin Schrödinger mit seinem Büchlein »What is Life?« enorm beigetragen. François Jacob beschreibt das mit den Worten: »Einen der Väter der Quantenmechanik fragen zu hören: ›Was ist das Leben?‹ und die Vererbung in Begriffen molekularer Strukturen, interatomischer Bindungen und thermodynamischer Stabilität zu beschreiben – das genügt, um den Enthusiasmus gewisser junger Physiker auf die Biologie zu lenken und ihn mit einer Legalität zu umgeben.«[19]

Maurice Wilkins, Günther Stent und James Watson wurden durch Schrödingers Buch entscheidend beeinflußt, die molekulare Betrachtungsweise in die Biologie einzuführen. Das ist recht merkwürdig, gehört doch »What is Life?« zu den am wenigsten überzeugenden Leistungen Schrödingers.[20] Zunächst reduziert Schrödinger die höchst komplexe Frage »Was ist Leben?« in überraschend naiver und einseitiger Weise auf die Frage »Wie repliziert sich genetisches Material?«. Überdies ist es aus heutiger Sicht leicht, in Schrödingers Schrift Fehler über Fehler zu finden, und sehr schwierig, irgend etwas fruchtbringend Originelles auszumachen. So schreibt etwa Linus Pauling über Schrödingers Beitrag zur Biologie: »It is my opinion that he did not make any contribution whatever, or that perhaps, by his discussion of ›negative entropy‹ in relation to life, he made a negative contribution. ... Schrödinger's discussion of thermodynamics is vague and superficial to an extent that should not be tolerated even in a popular lecture.«[21] Ebenso hart ist das Urteil von Max Perutz: »Sadly, however, a close study of his book and of the related literature has shown me that what was true in his book was not original, and most of what was original was known not to be true even when the book was written.«[22] Diese Urteile haben seitens einiger Biologen vehemente Proteste ausgelöst,[23] doch wie ich glaube, zu Unrecht.

Ein Studium von Schrödingers »What is Life?« ist auch heute noch für jeden Naturwissenschaftler lohnend. Nicht daß er dabei etwas Nützliches über Physik oder Biologie lernen könnte, aber weil darin eindrücklich die Gefahr der Einäugigkeit eines von einer Idee faszinierten Forschers demonstriert wird. Dabei ist wohl zu beachten, daß diese Schrift von einem unserer genialsten Physiker stammt, einem Naturphilosophen, dem man gewiß nicht philosophische Uninteressiertheit oder eine einseitig physikalische Weltsicht unterstellen kann. Diese Diskrepanz mag einem nicht aktiv in der theoretischen Forschung Tätigen merkwürdig scheinen. Jeder aber, der einmal die vereinheitlichende Kraft fundamentaler theoretischer Prinzipien kennengelernt hat, weiß um die Gefahr, in den Einflußbereich eines Archetyps zu kommen. Steht ein Naturwissenschaftler ernstlich im Bann einer faszinierenden archetypischen Idee, so ist es fast unvermeidlich, daß er früher oder später in einen naturwissenschaftlichen Abgrund stürzt. Nur eine eiserne wissenschaftliche Disziplin kann ihn vor einem solchen Debakel schützen.

Ich möchte im folgenden einige auch für die heutige Molekularbiologie wesentliche Einwände diskutieren, aber zunächst davor warnen, Schrödingers Schrift allzu ernst zu nehmen. Zwei Beispiele mögen seine zwar eingängige, aber wenig durchdachte Argumentationsweise illustrieren. Schrödinger schreibt: »Was ist das Kennzeichen des Lebens? Wann sagt man von einem Stück Materie, es lebe? Wenn es fortwährend ›etwas tut‹, sich bewegt, mit der Umwelt Stoffliches austauscht usw., und zwar während einer viel längeren Zeit, als wir unter den gleichen Bedingungen von einem unbelebten Stück Materie erwarten, daß es ›in Bewegung bleibe‹.«[24] Mir ist absolut unbegreiflich, wie Schrödinger so etwas schreiben konnte. Jeder Wasserfall hat eine langlebige quasistabile Struktur und erfüllt Schrödingers Charakterisierung des Lebens.

Als begeisterter Berggänger wußte Schrödinger sicher, daß in der unbelebten Natur spontane Ordnungsphänomene an der

Tagesordnung sind. Trotzdem schreibt er: »Jeder Vorgang, jedes Ereignis, jedes Geschehen – man kann es nennen, wie man will – kurz alles was in der Natur vor sich geht, bedeutet eine Vergrößerung der Entropie jenes Teiles der Welt, in welchem es vor sich geht.«[25] Jeder Teich, der im Winter spontan gefriert und damit seine Ordnung erhöht und seine Entropie erniedrigt, ist ein Gegenbeispiel. Auch als Physiker hätte Schrödinger wissen müssen, daß man auf so saloppe Weise nicht thermodynamisch argumentieren darf. Seit den Zeiten von Josiah Willard Gibbs (1839–1903) weiß jeder ernsthafte Student der Thermodynamik, daß eine präzise Definition des betrachteten Systems das Alpha und Omega jeder thermodynamischen Diskussion ist. Nur wenn man die elementarsten Prinzipien der Thermodynamik nicht kennt, kann man auf die völlig abstruse, früher aber von vielen Naturwissenschaftlern und Philosophen vertretene Idee kommen, daß lebende Organismen dem zweiten Hauptsatz der Thermodynamik widersprechen könnten.

Entropie, Information, Komplexität und Ordnung

Die ganze Konfusion hat ihren Ursprung in einer vorschnellen Verknüpfung von Entropie, Information und molekularer Unordnung, welche auch Schrödinger vornimmt.

Zunächst ist daran zu erinnern, daß die Entropie eine rein *makroskopisch* definierte Größe der phänomenologischen Thermodynamik ist und zunächst mit irgendwelchen Vorstellungen von Molekülen und Unordnung überhaupt nichts zu tun hat. Es ist ferner nützlich, sich daran zu erinnern, daß in der phänomenologischen Thermodynamik die Entropie eine *kontextabhängige* Größe ist: man muß immer die äußeren Bedingungen und die zugelassenen Experimentalmethoden (wie etwa die Möglichkeit einer Isotopentrennung) genau festlegen. So etwas wie eine »intrinsische absolute Entropie« gibt es nicht.

Der Begriff *Information* hat einen wohldefinierten Sinn im Rahmen der von Claude Shannon[26] begründeten mathematischen Kommunikationstheorie, welche von der Speicherung,

Umformung und Übermittlung von Information handelt. Information ist dabei charakterisiert durch die mittlere Zahl binärer ja-nein Entscheidungen, welche notwendig sind, um eine bestimmte Symbolfolge eindeutig zu identifizieren. Dieser Informationsbegriff des Elektroingenieurs hat im allgemeinen weder mit der thermodynamischen Entropie noch mit einem biologisch relevanten Informationsbegriff irgend etwas zu tun.[27] Der Shannonsche Informationsbegriff schließt Fragen der semantischen Information ausdrücklich aus und ist genau aus diesem Grund ein außerordentlich nützliches Hilfsmittel für die kommerziellen Telefongesellschaften, deren Aufgabe es ist, Informationen möglichst fehlerfrei von einem Ort zu einem anderen zu übertragen, die dabei aber von Gesetzes wegen von einem allfälligen Sinn dieser Information keine Kenntnis nehmen dürfen.

In genau dem gleichen Sinn ist die heute allgemein akzeptierte Definition der *algorithmischen Komplexität* nach Kolmogorov und Chaitin[28] nicht-semantischer Natur, sie ist definiert als die minimale Programmlänge, welche notwendig ist, um ein gegebenes Problem auf einem spezifizierten Universalrechner (Turing-Maschine) zu lösen. Eine große algorithmische Komplexität ist weder ein Charakteristikum biologischer Systeme noch per se von biologischem Interesse. Viele industriell erzeugte makromolekulare Stoffe haben eine enorme molekulare Komplexität, welche aber für niemanden von irgendwelcher Bedeutung ist. Ebensowenig hat die durch die zufällige Verteilung isotoper Atomkerne in Biomolekülen bedingte riesige Komplexität irgendeine biologische Relevanz (man betrachte etwa eine DNS-Molekel mit der relativen Molekülmasse von 10^6 und dem natürlichen Gehalt von 0,015 % ^{2}H, 1,11 % ^{13}C, 0,038 % ^{17}O, 0,204 % ^{18}O und 0,38 % ^{15}N). *Biologische* Komplexität und Information ist interessant, weil sie auf *höherer hierarchischer Ebene* einen biologischen Sinn macht. Diesen Sinn sucht man auf molekularer Ebene vergebens, er manifestiert sich aber etwa in den physiologischen Funktionen der Lebewesen.

Die von Schrödinger erwähnte »exakte quantitative Beziehung zwischen Entropie und atomarer Unordnung«[29] ist das

Boltzmannsche *Postulat* $S = k \cdot \ln W$ (wobei S die Entropie und W die Wahrscheinlichkeit des entsprechenden Makrozustands bezeichnet) der klassischen statistischen Mechanik, welches selbst im Rahmen der klassischen physikalischen Theorien einen kläglichen theoretischen Status hat.[30] Selbst in dem sehr engen Rahmen, in dem die Boltzmannsche Beziehung einen gewissen Sinn macht, ist die so definierte Unordnung genauso wie die Entropie eine *kontextabhängige* Größe. Die Idee eines kontextunabhängigen Ordnungsbegriffs stammt aus der Rumpelkammer eines längst als unhaltbar nachgewiesenen naiven Atomismus und Reduktionismus. Der außerordentliche praktische Erfolg der molekularen Sichtweise hat ihre Grenzen vergessen lassen, und in der Folge wurde auf ihr ein ganzes Weltbild gegründet. Gemäß diesem molekularen Weltbild ist die Entropie ein Maß für die molekulare Unordnung, wobei unausgesprochen angenommen wird, daß der Begriff »molekulare Unordnung« in einem absoluten Sinn objektivierbar sei. Wir wissen heute, daß diese Auffassung falsch ist. Zu sagen, etwas sei »ungeordnet«, heißt stillschweigend immer: »ungeordnet bezüglich einer bestimmten Absicht«. Damit werden Ordnungsmaße, Komplexitätsmaße und Entropien standpunktsabhängige Größen. Einem vorgegebenen makroskopischen Objekt können je nach Betrachtungsweise ganz verschiedene Komplexitätsmaße und Entropiefunktionen zugeordnet werden, welche alle dienlich und grundsätzlich gleichberechtigt sind.[31] Eine Betrachtungsweise ist zweckmäßig oder unzweckmäßig, aber nie wahr. Daher gibt es auch keine intrinsischen Entropie- und Ordnungsbegriffe.

Trotzdem wird in einem wesentlichen Teil der molekularbiologischen Literatur so getan, als ob es a priori evident sei, was physikalisch mit einer biologisch relevanten Ordnung gemeint sein könnte. Erst wenn die zulässigen, sich gegenseitig ausschließenden Alternativen einer aus bestimmter Sicht gewählten *klassischen* Beschreibung präzise festgelegt sind, kann man im Sinne der Informationstheorie Maße für Komplexität, Ordnung und Information einführen. Aber auch dann ist über die biologische Relevanz solcher Maße noch gar nichts gesagt. Ich fasse zusammen:

ZWEITE THESE
Der in der Molekularbiologie üblicherweise als unproblematisch betrachtete Ordnungsbegriff hat mit der makroskopischen thermodynamischen Entropie so gut wie nichts zu tun. Jeder Ordnungsbegriff ist kontextabhängig, wobei der Kontext viel wichtiger ist als die verwendete mathematische Maßgröße (wie etwa das Shannonsche Informationsmaß oder das Kolmogorov-Chaitinsche Komplexitätsmaß).

Was ist Zufall?

In den Ingenieurwissenschaften macht es einen guten Sinn, probabilistische Prognosen zu machen. Für technische Probleme können wir häufig recht gute mathematische Modelle aufstellen, welche die für uns wichtigen Aspekte zutreffend beschreiben. Unvermeidlicherweise müssen wir dabei immer weniger wichtige Aspekte beiseite lassen. Phänomene, die im betrachteten Kontext als irrelevant betrachtet werden, sind deswegen natürlich nicht unwirksam, sondern manifestieren sich in der Kategorie des »Zufalls«, z. B. als Rauschen. Bestenfalls können wir eine wahrscheinlichkeitstheoretische Prognose machen, wobei die dabei im theoretischen Modell auftretenden Wahrscheinlichkeiten durch *unser fehlendes Wissen* bedingt sind. Wenn wir im Rahmen *klassischer* technischer oder naturwissenschaftlicher Theorien von »Zufall« sprechen, heißt das daher immer, daß wir uns nicht um alle Einzelheiten kümmern wollen, oder auch, daß wir selbst beim besten Willen die detaillierten Ursachen nicht ergründen können, obwohl diese an sich kausal determiniert sind. Im Weltbild der klassischen Physik gibt es keine intrinsisch zufälligen Ereignisse. Dagegen gibt es kausal determinierte Ereignisse, für welche *wir* lediglich Wahrscheinlichkeitsprognosen machen können.

Falls es nun in der Molekularbiologie einen anderen Anlaß zur Einführung von Wahrscheinlichkeiten gibt als die Unvollständigkeit unseres Wissens, so müssen uns die Molekularbiologen schon erklären, was sie unter »Zufall« verstehen wollen.

Jacques Monod hat darüber ein ganzes Buch geschrieben, ohne jedoch diese Frage hinlänglich zu beantworten. Monod charakterisiert den »essentiellen Zufall« durch die »totale Unabhängigkeit zweier Ereignisreihen«.[32] Nun ist die klassische Physik strikte deterministisch (wenn auch nicht determinierbar) und die Quantenmechanik in einer allumfassenden Weise holistisch, so daß es in einer rein physikalischen Naturbeschreibung so etwas wie eine totale Unabhängigkeit von Ereignisketten nicht gibt. Falls es aber zufällige Ereignisse geben sollte, welche weder kryptodeterministisch sind noch durch die primären Wahrscheinlichkeiten der Quantenmechanik gelenkt werden, so ist es alles andere als selbstverständlich, warum die statistischen Eigenschaften solcher Ereignisse durch den Kalkül der mathematischen Wahrscheinlichkeitstheorie erfaßbar sein sollen.

Auch Schrödinger spricht von »reinem Zufall«[33] und ergänzt dies noch durch die Bemerkung, daß dabei »die Unbestimmtheit der Quanten« keine biologisch wesentliche Rolle spiele.[34] Was meint wohl Schrödinger, wenn er von Zufall spricht? Mangelnde Ursache oder mangelndes Wissen? Seine Schrift »Was ist Leben?« gibt keine Antwort, aber seine Antrittsreden an der Universität Zürich im Jahre 1922 (also vor der Entstehung der Quantenmechanik) und an der Preußischen Akademie der Wissenschaften im Jahre 1929 zeigen, daß Schrödingers Denkweise stark von den Ideen Franz Exners beeinflußt war, wonach bereits die klassische Physik nicht kausal sei und die physikalischen Naturgesetze prinzipiell statistischen Charakter haben sollen.[35] Allerdings ist zu betonen, daß diese Auffassung von der Mehrheit der Physiker nie geteilt wurde. Die klassische Mechanik ist streng deterministisch, was keineswegs impliziert, daß sie empirisch determinierbar ist. Berühmte Beispiele sind die *chaotischen* Systeme. Das sind klassische dynamische Systeme, die durch streng deterministische nichtlineare Differentialgleichungen beschrieben sind, aber ein derartig hochgradig irreguläres Verhalten haben, daß sie prinzipiell nur statistische Prognosen erlauben.[36]

Eine andere Möglichkeit – die Schrödinger allerdings bezüglich der Biologie ablehnt –, den Begriff des essentiellen Zufalls in die Debatte zu bringen, besteht im Hinweis auf den akausalen Charakter der elementaren Quantenphänomene. Die Quantenmechanik behauptet die Existenz *primärer* objektiver Wahrscheinlichkeiten.[37] Jedoch ist zu beachten, daß die Existenz primärer Wahrscheinlichkeiten nicht bedeutet, daß gemäß den Vorstellungen der Quantenmechanik das Weltgeschehen akausal ist. Die Quantenmechanik ist eine ganzheitliche Theorie mit einer strikte deterministischen Dynamik. Die primären Wahrscheinlichkeiten der Quantenmechanik manifestieren sich erst im Meßprozeß, d. h. bei einer hinreichend starken Wechselwirkung des betrachteten Quantenobjekts mit einer *klassischen* Meßapparatur. Nun gibt es aber (wiederum gemäß den Vorstellungen der Quantenmechanik) in der Natur keine Teilsysteme, die intrinsisch klassisch sind. Es ist die Vorgehensweise des Experimentators, die bestimmt, welche Teile der Welt *als klassisch zu betrachten sind*. Das heißt, was in unserer Welt als klassischer Bereich (mit einer Booleschen Aussagenlogik) betrachtet werden darf, ist nicht naturgesetzlich gegeben, sondern standpunktsabhängig. Da die Quantenmechanik prinzipiell gleichberechtigte komplementäre Perspektiven erlaubt, sind die Wahrscheinlichkeiten der Quantenmechanik zwar primär, aber kontextabhängig. Das heißt, die an Quantensystemen beobachtbaren Zufallsprozesse sind immer durch objektive *bedingte* Wahrscheinlichkeiten gegeben, wobei die Bedingungen durch den Kontext (etwa durch die gemäß unseren Interessen konstruierte Meßapparatur) gegeben sind. Die primären Wahrscheinlichkeiten der Quantenmechanik sind weder durch mangelnde Ursachen noch durch mangelndes Wissen bedingt, sondern durch unsere Projektion der kausalen nicht-Booleschen Ganzheitsbeschreibung auf eine stochastische klassische Teilbeschreibung in einem für uns relevanten Booleschen Kontext. Ich fasse zusammen:

DRITTE THESE
Der Zufall ist der deus ex machina der Molekularbiologie. Welchen naturwissenschaftlichen Stellenwert der »essentielle Zufall« haben soll, ist ungeklärt.

In der klassischen Mechanik gibt es keine intrinsisch zu-

fälligen Ereignisse, denn die klassische Mechanik ist strikte deterministisch, wenn auch nicht determinierbar.

Die primären Wahrscheinlichkeiten der Quantenmechanik sind kontextabhängig. Zufall ist hier weder mangelnde Ursache noch mangelndes Wissen, sondern erzwungen durch die als möglich angenommene freie Wahl des Experimentators zwischen einander ausschließenden Versuchsanordnungen.

Zielstrebiges Verhalten

Jede physikalische Beschreibung eines Naturphänomens erfordert eine Zweiteilung der Welt, nämlich

(i) in relevante Anteile, welche die Theorie zu erfassen versucht,

(ii) in irrelevante Anteile, welche bestenfalls summarisch durch lediglich statistisch beschriebene Zufallsprozesse (wie Rauschen, thermische Effekte) berücksichtigt werden.

Diese Zweiteilung ist für die Möglichkeit von Naturwissenschaft konstitutiv und wird stillschweigend immer gemacht, wenn wir von objektiver empirischer Erfahrung sprechen. Oder in den Worten von Georg Picht: »Nur wo es gelingt, alles, was ›nicht dazugehört‹, als störende Faktoren zu eliminieren, gewinnt man Erkenntnisse, die nachprüfbar sind. Man nennt diese Erkenntnisse objektiv. Die Objektivität der modernen Wissenschaft ist geradezu dadurch definiert, daß sie der Wirklichkeit *nicht* entspricht, sondern auf solche Erkenntnisse eingeschränkt ist, die sich durch eine eindeutig zu kontrollierende Versuchsordnung gewinnen lassen.«[38] Was als relevant und was als »nicht dazugehörend« zu gelten hat, ist natürlich durch die ersten Prinzipien einer fundamentalen naturwissenschaftlichen Theorie nicht festgelegt.

Wenn nun Francis Crick annimmt, daß unsere für die Molekularbiologie relevanten physikalischen Erkenntnisse vollständig sind und auf festen Fundamenten stehen,[39] aber im Zusammenhang mit der biologischen Evolution behauptet:

»Die einzige Quelle wirklicher Neuerungen ist der Zufall«,[40] dann heißt das ganz einfach, daß die molekularbiologische Forschung eine Betrachtungsweise gewählt hat, bei der »wirkliche Neuerungen« als irrelevante Aspekte betrachtet werden. Beispielsweise wird in der zeitgenössischen Evolutionsdiskussion die höchst bemerkenswerte Reziprozität zwischen den Organismen und ihrer Umgebung weitgehend ignoriert, obwohl der Biochemiker Lawrence Henderson schon vor über 70 Jahren in seinen Harvardvorlesungen eindrücklich darauf hinwies, daß die Umwelt nicht als eine unabhängige Variable betrachtet werden kann.[41]

Möchte man den Zufall im Sinne eines akausalen Geschehens verstehen, so muß man zeigen (oder zumindest plausibel machen), daß dieses Geschehen nicht lediglich darum als zufällig bezeichnet wird, weil seine Kausalität oder auch seine Finalität noch nicht aufgedeckt ist. Auf diese Schwachstelle der biologischen Evolutionstheorie hat Wolfgang Pauli bereits 1954 hingewiesen: »Dieses Modell der Evolution ist ein Versuch, entsprechend den Ideen der zweiten Hälfte des 19. Jahrhunderts, an der völligen Elimination aller Finalität theoretisch festzuhalten. Dies muß dann in irgendeiner Weise durch Einführung des ›Zufalls‹ (chance) ersetzt werden.«[42] In einem Brief an Max Delbrück brach Pauli eine Lanze für die Berücksichtigung *finaler physikalischer Prozesse*: »Probably, the solution is a *complex* one, and *beside* the holy chance there exist processes with a *directed goal* and *also* causal influences of the environment . . .«[43]

Die morphologisch orientierte Biologie kann Begriffe wie Zweckmäßigkeit und Zielstrebigkeit nicht entbehren. Funktionale und teleologische Erklärungen sind wissenschaftstheoretisch durchaus legitim,[44] aber sie haben einen schlechten Ruf. So soll der Genetiker John Burdon Sanderson Haldane gesagt haben: »Die Teleologie ist für den Biologen wie eine Mätresse: er kann nicht ohne sie leben, aber er will nicht mit ihr in der Öffentlichkeit gesehen werden.«[45] Die moderne Biologie verficht aber mehr und mehr eine ausschließlich kausale Betrachtungsweise und versucht die anstößigen teleologischen Fragestellungen zu eliminieren, oder wo dies nicht opportun ist, durch Neologismen zu kaschieren. Sie gibt sich damit klar als Baconsche Ingenieurwissenschaft zu erkennen. Bekanntlich hat bereits Francis Bacon den Ausschluß finaler Fragestellungen gefordert, da diese für die Machtergreifung in der Natur impotent seien: »Die Betrachtung natürlicher Prozesse unter dem Aspekt ihrer Zielgerichtetheit ist steril, und wie eine gottgeweihte Jungfrau gebiert sie nichts.«[46]

Möglicherweise kommen die Bedenken der erkenntnisorientierten Biologen gegen finale Erklärungen von der herkömmlichen, aber völlig ungerechtfertigten Identifizierung von Teleologie und Vitalismus. Die vitalistische Schule lehnte angeblich die mechanistische Sicht ab und behauptete, in den Lebewesen fänden Prozesse statt, die nicht den Gesetzen der Physik gehorchen. Man kann aber im Vitalismus auch einen verzweifelten Versuch sehen, das mechanistische Prinzip der Naturerklärung beizubehalten, aber zusätzlich neue transphysikalische Vitalkräfte einzuführen. Ob wir nun sagen »transphysikalische Kräfte« oder wie Schrödinger[47] »andere, bisher unbekannte physikalische Kräfte«, macht kaum einen wesentlichen Unterschied, denn die moderne Physik kann durchaus neue Kräfte in ihr Denksystem integrieren. Die Frage nach neuartigen Kräften ist aber völlig unabhängig von dem Problem, ob für die Naturwissenschaft nur eine einzige Sichtweise zulässig ist, oder ob die kausale und die finale Betrachtungsweisen beide legitim, gleichberechtigt und komplementär sind.

In seiner sehr lesenswerten Monographie »Die Entwicklung der biologischen Gedankenwelt«[48] vertritt Ernst Mayr die Meinung, daß durch seine[49] Aufteilung der Begriffe, die früher unter dem Ausdruck »teleologisch« zusammengefaßt worden waren (teleonome Vorgänge, teleomatische Prozesse, angepaßte Systeme und kosmische Teleologie), das Problem der Teleologie gelöst wurde. Er schreibt weiter: »Es wäre ... zu wünschen, daß die Kenntnis dieser jüngsten Fortschritte unter Nicht-Biologen weiter verbreitet wäre.«[50] Das ist sicherlich zu beherzigen, aber man könnte vielleicht auch wünschen, daß die Biologen zur Kenntnis nähmen, daß die heutige Physik nicht mehr die Physik des 19. Jahrhunderts ist. Die immer wieder zitierten Beispiele oder Gegenbeispiele für kausales und finales Verhalten (wie etwa die mechanischen Extremalprinzipien) sind völlig irrelevant und genügen den heutigen Ansprüchen an eine kompetente physikalische Diskussion in keiner Weise. Es ist zwar richtig, daß früher in der klassischen Physik den kausalen Fragestellungen das Primat eingeräumt wurde, doch findet eine solche Bevorzugung keine Begründung in den heute als fundamental betrachteten ersten Prinzipien der Physik.

Die Bewegungsgesetze der Hamiltonschen Mechanik sind *zeitsymmetrisch*, so daß man einen Zustand zur Zeit t sowohl aus einem Zustand zu einem Zeitpunkt früher als t voraussagen kann (*Prädiktion*), als auch aus einem Zustand zu einem Zeitpunkt später als t erschließen kann (*Retrodiktion*). Das heißt, die durch eine Hamiltonsche Dynamik (klassisch oder quantenmechanisch) erfaßbaren Prozesse sind immer deterministisch sowohl in der Richtung von der Vergangenheit in die Zukunft (*vorwärts-deterministisch*) als auch in der Richtung von der Zukunft in die Vergangenheit (*rückwärts-deterministisch*), so daß für solche dynamischen Prozesse die Unterscheidung von kausal und final witzlos ist – Ursache und Wirkung sind mit rein mechanischen Mitteln nicht unterscheidbar. Zur Unterscheidung von Ursache und Wirkung sind irreversible Prozesse unverzichtbar.

Interessant wird die Unterscheidung von kausal und final erst bei einseitigen Prozessen, wie etwa bei irreversiblen physikalischen Prozessen. Die modernen Entwicklungen der mathematischen Theorie der stochastischen Prozesse liefern uns die geeigneten Hilfsmittel für eine Analyse einseitiger Prozesse.[51] Ein stochastischer Prozess $\{x_t \mid t \leq 0\}$ heißt *vorwärts-deterministisch*, falls es prinzipiell möglich ist, aus der Kenntnis der Vergangenheit $\{x_t \mid t \leq 0\}$ des Prozesses die Zukunft $\{x_t \mid t > 0\}$ des Prozesses fehlerfrei vorauszusagen. Analog heißt ein stochastischer Prozeß $\{x_t \mid t < 0\}$ *rückwärts-deterministisch*, wenn es möglich ist, aus der Kenntnis des Teilprozesses $\{x_t \mid t \geq 0\}$ die Vergangenheit $\{x_t \mid t < 0\}$ fehlerfrei zu rekonstruieren. Jeder beliebige stochastische Prozess $\{x_t\}$ kann eindeutig als Summe $x_t = y_t^+ + z_t^+$ oder als $x_t = y_t^- + z_t^-$ geschrieben werden, wobei y_t^+ vorwärts-deterministisch und z_t^+ vorwärts vollständig nichtdeterministisch, resp. y_t^- rückwärts-deterministisch und z_t^-

rückwärts vollständig nichtdeterministisch ist. Für vorwärts (resp. rückwärts) vollständig nichtdeterministische Prozesse können lediglich probabilistische Voraussagen (resp. Retrodiktionen) gemacht werden. Folgende Spezialfälle sind von besonderem Interesse:

Prozeß	zeitlich vorwärts	zeitlich rückwärts
Hamiltonsch	deterministisch	deterministisch
dissipativ	vollständig nichtdeterministisch	deterministisch
antidissipativ	deterministisch	vollständig nichtdeterministisch

Eine solche auf rein formal-mathematischen Strukturen basierende Analyse von physikalischen Prozessen[52] ist zunächst sowohl empirisch als auch philosophisch neutral. Hamiltonsche Prozesse sind bideterministisch und sollten weder kausal noch final genannt werden.[53] Dissipative stochastische Prozesse verhalten sich wie genuin *kausale Prozesse*: ein Beobachter kann für jedes beobachtete Phänomen eindeutig eine *Ursache* in der Vergangenheit ausfindig machen. Antidissipative stochastische Prozesse gebärden sich dagegen wie genuin *finale Prozesse*: nach der Registrierung des ganzen Prozesses kann der Beobachter eindeutig ein Ziel (causa finalis) in der Zukunft entdekken.

Vielleicht hat Francis Bacon recht, wenn er behauptet, die Betrachtung finaler Prozesse bringe nichts für die technische Naturbeherrschung. Nun rühren die heutigen Orientierungsprobleme unserer Gesellschaft zum Teil auch daher, daß das naturwissenschaftliche Wissen mehr und mehr Verfügungs- und Herrschaftswissen geworden ist, das uns wenig hilft, uns in der Natur zu orientieren. Da aber Macht und Wahrheit nicht identifiziert werden dürfen, brauchen wir von den althergebrachten Spielregeln Baconscher Naturwissenschaft ebenso wenig sonderlich beeindruckt zu sein wie von der Tatsache, daß teleologische Ansätze grundsätzlich unwiderlegbar sind.[54]

Vom Standpunkt einer erkenntnisorientierten theoretischen Naturbeschreibung sollte man sich die Option finaler Beschreibungen offenlassen, denn nach dem heutigen Wissensstand über die ersten Prinzipien fundamentaler physikalischer Theorien gibt es keine Argumente zugunsten einer ausschließlichen Verwendung kausaler Beschreibungen. Bis heute haben wir allerdings kaum Erfahrung mit finalen Beschreibungen physikalischer Prozesse. Wenn erste Gehversuche in dieser Richtung nicht auf Anhieb zu überzeugenden Erfolgen führen, beweist dies ebenso wenig wie die Tatsache, daß teleologische Begriffsbildungen in der Geschichte der Naturwissenschaften mißbraucht wurden.

Das Programm einer finalen Beschreibung spezieller Naturphänomene ist heute im Rahmen der algebraischen Quantenmechanik beispielhaft durchführbar. Wenn sich in einem dynamischen System die kausale und die finale Beschreibungsweise überhaupt unterscheiden, dann existiert in der fundamentalen Observablenalgebra immer eine Unteralgebra, die zu einer genuin kausalen Beschreibung führt, und eine andere Unteralgebra, die zu einer genuin finalen Beschreibung führt. Erst wenn man sich anhand einfacher Modelle mit den dabei neu auftretenden Strukturen hinlänglich vertraut gemacht hat, darf man wohl wagen, finale Erklärungen wenigstens methodisch im Sinne von Deutungsmöglichkeiten von realen Prozessen einzusetzen. Dabei ist zu beachten, daß aus quantentheoretischer Sicht Kausalität und Finalität keineswegs unvereinbare Gegensatzpaare zu sein brauchen. Kausale und finale Beschreibungen ein und desselben Quantensystems können durchaus gleichberechtigte, aber im Bohrschen Sinne komplementäre Sichtweisen sein. Ich fasse zusammen:

VIERTE THESE
Eine ausschließlich kausale Weltsicht ist ein Charakteristikum Baconscher Naturwissenschaft, welche auf technische Aneignung der Natur zielt.

Eine finale Betrachtungsweise paßt zwar schlecht in das Technikparadigma der heutigen Naturwissenschaft, ist aber ein unentbehrliches Element biologischer Begriffsbildung.

Eine finale Betrachtungsweise in der Biologie hat nichts mit Vitalkräften zu tun.

Die ersten Prinzipien der Physik erlauben grundsätzlich sowohl kausale als auch finale Betrachtungsweisen.

Quantenmechanik und molekularer Code

Es ist allgemein anerkannt, daß die Quantenmechanik die zuständige Theorie für das Verhalten der molekular organisierten Materie ist. Wenn die Molekularbiologen glauben, daß das »Geheimnis des Lebens« sich auf der molekularen Ebene befindet,[55] dann würde man erwarten, daß wenigstens die an erkenntnistheoretischen Fragen interessierten Molekularbiologen die mit der Quantenmechanik untrennbar verknüpfte Revolution unserer erkenntnistheoretischen Fundamente zur Kenntnis genommen hätten. Erstaunlicherweise ist aber das Weltbild der Molekularbiologie von dieser Revolution völlig unberührt geblieben.

Um Mißverständnisse zu vermeiden, sei betont, daß die Biologie genauso wie unsere ganze heutige technische Welt natürlich von neuen Experimentaltechniken entscheidend beeinflußt ist. Viele der neuen Techniken haben ihre Basis in den Prinzipien der Quantenmechanik und sprengen damit den Rahmen der klassischen Methoden. Als Beispiel sei etwa die Kernresonanz-Spektroskopie erwähnt, welche in der modernen Molekularbiologie ein außerordentlich hilfreiches Hilfsmittel geworden ist. Weiter werden in der Molekularbiologie genau wie in der Molekularchemie die *Resultate* quantenmechanischer Rechnungen über die molekulare Stabilität zur Kenntnis genommen und ingenieurmäßig in klassisch konzipierte Modellvorstellungen eingebaut. Aber es kann keine Rede davon sein, daß die Molekularbiologie in irgendeinem Sinn von der *Denkweise* der modernen Quantentheorie beeinflußt wäre.

Wiederum ist diese Feststellung *kein Einwand* gegen die Molekularbiologie, *sofern* man diese als eine Ingenieurwissenschaft auffaßt. Wenn man aber, wie es etwa Francis Crick[56] tut, behauptet, die Quantenmechanik gebe uns eine sichere Grundlage für den Aufbau der Biologie, dann darf man nicht länger das längst überholte Weltbild der klassischen Physik beibehalten und die Naivität der modernen wissenschaftlichen Praxis durch Verdrängung philosophischer Probleme schützen. Man kann leider nicht einfach die philosophische Tragweite der Quantentheorie ignorieren, denn die inhaltlichen physikalischen Aussagen der Quantenmechanik sind nicht von den erkenntnistheoretischen Aspekten dieser Theorie zu trennen.

Wenn man sich schon auf die Quantenmechanik als Grundlage beruft, muß man auch zur Kenntnis nehmen, daß gemäß unserem heutigen Verständnis dieser Theorie sowohl dem Atomismus als auch jeder reduktionistisch-mechanistischen Philosophie längst die naturwissenschaftliche Basis entzogen ist. Die materielle Welt ist keineswegs aufgebaut aus unabhängig existierenden Elementarsystemen, wie etwa Quarks, Elektronen, Atomen oder Molekülen, sie erlaubt lediglich unter ganz speziellen experimentellen Bedingungen eine Beschreibung durch solche kontextabhängigen Entitäten. Es gibt aber auch grundsätzlich andere, zur molekularen komplementäre Beschreibungen der Materie, welche quantentheoretisch genauso wohlbegründet und verbindlich sind. Das heißt, die Quantentheorie bietet viel reichere Möglichkeiten, als in der Weltsicht der Molekularbiologie zur Diskussion zugelassen sind.

Andererseits werfen die Ingenieurkonzepte der Molekularbiologie aus quantentheoretischer Sicht schwierige grundsätzliche Probleme auf, zum Beispiel im Zusammenhang mit dem molekularen Code. Wenn uns die Molekularbiologen sagen, eine der hervorstechendsten Eigenschaften einer DNS-Molekel sei ihr Gedächtnis, so ist intuitiv klar, was gemeint ist. Die meisten Molekularbiologen scheinen aber zu übersehen, daß »Gedächtnis« etwas ist, das durch die ersten Prinzipien der Quantenmechanik nicht in einfacher Weise erklärt werden kann. Gedächtnis gibt es nur in irreversiblen *klassischen*, nicht aber in rein quantenmechanischen Systemen. Im Rahmen einer nicht-phänomenologischen quantenmechanischen Beschreibung ist Gedächtnis eine *emergente Eigenschaft*, welche erst durch die Wechselwirkung eines molekularen Systems mit seiner Umgebung entstehen kann – ein außerordentlich komplexes Phänomen, welches bis heute keineswegs hinreichend analysiert, geschweige denn verstanden ist. Das Problem ist also keineswegs – wie noch Schrödinger glaubte – die *Stabilität* des molekularen Codes, sondern die schiere *Möglichkeit* eines Codes.

Ein Code ist nur möglich in einem Bereich, in dem die *Boolesche* Aussagenlogik gilt, oder wie wir im Jargon der algebraischen Quantenmechanik sagen, in einem *klassischen* Bereich. Daß es im molekularen Bereich überhaupt klassische Unterbereiche gibt, ist quantentheoretisch alles andere als selbstverständlich. In der historischen mathematischen Formulierung durch Johann von Neumann[57] von 1932 sind sogar solche klassischen Bereiche ausdrücklich ausgeschlossen. Das heißt, in der althergebrachten Formalisierung der Quantenmechanik (auf der auch heute noch die meisten Lehrbücher der Quantenmechanik basieren) gibt es keine Booleschen Codes. Erst die modernen Versionen der Quantenmechanik (wie etwa die algebraische Quantenmechanik) erlauben es, solche für die Molekularbiologie wichtigen Strukturen überhaupt zu diskutieren. Aus quantentheoretischer Sicht ist das entscheidende Problem, wie im Rahmen einer ganzheitlichen Theorie, welche zunächst keine Booleschen Beschreibungen zuläßt, sich durch eine deterministische Dynamik ein Boolescher Code entwickeln kann. Dieses Problem ist offen. Ich fasse zusammen:

> *FÜNFTE THESE*
> *Die Denkweise der Molekularbiologie ist immer noch dem Paradigma der klassischen Physik des letzten Jahrhunderts verpflichtet.*
>
> *Bis heute haben die grundlegenden Erkenntnisse der Quantenmechanik über die Struktur der materiellen Welt in der Molekularbiologie keinerlei Beachtung gefunden.*
>
> *Insbesondere ist die Emergenz eines Booleschen molekularen Codes quantentheoretisch unverstanden.*

Als eine charakteristische Eigenschaft biologischer Systeme wird allerseits immer wieder ihr Ganzheitscharakter hervorgehoben. Ein eingefleischter Reduktionist bemerkt dazu aber sofort: »Die Ganzheit ist ein heuristisches Prinzip. Wesen und Ursache der Ganzheit können nur durch Analyse der Teilsysteme erkannt... werden. Der – an sich richtige – Satz, das Ganze sei mehr als die Teile, ist irreführend. Das Ganze kann rational durch die Summe seiner Teile und ihrer räumlichen und zeitlichen (funktionalen) Beziehungen zueinander dargestellt werden.«[58] Hier wird völlig unkritisch als selbstverständlich angenommen, daß das Ganze aus Teilen bestehe. Ist das wirklich so?

Gemäß der heute allgemein als fundamental anerkannten und als allgemeingültig angesehenen Quantenmechanik ist die ganze materielle Welt eine ungeteilte Ganzheit. *Eine Ganzheit, die nicht aus Teilen besteht.* Das heißt, der Referent der Quantentheorie ist die ungebrochene Ganzheit der Natur, so daß aus quantentheoretischer Sicht die gesamte Realität – also alle Minerale, Pflanzen, Tiere und Menschen – eine ganzheitliche zusammenhängende Einheit bilden. Es muß betont werden, daß es sich dabei nicht um ein romantisierendes Geschwätz handelt. In der Quantenmechanik sind die Ganzheitseigenschaften durch die experimentell bestens verifizierten Einstein-Podolsky-Rosen-Korrelationen mathematisch präzise definiert. In der Tat ist die Quantenmechanik die erste und bis heute einzige logisch konsistente, mathematisch formulierte *holistische Theorie*. In der Quantenmechanik kann das Ganze *nie* durch Teile und irgendwelche Beziehungen zueinander dargestellt werden.

Erwin Schrödinger wußte das sehr wohl, er hat genau aus diesem Grund seine eigene Theorie abgelehnt. Heute ist eine solche Distanzierung von der Quantenmechanik nicht mehr möglich, denn in den letzten Jahren wurden diese merkwürdigen Quantenkorrelationen von nichtwechselwirkenden und räumlich getrennten Systemen in einer Reihe von schönen Experimenten zweifelsfrei nachgewiesen.[59] Damit müssen wir endgültig vom Weltbild der klassischen Physik, vom Atomismus und vom mechanistischen Reduktionismus Abschied nehmen. In Zukunft wird das Primat wieder dem ungeteilten Ganzen zuzusprechen sein.

Die grundsätzliche Bedeutung der Quantentheorie liegt daher vor allem darin, daß sie eine konsistente holistische Theorie ist, welche universelle Gültigkeit beansprucht, empirisch absolut hervorragend bestätigt ist und grundsätzlich neue Möglichkeiten bietet, uns mit der Vielschichtigkeit der Natur ganzheitlich auseinanderzusetzen. Die Vorstellung, daß eine bestimmte Betrachtungsweise, beispielsweise die molekular-reduktionistische, sich letztlich als stimmiger und einleuchtender darbieten werde als alle anderen, hat sich als verfehlt erwiesen. Heute wissen wir, daß eine naturwissenschaftliche Beschreibung von irgendwelchen Naturphänomenen überhaupt erst möglich ist, wenn wir auf die Beschreibung der dazu komplementären Aspekte verzichten. Das heißt, die Quantentheorie kann nur dann angewandt werden, wenn wir von gewissen Aspekten abstrahieren und damit die holistische Symmetrie brechen. Aber die Art der Abstraktion ist von den ersten Prinzipien der Theorie nicht vorgegeben, so daß die Quantenmechanik viele verschiedene, aber gleichberechtigte komplementäre Naturbeschreibungen zuläßt.

Die Natur ist von einer unergründlichen Vielschichtigkeit und jede Beschreibung der Natur erfaßt nur einen winzigen Teilaspekt ihrer ungreifbaren Vielfalt. Die heutige Molekularbiologie ist auf eine einzige, nämlich die molekular-mechanistische Erkenntnisperspektive festgelegt. Die dadurch gewonnene Schärfe des Blicks führt zwar zu durchschlagenden Erfolgen, ist aber auch erkauft durch eine verhängnisvolle Einschränkung der Wahrnehmung der materiellen Welt. Ich fasse zusammen:

SECHSTE THESE
Die heutige Molekularbiologie ist eine wissenschaftliche Technologie geworden, die den Kontakt mit den hierarchisch tiefer und höher liegenden erkenntnistheoretischen Naturwissenschaften weitgehend verloren hat.

Der von der Quantentheorie erkannte holistische Charakter der materiellen Welt wird von den Bioingenieuren entweder nicht zur Kenntnis genommen oder als irrelevant beiseite geschoben.

Molekularbiologisch nicht erfaßbare Aspekte, wie etwa die Gestalt der Lebewesen oder eine von Ehrfurcht getragene Zurückhaltung in der Naturforschung, bleiben ausgeklammert.

Die Molekularbiologen können mit Recht auf ihre eindrucksvollen Erfolge stolz sein. Die molekulare Sicht ist legitim und wichtig. Sie muß gepflegt werden, aber nicht auf Kosten anderer Betrachtungsweisen. Alles was an der Molekularbiologie zu kritisieren ist, ist ihre beispiellose Einäugigkeit.

Falls sich die Naturwissenschaften in Zukunft wieder vermehrt der *ganzen* Natur zuwenden, werden wir ganz radikal das Fragen neu lernen müssen. Es wird dann wesentlich sein, die stillschweigenden Voraussetzungen des heutigen naturwissenschaftlichen Denkens und Tuns zu überprüfen und einen Wirklichkeitsbegriff zu entwickeln, der nicht einen Teil der Gesamtwirklichkeit einfach ausschließt. Die den Lebewesen erst als Ganzheiten zukommenden Eigenschaften müssen innerhalb des Blickwinkels der Naturforschung bleiben. Man wird das Naturgeschehen *sowohl* von »unten her« *als auch* von »oben her« betrachten müssen. Dabei ist es ein zu überwindendes Vorurteil, daß die Lesart »von oben« her zweitrangig sei. Beide Lesarten sind legitim und gemäß der quantentheoretischen Weltsicht grundsätzlich völlig gleichberechtigt, führen aber zu grundverschiedenen Forschungsproblemen und Einsichten. Sogar die Kriterien, nach denen entschieden wird, was als wissenschaftlich vertretbar und interessant gelten soll, ändern sich von Grund auf.

Wir alle werden noch lernen müssen, *gleichzeitig* mit *mehreren* zueinander komplementären Naturbeschreibungen zu arbeiten. Um die Natur auch nichtmolekular zu sehen, müssen wir Naturwissenschaftler versuchen, unser Wahrnehmungsvermögen zu erweitern. *Erst wenn neue Bilder Einfluß gewinnen, können wir neue Fakten wahrnehmen.*

Anmerkungen zur Literatur

1 »Handwörterbuch der Naturwissenschaften«, hg. von R. Dittler et al., zweite Auflage, Jena 1931; Bd. 1, S. 990.

2 A. Portmann, »Einführung in die vergleichende Morphologie der Wirbeltiere«, Basel 1965, S. 14.

3 D. L. Hull, »Darwin and His Critics«, Cambridge 1973.

4 Man vergleiche etwa den Rückblick auf seine Forschungstätigkeit von A. Portmann, »An den Grenzen des Wissens«, Wien 1974; sowie: A. Portmann, »Vom Wunder des Vogellebens«, München 1984; und K. von Frisch, »Tiere als Baumeister«, Frankfurt 1974.

5 C. F. von Weizsäcker, »Die Unschuld der Physiker?«, Zürich 1987, S. 60.

6 Zum Begriff des »Herrschaftswissens« vergl. man M. Scheler, »Die Wissensformen und die Gesellschaft«, Leipzig 1926; 3. Auflage, Bern 1980.

7 E. Schrödinger, »What is Life?«, Cambridge University Press, London 1944. Alle Seitenzahlen beziehen sich auf die deutschsprachige Ausgabe: »Was ist Leben?«, München 1987. Hier S. 121.

8 Vergl. dazu auch M. F. Perutz, »Physics and the riddle of life«, Nature *326*, 555–558 (1987): »The apparent contradictions between life and the statistical laws of physics can be resolved by invoking a science largely ignored by Schrödinger. That science is chemistry.«

9 Schrödinger, a. a. O., S. 140.

10 F. Crick, »Of Molecules and Men«, Seattle 1966, S. 10.

11 P. Handler (ed.), »Biology and the Future of Man«, London 1970, S. 3.

12 Handler (ed.), a. a. O., S. 64.

13 P. Fischer, »Licht und Leben. Ein Bericht über Max Delbrück, den Wegbereiter der Molekularbiologie«, Konstanz 1985, S. 229.

14 S. Ochoa, »Die molekularen Grundlagen der Vererbung und Evolution«, Naturwissenschaftliche Rundschau *26*, 1–14 (1973).

15 C. G. Jung, »Über die Psychologie des Unbewußten«. Gesammelte Werke, Bd. 7, Olten 1971; Ziff. 136.

16 Nach Jung kommt eine Inflation »überall vor, wo Menschen von einem Wissen oder einer Erkenntnis überwältigt sind ... Die Inflation hat mit der *Art* der Erkenntnis nichts zu tun, sondern bloß mit der Tatsache, daß eine neue Erkenntnis dermaßen von einem schwachen Kopf Besitz ergreifen kann, daß er nichts mehr anderes sieht und hört. Er wird davon hypnotisiert und glaubt, soeben die Lösung des Welträtsels entdeckt zu haben.« C. G. Jung, »Die Beziehungen zwischen dem Ich und dem Unbewußten«. Gesammelte Werke, Bd. 7, Olten 1971; Ziff. 243.

17 Vergl. dazu: P. Tillich, »Das religiöse Symbol«, Blätter für Deutsche Philosophie *1*, 277–291 (1928). Abgedruckt in: Paul Tillich, »Hauptwerke«, Bd. 4, »Religionsphilosophische Schriften«, Berlin 1987, S. 213–228.

18 Für eine ausführliche Diskussion vergl. etwa: H. Primas, »Chemistry, Quantum Mechanics and Reductionism«, Springer 1981, second edition 1983; H. Primas, »Chemistry and complementarity«, Chimia *36*, 293–300 (1982); H. Primas, »Kann Chemie auf Physik reduziert werden?«, Chemie in unserer Zeit *19*, 109–119, 160–166 (1985).

19 F. Jacob, »La logique du vivant«, Paris 1970. Deutsche Ausgabe: »Die Logik des Lebenden«, Frankfurt 1972, S. 277.
20 Die Rezeption von Schrödingers »What is Life?« wurde ausführlich analysiert. Man vergleiche etwa R.C. Olby, »Schrödinger's problem: What is life?«, J. History of Biology *4*, 119–148 (1971); R. C. Olby, »The Path to the Double Helix«, London 1974; E. J. Yoxen, »Where does Schrödinger's ›What is Life?‹ belong in the history of molecular biology«, Hist. of Science *17*, 17–52 (1979).
21 L. Pauling, »Schrödinger's contribution to chemistry and biology«. In: »Schrödinger. A Centenary Celebration of a Polymath«, ed. by C. W. Kilmister, Cambridge 1987; pp. 225–233.
22 M. F. Perutz, »Erwin Schrödinger's *What is Life?* and molecular biology«. In: »Schrödinger. A Centenary Celebration of a Polymath«, ed. by C. W. Kilmister, Cambridge University Press, Cambridge 1987; pp. 234–251.
23 Vgl. z. B. Nature *327*, 663–664 (June, 1987), *328*, 300 (July, 1987), *329*, 578 (October, 1987).
24 Schrödinger, a. a. O., S. 123.
25 ders., S. 125.
26 C. E. Shannon, »The mathematical theory of communication«, Bell System Technical J. *27*, 379–423, 623–656 (1948).
27 A. Lwoff, »Biological Order«, Cambridge, Mass., 1962.
28 A. N. Kolmogorov, »Three approaches to the quantitative definition of information«, Int. J. of Computer Mathematics *2*, 157–168 (1968) [Russisches Original: Problemy Peredachi Informatsii *1*, 3–11 (1965)]; G. Chaitin, »On the length of programs for computing finite binary sequences«, J. Assoc. Comp. Mach. *13*, 547–569 (1966).
29 Schrödinger, a. a. O., S. 127.
30 So schreibt beispielsweise Alexander Jakowlewitsch Khinchin, einer der kompetentesten Kenner dieses Problemkreises: »This expression is often used to justify the statement that ›the entropy of a system is proportional to the logarithm of the probability of the corresponding state‹ (Boltzmann's postulate). This statement, which is absolutely meaningless in the case of an isolated system, obtains ... some meaning for a system in the larger system. This can be accomplished however, only by using ... [a] generalization of the notion of entropy which is introduced ›ad hoc‹. In fact, one must not forget that this notion is used in connection with the second law of thermodynamics which loses meaning when the generalized definition of entropy is used. All existing attempts to give a general proof of this postulate must be considered as an aggregate of logical and mathematical errors superimposed on a general confusion in the definition of the basic quantities.« A. I. Khinchin, »Mathematical Foundations of Statistical Mechanics«, translated from the Russian by G. Gamov, New York 1949, p. 142.
31 Vergl. dazu H. Grad, »The many faces of entropy«, Commun. Pure and Appl. Math. *14*, 323–354 (1961).
32 J. Monod, »Le hasard et la nécessitée«, Paris 1970. Zitiert nach der deutschen Übersetzung »Zufall und Notwendigkeit«, München 1971, S. 143.

33 Schrödinger, a. a. O., S. 136.
34 ders., S. 148.
35 Vergl. dazu: E. Schrödinger, »Was ist ein Naturgesetz?«, Naturwiss. *17*, 9–11 (1929); »Antrittsrede von Erwin Schrödinger« Sitzungsberichte Preuss. Akad. Wiss. Berlin, phys. math. Klasse, 1929, Seiten C–CII, »Erwiderung von Max Planck«, ib. Seiten CII–CIV; W. T. Scott, »Erwin Schrödinger. An Introduction to His Writings«, Amherst 1967, chapt. II.5.
36 Eine besonders gelungene allgemeinverständliche, aber kompetente Einführung in die Theorie des deterministischen Chaos gibt I. Ekeland, »Das Vorhersehbare und das Unvorhersehbare«, München 1985.
37 W. Pauli, »Wahrscheinlichkeit und Physik«, Dialectica *8*, 112–124 (1954).
38 G. Picht, »Mut zur Utopie«, München 1969, S. 90.
39 F. Crick, »Life Itself«, New York, 1981. Zitiert nach der deutschen Übersetzung: »Das Leben selbst«, München 1983, S. 138. Vgl. ders., Of Molecules and Men, a. a. O., S. 10.
40 Crick, Life itself, a. a. O., S. 62
41 J. L. Henderson, »The Fitness of the Environment«, New York 1913 [Reprint: Boston 1958]; J. L. Henderson, »The Order of Nature«, Cambridge (Mass.) 1917.
42 W. Pauli, »Naturwissenschaftliche und erkenntnistheoretische Aspekte der Ideen vom Unbewußten«, Dialectica *8*, 283–301 (1954).
43 Letter by W. Pauli to M. Delbrück, Princeton, 4 February 1954; Pauli letter collection, CERN, Geneva, unpublished. Zitiert nach C. P. Enz, »Wolfgang Pauli, Physicist and Philosopher«, in: »Symposium on the Foundations of Modern Physics«, ed. by P. Lahti and P. Mittelstaedt, World Scientific, 1985, pp. 241–255.
44 Man vergleiche etwa: L. Wright, »The case against teleological reductionism«, Brit. J. Phil. Sci. *19*, 211–223 (1968); F. J. Ayala, »Teleological explanations in evolutionary biology«, Philosophy of Science *73*, 1–15 (1970); D. Hull, »Philosophy of Biological Science«, Prentice-Hall, Englewood Cliffs, New Jersey, 1974; F. Rapp, »Kausale und teleologische Erklärungen«, in: »Formen teleologischen Denkens«, hg. von H. Poser, TUB-Dokumentation, Heft 11, Technische Universität Berlin, 1981, S. 1–15; R. Spaemann, R. Löw, »Die Frage Wozu? Geschichte und Wiederentdeckung des teleologischen Denkens«, München 1981.
45 Zitiert nach E. Mayr, »Evolution und die Vielfalt des Lebens«, Berlin 1979, S. 210.
46 F. Bacon, »De dignitate et augumentis scientiarum«, deutsche Übersetzung zitiert nach R. Spaemann und R. Löw (36), S. 13.
47 Schrödinger, a. a. O., S. 121.
48 E. Mayr, »The Growth of Biological Thought«, Cambridge 1982 (deutsche Übersetzung: »Die Entwicklung der biologischen Gedankenwelt«, Berlin 1984).
49 E Mayr, »Teleological and teleonomic: a new analysis«, Boston Studies in the Philosophy of Science *14*, 91–117 (1974).
50 Mayr, The Growth…, a. a. O., S. 40.

51 U. Krengel, »K-flows are forward deterministic, backward completely non-deterministic stationary point processes«, J. Math. Anal. Appl. *35*, 611–620 (1971); U. Krengel, »Recent results on generators in ergodic theory«, Trans. Sixth Prague Conf. on Information Theory, Statistical Decision Functions, Random Processes«, Academia, Prague 1973, p. 465–482.

52 H. Primas, U. Müller-Herold, »Quantum-mechanical system theory«, Adv. Chem. Phys. *38*, 1–107 (1978), chapt. VI.

53 A. Grünbaum, »Temporally-asymmetric principles, parity between explanation and prediction, and mechanism versus teleology«, Philosophy of Science *29*, 146–170 (1962).

54 B. O. Küppers, »Der Ursprung biologischer Information«, München 1986; Kapitel 4.2. B. O. Küppers, »Die Komplexität des Lebendigen«, in: »Ordnung aus dem Chaos« (hg. v. B. O. Küppers), München 1987, S. 15–47.

55 Ochoa, a. a. O.

56 Crick, Of Molecules ..., a. a. O., S. 10.

57 J. von Neumann, »Mathematische Grundlagen der Quantenmechanik«, Berlin 1932.

58 H. Autrum, »Biologie, die Naturwissenschaft vom Lebendigen«, in: »Meyers Enzyklopädisches Lexikon«, Bd. 4, S. 235–240, Bibliographisches Institut, Mannheim 1972.

59 In allgemein verständlicher Form berichtete kürzlich Abner Shimony über diese Experimente: »The Reality of the Quantum World«, Scientific American *258*, No. 1, January 1988, S. 36–43. Weitere Details und Referenzen finden sich in den unter (16) zitierten Arbeiten.

Bernd-Olaf Küppers

Materie, Information und der Ursprung des Lebens

Einleitung

Zu den grundlegenden Problemen der modernen Biologie gehört wohl immer noch die Frage, ob aus dem Zusammenspiel ungerichteter Naturkräfte so geordnete und komplexe Strukturen wie die Lebewesen hervorgehen können. Oder anders gefragt: Kann die Plan- und Zweckmäßigkeit lebender Organismen ohne Rückgriff auf eine Endursache oder einen Endzweck, das heißt im Rahmen eines nicht-finalistischen Naturkonzepts erklärt werden? Läßt sich der Ursprung des Lebens vollständig auf die Gesetzmäßigkeiten der Physik und Chemie zurückführen?

Jeder Versuch, eine physikalische Theorie der Lebenserscheinungen zu entwickeln, setzt zunächst einmal das Vorhandensein einer physikalisch befriedigenden Definition des Begriffes »Leben« voraus. Auf die Frage

»Was ist Leben?«

würde der Physiker antworten: »Leben ist ein hochkomplexer Ordnungszustand der Materie.« Es drängen sich dann aber sofort zwei weitere Fragen auf:

»Was ist Komplexität?« und »Was ist Ordnung?«.

Durch diese Fragen würde sich vermutlich der Molekularbiologe angesprochen fühlen und antworten: »Komplexität und Ordnung des Lebendigen sind informationsgesteuert.« Der Molekularbiologe müßte sich aber die Fragen gefallen lassen:

»Was ist Information?« und »Wie entsteht Information?«.

An dieser Stelle würde sich mit Sicherheit der Evolutionsbiologe in den Dialog einschalten: »Die Information für den Aufbau eines Lebewesens ist in den Genen gespeichert. Sie ist im Verlauf der Evolution durch natürliche Auslese, im Wechselspiel von Zufall und Naturgesetz entstanden.« Aber

»Was ist Zufall?« und »Was ist ein Naturgesetz?«.

Spätestens jetzt würde man wohl nach dem Philosophen rufen, doch es ist zu befürchten, daß auch er mit den hier gestellten Fragen seine Schwierigkeiten hätte. Und dies hat Gründe, die durchaus einsichtig sind: »Begriffe«, so erläutert Carl Friedrich von Weizsäcker, »... gewinnen in der Wissenschaft einen scharfen Sinn erst im Rahmen eines umfassenden Wissens, letztlich einer Theorie«.[1] Begriffe lassen sich ohne den Unterbau einer Theorie nicht scharf definieren. Andererseits basiert jede wissenschaftliche Theorie auf bestimmten Grundbegriffen. Begriffsbildung und Theorienbildung stehen somit in einem unauflösbaren wechselseitigen Bezug zueinander, wobei die Aussagekraft einer Theorie naturgemäß mit der Schärfe ihrer Begriffe zunimmt.

Es ist das Ziel der nachfolgenden Betrachtungen, diese Wechselbeziehung am Problem der Lebensentstehung einmal deutlich zu machen und zu zeigen, daß sich aus der Analyse dieser Wechselbeziehung ganz neuartige Einsichten in die Möglichkeiten und Grenzen objektiver Erkenntnisse in der Biologie ergeben. Die obigen Fragen, die wir aus der physikalischen Frage nach dem Leben entwickelt haben, sollen uns dabei als Leitfaden dienen.

Was ist Leben?

Die vergleichende Analyse lebender Organismen zeigt, daß für alle Lebewesen offenbar zwei Eigenschaften charakteristisch sind: Sie besitzen einen Stoffwechsel und die Fähigkeit zur

Selbstreproduktion. Als dritte Eigenschaft könnte man noch die Mutabilität als Konsequenz unscharfer, das heißt ungenauer Selbstreproduktivität nennen. Stoffwechsel, Selbstreproduktivität und Mutabilität scheinen in der Tat geeignete Kriterien zu sein, um belebte und unbelebte Systeme voneinander abzugrenzen.

Es drängt sich nun die wichtige Frage auf, ob die genannten drei Merkmale eines lebenden Organismus nur notwendige, das heißt unabdingbare, oder bereits hinreichende, das heißt von ihrem Umfang her vollständige Abgrenzungskriterien darstellen. Betrachten wir ein Beispiel: die Viren. Die Viren gehören zu den einfachsten Lebewesen, die wir kennen. Sie erfüllen, da sie keinen autonomen Stoffwechsel besitzen, die Kriterien des Lebendigen nur innerhalb ihrer Wirtszelle. Außerhalb ihrer Wirtszelle verhalten sie sich dagegen ganz wie unbelebte Kristallstrukturen. Man kann sie beispielsweise in ihre molekularen Bestandteile zerlegen und anschließend wieder – unter Verlust ihrer ursprünglichen Individualität – zu infektiösen Viruspartikeln zusammensetzen.

Ein in morphogenetischer Hinsicht gut untersuchtes Virus ist das sogenannte Tabak-Mosaik-Virus (TMV), das sich in den Blättern der Tabakpflanze vermehrt. Unter dem Elektronenmikroskop erkennt man deutlich die charakteristische Stäbchenform der Tabak-Mosaik-Viren (Abb. 1a). Die genauere Analyse der Viruspartikel hat gezeigt, daß sie nur aus zwei Klassen von biologischen Makromolekülen aufgebaut sind: Ribonukleinsäuren (RNS) und Proteinen. So besteht ein infektiöses Viruspartikel im wesentlichen aus einem langen, spiraligen Nukleinsäurefaden, an dem viele identische Protein-Einheiten aufgereiht sind (Abb. 1b). Die Protein-Einheiten bilden für die Virus-RNS, welche die Erbinformation enthält, eine stabile Schutzhülle.

Zusammengehalten werden die makromolekularen Bestandteile des Tabak-Mosaik-Virus durch schwache physikalisch-chemische Wechselwirkungen, zum Beispiel durch Wasserstoffbrücken und Van der Waals-Kräfte. Die schwachen molekularen Wechselwirkungen spielen in der Biologie immer dort eine wichtige Rolle, wo größere Molekularstrukturen fort-

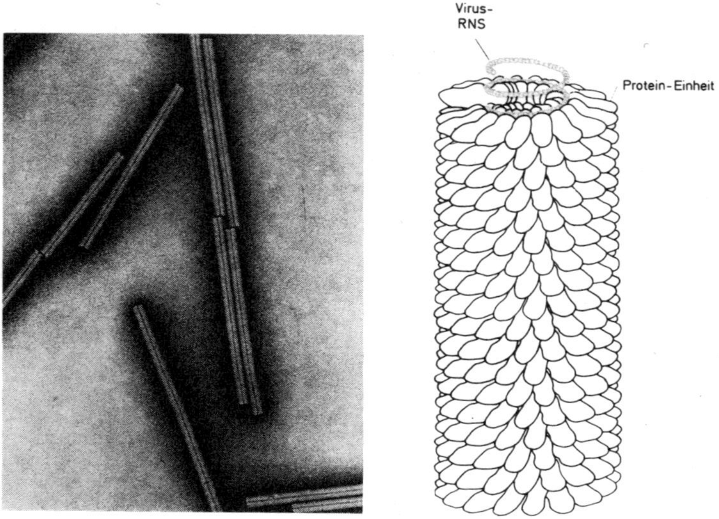

Abb.1: *(a) Elektronenmikroskopische Aufnahme von Tabak-Mosaik-Viren in 300000facher Vergrößerung. (b) Struktur der Tabak-Mosaik-Viren in schematischer Darstellung. Ein TMV-Partikel besteht aus einer zentralen Nukleinsäure sowie 2130 identischen Protein-Einheiten, die spiralförmig um die Nukleinsäure angeordnet sind. Die Protein-Einheiten bilden auf diese Weise eine stabile Schutzhülle für das genetische Material des Virus. Sobald das Virus eine Zelle infiziert hat, wird durch Abbau der Proteinhülle das Erbmaterial des Virus und der Stoffwechsel der Wirtszelle nach der in der Nukleinsäure codierten Information auf die Produktion neuer Viruspartikel umprogrammiert. (Nach Butler und Krug.[2])*

während auf- und abgebaut werden müssen. Die Stabilität solcher Strukturen ist dann, ähnlich wie bei einem Reißverschluß, dadurch gewährleistet, daß die an sich schwachen Einzelbindungen sich aufgrund kooperativer Effekte gegenseitig stabilisieren.

Auch die Viren unterliegen ständig einem strukturellen Auf- und Abbau. So streift das Tabak-Mosaik-Virus nach dem Eindringen in die Wirtszelle seine Proteinhülle ab, um sein genetisches Material freizusetzen und in den Stoffwechsel der

Wirtszelle einzuschleusen. Der Aufbau neuer Viruspartikel wiederum erfolgt durch spontane Zusammenlagerung der Nukleinsäuren und der Protein-Einheiten. Der Prozeß der TMV-Morphogenese ist zwar komplex, er läßt sich aber unter geeigneten Bedingungen im Reagenzglas simulieren und schrittweise analysieren. Solche Dissoziations- und Rekonstitutionsexperimente sind zuerst Mitte der fünfziger Jahre von Heinz Fraenkel-Conrat und Robert Cook Williams erfolgreich durchgeführt worden.[3] Man kann danach die Tabak-Mosaik-Viren in ihre makromolekularen Bestandteile zerlegen und in einer geeigneten Lösung durch einfaches Mischen der Virus-Nukleinsäure mit den entsprechenden Protein-Einheiten wieder zu infektiösen Viruspartikeln zusammensetzen, die sich in nichts von den »natürlichen« Viren unterscheiden. Die geläufige Unterscheidung von Belebtem und Unbelebtem verliert hier offenbar ihren Sinn.

Im Grenzbereich von unbelebten und belebten Systemen zeigt sich unvermittelt eine Problematik, die man in der Wissenschaftsphilosophie der Biologie als »Reduktionsproblem« bezeichnet. Wenn man nämlich von der Arbeitshypothese ausgeht, daß sich alle Lebenserscheinungen im Prinzip vollständig auf die Gesetzmäßigkeiten der Physik und Chemie zurückführen lassen, dann setzt dies voraus, daß der Übergang vom Unbelebten zum Belebten fließend ist. Dies wiederum würde bedeuten, daß allein schon aus logischen Gründen die Angabe von notwendigen und hinreichenden Definitionskriterien für das Phänomen »Leben« nicht möglich ist.

Die Tatsache, daß wir offenbar nicht in der Lage sind, das Phänomen »Leben« physikalisch umfassend zu definieren, spricht also nicht gegen, sondern gerade für die Möglichkeit einer vollständigen physikalischen Beschreibung der Lebenserscheinungen. Die Definitionsfrage, und deswegen steht sie auch am Anfang unserer Betrachtungen, deckt somit einen geradezu paradoxen Sachverhalt auf: Eine physikalische Definition des Phänomens »Leben« setzt voraus, daß die wesentlichen Bestandteile der Definition keine lebensspezifischen Begriffe enthält. Für den Fall, daß sich die Lebenserscheinungen vollständig auf die Gesetzmäßigkeiten der Physik und Chemie zurückführen lassen, muß eine solche Definition jedoch zwangsläufig unvollständig bleiben.[4]

Wir können die Frage »Was ist Leben?« aber auch aus einem anderen Blickwinkel betrachten. Und zwar verlassen wir jetzt die definitorische Ebene, indem wir versuchen, die Erscheinungen von Stoffwechsel, Selbstreproduktivität und Mutabilität direkt auf physikalische Prinzipien zurückzuführen.

Betrachten wir zunächst das Phänomen des Stoffwechsels beziehungsweise Metabolismus. Dieses Phänomen ist physikalisch verhältnismäßig einfach zu deuten. Der Stoffwechsel ist nämlich nichts anderes als der Umsatz an freier Energie, mit dem ein lebendes System seinen komplexen Ordnungszustand aufrechterhält und durch den es den Abfall in den toten Zustand des thermodynamischen Gleichgewichts vermeidet.

Das Phänomen der Selbstreproduktivität (und damit verknüpft ist ja auch das Phänomen der Mutabilität) schien sich lange Zeit einer physikalischen Deutung zu entziehen. Erst die Entdeckungen der Molekularbiologie haben endgültig den Nachweis erbracht, daß die Selbstreproduktivität lediglich die makroskopische Äußerung eines bereits auf der molekularen Ebene angelegten Phänomens ist.

Wir wissen heute, daß alle sinnvoll eingerichteten Strukturen und Prozesse der belebten Natur informationsgesteuert sind. Jedes Lebewesen verfügt über einen detaillierten Bauplan, der in seinen Erbmolekülen materiell niedergelegt ist und der von Generation zu Generation weitergegeben wird. Die Erbmoleküle gehören zu einer bestimmten Klasse von biologischen Makromolekülen, den Nukleinsäuren. Die Nukleinsäuren sind lange »Fadenmoleküle«, welche aus vier Klassen von Grundbausteinen, den sogenannten Nukleotiden, aufgebaut sind (Abb. 2). Die Bausteine sind im Nukleinsäuremolekül wie die Perlen in einer Perlenschnur aufgereiht. In dieser Form verschlüsseln sie, ähnlich wie die Buchstabenfolge einer Schrift, die gesamte Information für den Aufbau des betreffenden Organismus.

Die Aufklärung der Molekularstruktur der Desoxyribonukleinsäure (DNS) durch James Watson und Francis Crick lieferte erstmals ein physikalisches Modell für den Mechanismus der Vererbung.[5] Danach erfolgt die Vererbung durch Reproduktion, das heißt durch identische Verdopplung der Nukleinsäuremoleküle. Die Fähigkeit zur Selbstrepoduktion ist in der chemischen Natur der Nukleinsäuren fest verankert. Sie beruht auf dem Prinzip der komplementären »Basenpaarung«. Jeweils zwei der vier möglichen Bausteine einer Nukleinsäure können sich wechselseitig »erkennen« und in spezifischer Weise zusammenlagern. So bilden die Molekülbausteine G und C beziehungsweise A und T(U) jeweils stabile Molekülpaare, welche ihrerseits die Grundlage für die identische Reproduktion einer Nukleinsäure sind. Durch Anlagerung der komplementären Bausteine wird von der zu kopierenden Nukleinsäure zunächst ein »Negativ« hergestellt, das dann in einem zweiten Reproduktionsschritt wieder in ein »Positiv« umgekehrt wird. In den Chromosomen sind die beiden komplementären DNS-Stränge in Form einer Doppelhelix enthalten (Abb. 3). Sie trennen sich bei der Reproduktion nach dem Reißverschlußprinzip und werden anschließend wieder um ihren jeweiligen Komplementärstrang ergänzt.

Im folgenden ist dargestellt, wie sich ein genetischer »Schriftsatz« liest, wenn man für die vier Klassen von Grundbausteinen eines Erbmoleküls jeweils nur den Anfangsbuchstaben ihrer chemischen Bezeichnung hinschreibt:

...CGTCCTTTACTTGTCATGCGCTCTAATC
TCTGGGCATCTGGCTATGATGTTGATGGA
ACTGACCAAACGTCGTTAGGCCAGTTTTC
TGGTCGTGTTCAACAGACCTATAAACATT
CTGTGCCGCGTTTCTTTGTTCCTGAGCATG
GCACTATGTTTACTCTTGCGCTTGTTCGTT
TTCCGCCTACTGCGACTAAAGAGATTCAG
TACCTTAACGCTAAAGGTGCTTTGACTTA
TACCGATATTGCTGGCGACCCTGTTTTGT
ATGGCAACTTGCCGCCGCGTGAAATTTCT
ATGAAGG...

Es handelt sich hier um einen Ausschnitt aus dem Bauplan des DNS-Virus ΦX174, der vor einigen Jahren von Frederic Sanger und seinen Mitarbeitern sequenziert worden ist.[6] Wird zum

Beispiel durch spontane oder gezielte Mutation ein Buchstabe in einem solchen genetischen Schriftsatz durch einen der drei anderen Buchstaben ausgetauscht, so kann dies, wie ein Druckfehler in einem Buch, zu einem sinnentstellten Text und damit unter Umständen zum Tod und Zerfall des betreffenden Organismus führen. Man kann hier insofern von einem sinnentstellenden Fehler sprechen, als die durch den Fehler gestörte Teilstruktur des Organismus in der Regel nicht mehr die ihr zukommende Funktion für das Gesamtsystem erfüllen kann. Damit wird bereits deutlich, daß die genetische Information einen über ihren syntaktischen Aspekt hinausgehenden »semantischen« Aspekt besitzt.

Der syntaktische Aspekt der genetischen Information umfaßt nur die Beziehung der einzelnen Bausteine eines Erbmoleküls untereinander. Er hängt allein von der Wahrscheinlichkeitsverteilung ab, mit der die molekularen Bausteine innerhalb der Kette aufeinander folgen. Der semantische Aspekt hingegen umfaßt nicht nur die Beziehung der Molekülbausteine untereinander, sondern auch deren Sinngehalt, insofern sie zugleich Elemente eines sinnvollen Bauplans sind.

Es ist einleuchtend, daß man den semantischen Aspekt von Information nicht vom syntaktischen Aspekt losgelöst betrachten kann. Umgekehrt ist aber auch klar, daß eine rein syntaktische Betrachtungsweise, wie sie beispielsweise im Rahmen der klassischen Informationstheorie erfolgt, die wesentlichen Eigenschaften der genetischen Information nicht erfaßt; denn auf der syntaktischen Ebene gibt beispielsweise das Shannonsche Informationsmaß nur an, welche Strukturinformation eine DNS besitzt. Diese ist aber für alle DNS-Moleküle gleicher Kettenlänge gleich groß, unabhängig davon, ob eine Sequenz die Information für den Aufbau eines lebenden Organismus trägt oder nicht.

Die Semantik der genetischen Information ist offenbar in der einzigartigen Abfolge der Bausteine eines Erbmoleküls verschlüsselt. Bringt man ein solches Erbmolekül in ein geeignetes Medium, etwa das einer Eizelle, dann kommt es auf der phänotypischen Ebene zur Expression, das heißt zur schrittweisen Entfaltung der im Molekül verschlüsselten Information. Die

Expression des genetischen Materials erfolgt, soweit wir dies heute überblicken können, ganz im Rahmen der uns bekannten Gesetzmäßigkeiten der Physik und Chemie. Auf die Frage »Was ist Leben?« können wir nunmehr antworten:

Leben = Materie + Information.

Der Begriff der Information erweist sich somit als ein Schlüsselbegriff für das Verständnis des Lebendigen. Insbesondere ist die Frage nach der Entstehung des Lebens gleichbedeutend mit der Frage nach dem Ursprung biologischer Information.[7] Bevor wir uns dieser Frage näher zuwenden, wollen wir uns noch einen Eindruck von der Komplexität des Lebendigen verschaffen.

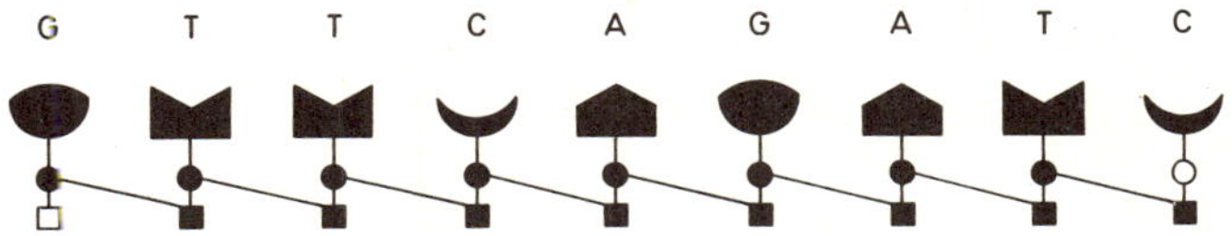

Abb. 2: *Aufbauprinzip einer Nukleinsäure (schematische Darstellung). Die Nukleinsäuren bestehen aus vier Klassen von molekularen Untereinheiten. Jede Untereinheit ist wiederum zusammengesetzt aus je einem Molekül organische Base (Nukleobase), Zucker und Phosphorsäure. Der Zucker kommt dabei sowohl in der Ribose- als auch Desoxyriboseform vor. Die beiden Modifikationen treten jedoch niemals gleichzeitig in einer Nukleinsäure auf. Dementsprechend gibt es auch nur zwei Klassen von Nukleinsäuren: die Ribonukleinsäuren (RNS) und die Desoxyribonukleinsäuren (DNS). Ferner besteht ein geringfügiger Unterschied zwischen den beiden Molekülklassen darin, daß in der RNS immer nur das Nukleotid (U)ridinphosphat, in der DNS hingegen immer nur das chemisch eng verwandte Nukleotid (T)hymidinphosphat vorkommt. Im Nukleinsäuremolekül sind die Nukleotide sequentiell (wie die Schriftsymbole einer Sprache) angeordnet. Auf diese Weise läßt sich in einem Nukleinsäuremolekül eine molekulare Botschaft, die sogenannte genetische Information, verschlüsseln.*

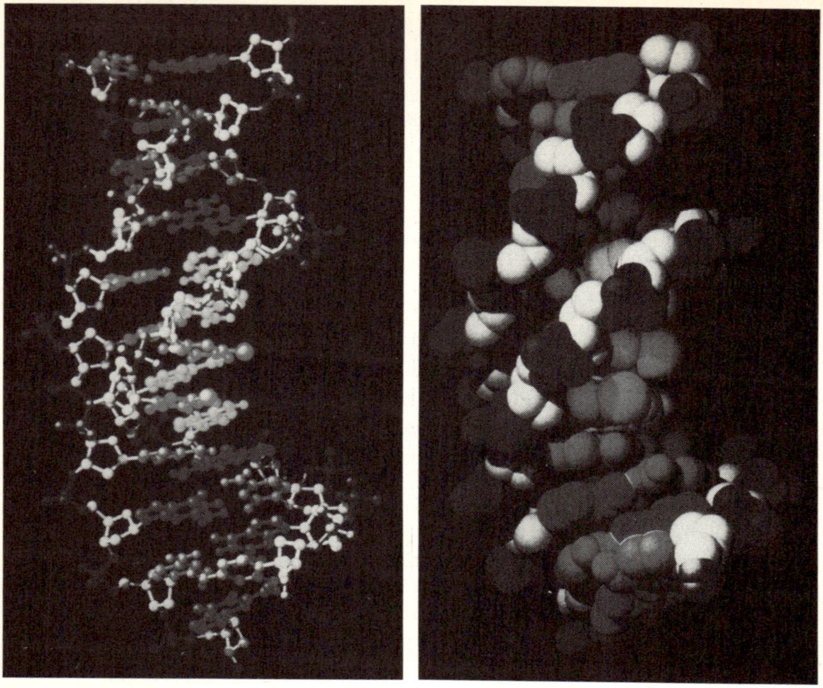

Abb. 3: *Computergraphische Darstellung der Molekularstruktur einer doppelsträngigen DNS. (a) Stab- und Kugelmodell. (b) Raumfüllendes Modell. Die mit Hilfe des Computers ausgewerteten Daten stammen aus Röntgenstrukturuntersuchungen an einem doppelsträngigen DNS-Fragment mit der Sequenz 2 [CGCGAATTCGCG].*
Insbesondere in der Darstellung (a) ist die wendelartige Struktur der Doppelhelix deutlich zu erkennen. Die computergraphische Darstellung wurde freundlicherweise von Eberhard von Kitzing, Max-Planck-Institut für medizinische Forschung in Heidelberg, zur Verfügung gestellt. (SCHAKAL-Plotprogramm von E. Keller, Freiburg. Experimentelle Daten nach Dickerson[8].)

Was ist Komplexität?

Ein erstes grobes Maß für die Komplexität eines lebenden Systems ist die Informationsmenge, die erforderlich ist, um dessen genetische Information zu verschlüsseln. Die Erbmoleküle (einfacher Lebewesen, etwa die der RNS-Viren, setzen sich meist schon aus mehreren tausend Bausteinen zusammen. Allerdings besitzen die Viren noch keinen eigenständigen Stoffwechsel. Die kleinsten in dieser Hinsicht autonomen Lebewesen sind die Bakterien. Deren genetische Information umfaßt bereits über vier Millionen Nukleotide. Die menschlichen Erbmoleküle bestehen sogar aus mehreren Milliarden solcher Bausteine.

Nun vermittelt die bloße »Länge« der Erbmoleküle, gegeben durch die Anzahl ihrer Nukleotide, noch keine differenzierte Vorstellung von der materiellen Komplexität des Lebendigen. Diese wird schon eher faßbar, wenn man die Variationsbreite betrachtet, mit der auf den verschiedenen Komplexitätsstufen des Lebendigen Information verschlüsselt werden kann. Diese Variationsbreite berechnet sich aus der Zahl der Möglichkeiten, die Nukleotide in einer Nukleinsäure gegebener Kettenlänge anordnen zu können. Die Zahl der kombinatorisch möglichen Sequenzalternativen ist offenbar ein Maß für den strukturellen und funktionellen Reichtum, mit dem sich komplexe Molekülsysteme aufbauen lassen.

Die Zahl der Sequenzalternativen eines Nukleinsäuremoleküls läßt sich leicht berechnen. Der Bauplan eines Bakteriums beispielsweise besteht aus circa vier Millionen Nukleotiden. Für jede der vier Millionen Positionen in der Nukleotidsequenz gibt es vier Besetzungsmöglichkeiten. Also existieren

$$4 \times 4 \times 4 \ldots\ldots = 4^{4\ \text{Millionen}} \approx 10^{2{,}4\ \text{Millionen}}$$

Sequenzalternativen!

Die Komplexität und Einzigartigkeit lebender Organismen hat also ihre Wurzeln in der ungeheuren Informationskapazität biologischer Makromoleküle. Man kann auch sagen, daß die in den Makromolekülen verschlüsselte Information eine »Randbedingung« darstellt, unter der die Gesetze der Physik und Chemie im lebenden System operational werden.

Der Begriff der Randbedingung stammt aus der Physik. Damit bezeichnet man die Auswahlbedingung, durch die die Vielzahl naturgesetzlich möglicher Prozesse auf die in einem System faktisch ablaufenden Prozesse eingegrenzt wird. Der

Physiker beschreibt nämlich Naturgesetze in Form von sogenannten Differentialgleichungen, die erst dann zu eindeutigen Lösungen führen, wenn man auch den Bedingungskomplex, das heißt die Randbedingungen angibt, unter denen die Lösungen aufgesucht werden. In der traditionellen Physik, die in erster Linie eine Physik des Gleichgewichts, also eine Physik thermodynamisch abgeschlossener Systeme ist, spricht man allerdings nicht von »Randbedingungen«, sondern von »Anfangsbedingungen«. In offenen Systemen dagegen kann es zu einer dynamischen Rückkopplung auf die Anfangsbedingungen kommen, in deren Verlauf die Anfangsbedingungen fortwährend modifiziert werden. In einem solchen sich selbst organisierenden System verliert sich der »Anfang« des Systems in seiner Entwicklungsgeschichte. Die »Anfangsbedingungen« haben hier nunmehr den Charakter von »Randbedingungen«, welche als permanente Entwicklungsbedingungen den Entwicklungsgang des Systems kanalisieren.

In den Erklärungsmodellen der traditionellen Physik werden die Anfangs- beziehungsweise Randbedingungen, also zum Beispiel Ort und Geschwindigkeit eines Körpers zu einer bestimmten Zeit, oder Druck und Temperatur, unter denen eine chemische Reaktion abläuft, als kontingente Größen behandelt. Der Begriff der »Kontingenz« besagt, daß die Anfangs- beziehungsweise Randbedingungen so sein können oder auch anders, daß sie physikalisch zulässig, selbst aber nicht gesetzmäßig erklärbar sind. Die Angaben über die Anfangs- beziehungsweise Randbedingungen stellen hier die irreduziblen Prämissen zu den Gesetzesaussagen dar.

Wie verhält es sich nun mit den genetischen Randbedingungen? Berücksichtigt man nur den syntaktischen Aspekt der genetischen Information, so liegt zunächst derselbe Fall vor wie bei einer physikalischen Randbedingung. Die Syntax, das heißt die physikalische Struktur eines Erbmoleküls, ist durch die Angabe der Positionskoordinaten aller am Aufbau des Moleküls beteiligten Atome hinreichend bestimmt. Sie ist im einzelnen festgelegt durch die Sequenz der Bausteine sowie die physikalisch-chemischen Milieubedingungen (Temperatur, Ionenstärke und so weiter), unter denen die Struktur betrachtet wird.

Sie repräsentiert eine genau spezifizierte Menge von physikalischen Parametern, durch die wiederum alle im System ablaufenden physikalisch-chemischen Prozesse determiniert werden (Prinzip des genetischen Determinismus).

Betrachtet man jedoch den semantischen Aspekt der genetischen Information, so liegen die Verhältnisse ganz anders. Der semantische Aspekt äußert sich gerade in der spezifischen Abfolge der Bausteine eines Erbmoleküls und beinhaltet die Frage nach der Auswahl eines bestimmten Satzes von physikalischen Parametern aus einer Menge von physikalisch gleichwertigen Alternativen; denn jede der kombinatorisch möglichen Sequenzalternativen eines Erbmoleküls ist im Prinzip physikalisch realisierbar, ihre Existenz würden den Gesetzen der Physik und Chemie jedenfalls nicht widersprechen. Im Gegensatz zu den traditionellen Modellen physikalischer Erklärung spielen also die Randbedingungen in dem vorliegenden Fall keine untergeordnete Rolle mehr. Als nicht-kontingente Größen rücken sie nunmehr selbst in das Zentrum der Erklärung, werden somit selbst zum Explanandum. Dieser Sachverhalt scheint für den Umbruch im physikalischen Denken unserer Zeit besonders charakteristisch zu sein.[9]

Bevor man sich der Aufgabe unterzieht, eine naturgesetzliche Erklärung für die Existenz spezifischer Randbedingungen aufzusuchen, wird man sich zunächst fragen, ob nicht semantische Information rein zufällig, gewissermaßen als Epiphänomen bei der spontanen Bildung von DNS-Sequenzen entstehen kann. Dies ist ein wahrscheinlichkeitstheoretisches Problem, das sich jedoch verhältnismäßig einfach analysieren läßt. Wenn man einmal von der plausiblen Annahme ausgeht, daß jede Sequenzalternative eines DNS-Moleküls unter physikalischen Gesichtspunkten (nahezu) dieselbe Wahrscheinlichkeit besitzt, spontan zu entstehen, dann ist die Wahrscheinlichkeit für die Bildung einer DNS mit vorgegebener Sequenz umgekehrt proportional zur Zahl ihrer kombinatorisch möglichen Sequenzalternativen. Schon im Fall des Bakterienbauplans nimmt die Zahl der Sequenzalternativen die unvorstellbare Größe von $10^{2{,}4 \text{ Millionen}}$ an. Da sich nach den Gesetzen der chemischen Reaktionskinetik keine der Sequenzalternativen bevorzugt bildet, würde sich unter Gleichgewichtsbedingungen immer eine dem Massenwirkungsgesetz entsprechende beliebige Gleichverteilung der Sequenzalternativen einer DNS-Sequenz einstellen. Wegen der extrem hohen Zahl möglicher Sequenzalternativen könnte also im Gleichgewicht nur ein winziger Bruchteil aller Möglichkeiten populationsmäßig besetzt werden. Somit ist selbst auf den niedrigsten Stufen biologischer Komplexität, etwa auf der Stufe eines einfachen Enzymmoleküls, der Erwartungswert für ein informationstragendes Makromolekül praktisch Null. Die Wahrscheinlichkeit für die zufällige Entstehung semantischer Information ist auf der genetischen Ebene ebenso gering wie die Wahrscheinlichkeit, daß durch ein bloßes Zusammenschütteln von Buchstaben zufällig ein sinnvoller Text, etwa ein Gedicht von Goethe, entsteht. Im Rahmen der Gleichgewichtsphysik muß daher die Existenz informationstragender Makromoleküle zwangsläufig ein Rätsel bleiben.

Jacques Monod zog aus dem hier skizzierten wahrscheinlichkeitstheoretischen Szenarium den Schluß, die Existenz semantischer Information müsse wegen ihrer extrem geringen A-priori-Wahrscheinlichkeit als ein singuläres Zufallsereignis interpretiert werden, das im gesamten Universum einmalig und nicht wiederholbar ist.[10] Den vermeintlichen Beweis für seine Zufallshypothese sah Monod in der Tatsache, daß die Abfolge der Bausteine eines Erbmoleküls, von lokalen Effekten in der Sequenz einmal abgesehen, offenbar völlig regellos ist und es kein physikalisches oder chemisches Bildungsgesetz zu geben scheint, das die regellose, aber – was den Informationsaspekt betrifft – dennoch sinnvolle Anordnung der Bausteine erklären könnte.

In der Interpretation von Monod spielt der »blinde« Zufall für den Prozeß der Lebensentstehung demnach eine allumfassende Rolle. Eine ebenso einseitige, jedoch völlig gegenläufige Position wurde von einer Reihe von prominenten Physikern bezogen. So vertreten beispielsweise Walter Elsasser[11] und Eugene Wigner[12] die dem Vitalismus nahestehende Ansicht, wonach es in der Natur besondere Kräfte gibt, die die Abfolge der Bausteine eines Erbmoleküls in spezifischer Weise ausrichten. Die informationstragenden Makromoleküle sind demnach als das materielle Kondensat solcher gerichteten Kräfte anzusehen.

Um einen tieferen Einblick in die erkenntnistheoretischen Grundlagen des Problems der Lebensentstehung zu gewinnen, benötigt man offenbar eine präzisere Fassung dessen, was man unter dem Begriff des »Zufalls« zu verstehen hat.

Was ist Zufall?

Der Begriff des Zufalls ist das logische Gegenstück zum Begriff der Berechenbarkeit. Probleme der Berechenbarkeit simuliert man in der Mathematik mit Hilfe der sogenannten Turingmaschine. Die Turingmaschine ist folglich auch für unsere Problemstellung hilfreich. Ihr Grundprinzip soll daher kurz erläutert werden (Abb. 4): Die Grundelemente einer Turingmaschine bilden ein unendlicher Streifen mit binären Zeichen (0 und 1) und ein Monitor, der den Zahlenstreifen abtasten und mit Binärzeichen überschreiben kann. Der Monitor kann pro Bewegungseinheit jeweils ein Symbol einlesen oder ausdrukken und sich dabei auf dem Streifen um genau eine Einheit nach links oder rechts bewegen. Außerdem besitzt der in Abbildung 4 gezeigte Monitor zwei innere Zustände α und β. Das Bewegungsprogramm des Monitors wird durch einen festen Satz von Übergangsregeln bestimmt, der für jede der vier möglichen Kombinationen aus Monitorzustand und augenblicklicher Monitorposition festlegt, in welche Richtung (rechts [R] oder links [L]) sich der Monitor bewegen soll, welches Symbol (0 oder 1) er ausdrucken und welchen inneren Zustand (α oder β) er annehmen soll.

Die Turingmaschine ist gewissermaßen die idealisierte Form eines Computers, ähnlich wie die Carnotsche Kreismaschine die idealisierte Form einer Wärmekraftmaschine darstellt. Abbildung 4 zeigt eine kurze Berechnung, in deren Verlauf die Eingabe »00010« in die Ausgabe »01110« umgewandelt wird und bei der das Programm nach insgesamt zwei Rechenschritten anhält. Da der Monitor lediglich zwei Zustände besitzt, kann die hier beschriebene Turingmaschine nur triviale Be-

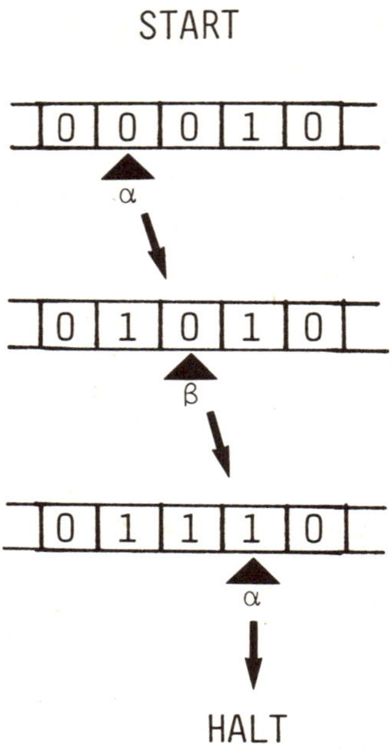

Abb. 4: *Arbeitsweise einer Turingmaschine in schematischer Darstellung.* Für die hier dargestellte Modellrechnung gelten folgende Übergangsregeln: $\alpha 0 \rightarrow 1R\beta$, $\alpha 1 \rightarrow$ Halt, $\beta 0 \rightarrow 1R\alpha$ und $\beta 1 \rightarrow 0L\alpha$. Erläuterungen siehe Text.

rechnungen ausführen. Komplizierte Turingmaschinen, bei denen der Monitor mehr als zwei Zustände annehmen kann, verfügen über ein größeres Spektrum von Übergangsregeln. Sie sind in dem Sinn universell, als sie jede Art von Computer simulieren können.

Mit Hilfe des Modells der Turingmaschine läßt sich auch der Zufallsbegriff präzisieren und damit Licht in das Problem der biologischen Informationsentstehung bringen. Um dies zu zeigen, gehen wir zunächst von einer Plausibilitätsbetrachtung aus. Jeder von uns hat eine intuitive Vorstellung von dem, was man eine Zufallsfolge nennt. Betrachten wir einmal zwei Folgen:

(a)1010101010101010101010101010101010101010
(b)1100101111010001101011111010110000101001

Beiden Sequenzen ist gemeinsam, daß sie dieselbe Länge besitzen und nur aus den Zeichen Null und Eins bestehen. Für die Sequenz (a) gibt es darüber hinaus einen einfachen Algorithmus, mit dem man die Folge beliebig fortsetzen kann. Und zwar treten die Binärzeichen immer streng alternierend auf: 1, 0, 1, 0, 1, 0, ... Das hieraus resultierende Sequenzmuster repräsentiert offensichtlich eine geordnete Folge.

Für die Sequenz (b) gibt es offenbar keinen Algorithmus, der uns eine folgerichtige Fortsetzung des Sequenzmusters ermöglicht. Es liegt daher nahe, Sequenz (b) als Zufallsfolge zu bezeichnen. Besonders deutlich tritt der Unterschied zwischen den beiden Sequenzen zutage, wenn wir sie einem Computer eingeben wollen, und zwar unter der Bedingung, daß die Programmierung möglichst ökonomisch ist. Im ersten Fall würden wir in entsprechender Codierung das Programm eingeben: $\frac{N}{2}$ · »10«. Wir sehen sofort, daß die Informationsmenge des Programms nur unwesentlich größer wird, wenn N, die Zahl der Binärzeichen, die eingegeben werden muß, sehr groß wird. Wie lang auch immer diese Sequenz ist, das Programm wird mit wachsendem N nicht wesentlich größer werden. Die Zahl der Binärzeichen für das Computerprogramm bleibt in diesem Fall annähernd konstant. Anders liegt hingegen der Sachverhalt bei der Sequenz (b). Hier sehen wir uns offenbar gezwungen, die gesamte Folge von Nullen und Einsen dem Computer einzugeben. Im Fall der Sequenz (b) ist das Eingabeprogramm proportional zur Informationsmenge, die in der Sequenz selbst enthalten ist. Die nicht geordnete Sequenz unterscheidet sich von der geordneten Sequenz offenbar gerade dadurch, daß die in ihr enthaltene Information nicht mehr komprimierbar ist. Mit anderen Worten: Im Gegensatz zu einer geordneten Folge gibt es für die Erzeugung beziehungsweise Fortsetzung einer ungeordneten Folge keine Gesetzmäßigkeit (Algorithmus), deren Binärdarstellung wesentlich kürzer ist als die Sequenz selbst. Genau dieser Sachverhalt läßt sich für die Definition des Begriffs »Zufallsfolge« ausnutzen: Wir definieren eine Binärfolge als

Zufallsfolge, wenn sie nur mit einem Programm berechnet werden kann, das auf dem Eingabestreifen einer Turingmaschine etwa ebenso viele Binärzeichen enthält wie die Binärdarstellung der betreffenden Folge selbst. Bei der Berechnung einer Zufallsfolge mittels einer Turingmaschine hat das Eingabeprogramm definitionsgemäß annähernd dieselbe Länge wie die Ausgabe. Bei der Berechnung einer geordneten Sequenz ist hingegen das Eingabeprogramm wesentlich kürzer als die Ausgabe.

Der Grad der Imkompressibilität einer Zeichenfolge ist in der Tat ein charakteristisches Merkmal für den Grad ihrer Zufälligkeit. Dies haben zuerst die Mathematiker Andrei Kolmogorov [13] und Gregory Chaitin [14] erkannt. Sie haben darüber hinaus den Grad der Zufälligkeit einer Folge mit dem Grad ihrer Komplexität gleichgesetzt. Dies ist durchaus sinnvoll, denn die Komplexität eines Phänomens verringert sich in dem Maße, wie sich entsprechende Algorithmen auffinden lassen, deren Binärdarstellung wesentlich kürzer ist als die mit ihrer Hilfe erzeugten Binärfolgen.

Sofern eine gegebene Sequenz eine geordnete Folge ist, läßt sich dies im Prinzip auch immer nachweisen. Zu diesem Zweck genügt es, wenn man für die Erzeugung der betreffenden Sequenz einen Algorithmus angeben kann, dessen Codierung wesentlich kürzer ist als die Codierung der gesamten Sequenz. Will man hingegen zeigen, daß eine Sequenz eine Zufallsfolge ist, dann muß man nachweisen, daß es einen solchen Algorithmus grundsätzlich nicht gibt, die Sequenz also nicht mehr wesentlich komprimierbar ist. Es gehört zu den wichtigen Entdekkungen der modernen Mathematik, daß ein solcher Beweis für die Zufälligkeit einer Symbolfolge aus prinzipiellen Gründen nicht gefunden werden kann.*

Aus dem Zufallstheorem lassen sich weitreichende erkenntnistheoretische Schlußfolgerungen für das Problem der biologi-

---

* Eine präzise Formulierung des Zufallstheorems findet man in den entsprechenden Arbeiten von Gregory Chaitin.[15]

schen Informationsentstehung ziehen. Um dies deutlich zu machen, müssen wir die genetischen Symbolsequenzen, wie sie in den Erbmolekülen verschlüsselt sind, zunächst in die Sprache der Informationstheorie übersetzen. Da es in einem Erbmolekül vier Grundbausteine gibt, benötigt man jeweils zwei Binärsymbole, um einen der vier Bausteine zu verschlüsseln. In der Codierung

$$A = 00, T(U) = 11, G = 01, C = 10$$

entspricht beispielsweise die eingangs gezeigte Erbinformation des Virus ΦX174 der folgenden Binärsequenz:

...1001111010111111001011110111100011011001101110
110000111011101101010110001110110101101100110100
110111110100110101000010110100101000000010011110
011111000101101000011111111110110101111001110111
11100000010000100101011001100000001000111010110111
01101001100111111110111111101111111010110100011000
11010110001011001101111111100101110111110110011011
1101111110011111111110100110101100101101100 10010
11000000010001001111100001110010101111100001001 10
110000000101110110111111010010111100110010100100
110011110110110101100100101010110111111111011100
11010110000010111101101001101001100111010000 0011
11111011001101000000101...

Die Frage nach dem Ursprung biologischer Information erweist sich nunmehr als gleichbedeutend zur Frage nach dem Ursprung solcher spezifischen Binärfolgen. Jacques Monod war der Überzeugung, daß man aus den in der belebten Natur vorkommenden Bauplänen und ihrem systematischen Vergleich mit Hilfe moderner Untersuchungs- und Rechenmethoden ein allgemeines Gesetz ableiten kann, demzufolge es unmöglich ist, irgendeine theoretische oder empirische Regel zu formulieren, mit der sich aus einer genauen Kenntnis von 199 eines aus 200 Bausteinen bestehenden Informationsträgers die Beschaffenheit des restlichen noch nicht durch die Analyse festgestellten Bausteines vorhersagen läßt.[16] Monod nahm an, daß die scheinbare Regellosigkeit der genetischen Symbolsequenzen den Zufallscharakter ihrer Entstehung direkt widerspiegelt. In der Struktur der genetischen Baupläne sei der historische Zufallsprozeß gewissermaßen eingefroren und für uns heute noch ablesbar.

Das Konzept der Zufälligkeit, das wir soeben entwickelt haben, ermöglicht uns nunmehr einen tiefen Einblick in die erkenntnistheoretische Struktur der Zufallshypothese. Danach erweist sich die Behauptung Monods, die molekularen Baupläne des Lebendigen seien wegen nicht auffindbarer Sequenzmuster das Produkt einer Zufallssynthese, als grundsätzlich unbeweisbar. Wohlgemerkt, hierbei handelt es sich um ein erkenntnistheoretisches Problem. Das Zufallstheorem schließt ja nicht die Existenz von Zufallsfolgen aus, sondern lediglich den Beweis der Zufälligkeit im Rahmen eines logischen Schlußverfahrens. Tatsächlich ist es so, daß, von lokalen Ausnahmen in der Sequenz einmal abgesehen, bei den genetischen Symbolsequenzen keinerlei Periodizität zu beobachten ist. Es ist übrigens bemerkenswert, daß Erwin Schrödinger in seinem Buch »Was ist Leben?« bereits vor der Aufklärung der Molekularstruktur der DNS durch Watson und Crick die Chromosomen als »feste aperiodische Körper« bezeichnet und somit die physikalische Natur der Gene durchaus korrekt umschrieben hat.[17]

Doch kehren wir zum Problem der biologischen Informationsentstehung zurück. Es könnte sehr wohl sein, daß im historischen Verlauf der Evolution der Bauplan eines Lebewesens in Form eines einzigartigen Zufallsprozesses entstanden ist. Es ist aber nicht möglich, die Zufallshypothese anhand der strukturellen Analyse solcher Baupläne zu beweisen. Hier sind unseren Erkenntnismöglichkeiten prinzipielle und unüberwindbare Grenzen gesetzt.

Damit werden aber zugleich auch alle vitalistischen Hypothesen über den Ursprung biologischer Information unwiderlegbar, denn die vitalistischen Hypothesen postulieren ja die Existenz eines Algorithmus, der ein der belebten Natur immanentes Gesetz verkörpert, nach dem die Baupläne lebender Organismen aufgebaut werden. Einen Gesetzescharakter kann ein solcher Algorithmus aber nur dann haben, wenn die von ihm erzeugten Symbolsequenzen keine Zufallsfolgen sind, der

Algorithmus selbst im Vergleich zu den von ihm erzeugten Folgen kompakter ist.

Die von den vitalistischen Hypothesen postulierte Existenz solcher kompakten Algorithmen kann aber nicht widerlegt werden, da ihre Nicht-Existenz nicht beweisbar ist. Auf der anderen Seite ist im Rahmen vitalistischer Hypothesenbildung noch nie ein solcher Algorithmus konkret angegeben worden. Die vitalistischen Hypothesen stellen daher lediglich Scheinlösungen dar, die sich auf jeweils aktuelle Erkenntnislücken von Physik und Chemie stützen.

Unter erkenntnistheoretischen Gesichtspunkten ist sowohl die Zufallshypothese als auch die vitalistische Hypothese unbefriedigend. Mit der Zufallshypothese wird der Ursprung sinntragender genetischer Information auf einen singulären, im gesamten Universum einmaligen Zufallsakt zurückgeführt. Die vitalistischen Hypothesen hingegen nehmen an, daß im Universum bereits eine Semantik präexistent ist, die mit der zeitlichen Entwicklung des Universums offenbar wird und sich schließlich in den belebten Systemen materiell niederschlägt. Wenn wir eine befriedigende naturwissenschaftliche Lösung des Problems anstreben, dann bleibt offenbar nur die Suche nach einer Lösung im Rahmen der Gesetzmäßigkeiten der Physik und Chemie.

Wie entsteht Information?

Schon am Beispiel der menschlichen Sprache zeigt sich, daß es Information in einem absoluten Sinn nicht geben kann. Information existiert immer nur relativ in bezug auf einen semantischen Referenzrahmen. So hängt die Bedeutung eines Wortes nicht nur vom Kontext der verwendeten Sprache, sondern darüber hinaus auch von dem jeweiligen Sinnzusammenhang ab, in dem es seine Verwendung findet. Dementsprechend besitzt auch die genetische Information keine absolute Semantik, sondern nur eine relative Semantik, welche sich vornehmlich auf die Umweltbedingungen bezieht, an die das betreffende Lebewesen angepaßt ist. In der biologischen Evolution unterliegt der Prozeß der Informationserzeugung bekanntlich dem von Darwin postulierten Prinzip der natürlichen Selektion. Es drängt sich daher die Frage auf, ob das Prinzip der natürlichen Selektion auch schon im Bereich der unbelebten Materie wirksam ist und eine Erklärung für den physikalischen Ursprung des Lebens liefert.

Anhand einer Plausibilitätsbetrachtung wollen wir uns zunächst klarmachen, welche physikalischen Voraussetzungen für das Wirken der Selektion erfüllt sein müssen. Wir hatten bereits festgestellt, daß unter Gleichgewichtsbedingungen eine Selektion offenbar nicht möglich ist. Nur unter den Bedingungen des Nichtgleichgewichts kann es zu jenen irreversiblen Konzentrationsverschiebungen kommen, in deren Verlauf eine durch die Anfangsbedingungen vorgegebene Zufallsverteilung von Molekülen selektiv auf eine bestimmte Gruppe von Molekülen eingeengt wird. Dies wiederum ist nur möglich, wenn die Moleküle autokatalytische Eigenschaften und damit die Fähigkeit zur Selbstreproduktion besitzen. Darüber hinaus muß die Reproduktion einer molekularen Spezies unscharf sein, damit im Rahmen einer selektiven Optimierung möglichst viele Alternativen ausprobiert werden können.

In der Tat hat Manfred Eigen vor einigen Jahren nachgewiesen, daß es in jedem selbstreproduktiven Materiesystem unter Nichtgleichgewichtsbedingungen zur Selektion kommt.[18] Dabei spielt es keine Rolle, ob die Replikatoren bereits funktionsfähige Lebewesen sind oder lediglich aus einem Ensemble von selbstreproduktiven Makromolekülen bestehen. Das Prinzip der Selektion hat sich vielmehr als ein physikalisch ableitbares Extremalprinzip erwiesen, das in unbelebten Materiesystemen geradezu zwangsläufig in Erscheinung tritt, sofern bestimmte physikalische Rahmenbedingungen eingehalten werden. Dies läßt sich nicht nur theoretisch begründen, sondern auch experimentell im Labor nachweisen.[19]

Eine Übersicht über den Stand der naturwissenschaftlichen Grundlagenforschung findet man an anderer Stelle.[20] Hier soll statt dessen an einem einfachen Computermodell demonstriert werden, daß sich mit einem Selektionsverfahren das statistische Problem der biologischen Informationsentstehung tatsächlich lösen läßt.

Für unseren Modellversuch benutzen wir die Analogie zwischen der menschlichen und der molekulargenetischen Sprache, um den abstrakten Begriff der genetischen Information anschaulich darzustellen. Und zwar repräsentieren wir eine biologische Informationseinheit, zum Beispiel ein Gen, einfach durch einen sinnvollen Satz der menschlichen Sprache. Wir stellen nun die Frage, ob der von uns vorgegebene Satz aus einer zufälligen Anfangssequenz von Buchstaben hervorgehen kann, wenn wir ein Selektionsverfahren anwenden.

Gegeben sei also eine Buchstabensequenz, die einen bestimmten Informationsgehalt repräsentiert:

ORDNUNG AUS CHAOS

Diese Sequenz soll aus einer nicht sinnverwandten Anfangssequenz nach einem noch näher zu erläuternden Selektionsmechanismus entstehen. Um das präbiotische Szenarium der Evolution möglichst realistisch zu simulieren, gehen wir von einer sinnlosen Anfangssequenz aus:

ULOWTRSMIKLABTYZC

Bei einer binären Codierung benötigen wir wenigstens 5 Symbole, um einen Buchstaben des Alphabets sowie das Leerzeichen darzustellen.

Die Referenzsequenz repräsentiert dann eine Informationsmenge von 85 bits. Eine solche Symbolsequenz hat bereits

$$2 \times 2 \times 2 \ldots = 2^{85} \approx 10^{26}$$

Sequenzalternativen. Die Wahrscheinlichkeit, im Computer mit Hilfe eines Zufallsgenerators die der Referenzsequenz entsprechende Folge von Nullen und Einsen zu erwürfeln, ist praktisch gleich Null.

Statt dessen wollen wir es mit einem selektiven Optimierungsverfahren versuchen. Wir geben zu diesem Zweck einem Computer die statistische Anfangssequenz als Binärfolge ein:

11100 10101 00100 00011 11110 00011 11111 11101 00000 11110 11001 11101 01000 11000 00000 11100 11001. Der Computer hat nun die Aufgabe, diese Folge fortwährend zu reproduzieren, wobei jedes Reproduktionsprodukt selbst wieder kopiert werden kann. Damit haben wir in unser Programm das biologische Phänomen der Selbstreproduktivität eingeführt. Ferner instruieren wir den Computer so, daß die Reproduktion einzelner binärer Zeichen nicht immer exakt ist. Und zwar soll mit einer Fehlerrate von 1% eine Null durch eine Eins ersetzt werden und umgekehrt.* Das Auftreten von Fehlern soll jedoch völlig zufällig sein. Damit simulieren wir das biologische Phänomen der Mutation. Da jede Sequenz selbstreproduktive Eigenschaften besitzt, können sich auch die mutierten Sequenzen anreichern. Wir legen ferner eine Sinnebene fest, auf der die evolvierenden Binärfolgen getestet werden. Diese Ebene ist durch unsere Referenzsequenz definiert. Darüber hinaus setzen wir für die einzelnen Sequenzen noch einen Selektionswert fest: Jede Sequenz, die nach binärer Codierung um ein bit besser mit der Zielsequenz übereinstimmt als ihr Vorläufer, soll sich um den Faktor 2.7 schneller reproduzieren als die Vorläuferkopie.

Die Sequenzen vermehren sich mit einer für ihre Fehlerzahl charakteristischen Reproduktionsrate, wobei wir die Gesamtpopulation jeweils auf 100 Kopien anwachsen lassen und anschließend nach einem reinen Zufallsverfahren auf 10 Kopien reduzieren. Die Gesamtpopulation bleibt somit im Zeitmittel konstant. Durch diese Art der Wachstumsbegrenzung üben wir auf das System einen fortwährenden Selektionsdruck aus.

Jede Verteilung von Informationsträgern repräsentiert dann eine Wertebene, die durch diejenige Buchstabensequenz definiert ist, die der Zielsequenz am nächsten kommt. Alle Sequenzen, deren Selektionswert unterhalb des Mittelwertes einer bestimmten durch die Selektionswerte festgelegten dy-

---

* Die hier gewählten Parameterwerte haben keinerlei physikalische Bedeutung. Sie sind allein programmtechnisch bedingt.

namischen Größe liegt, sind vom weiteren Optimierungsverfahren ausgeschlossen. Hierdurch wird der Mittelwert ständig zu höheren Werten verschoben und die Wertebene insgesamt auf ein höheres Niveau gehoben, bis schließlich die Ebene der Referenzsequenz erreicht ist.

Im folgenden sind drei verschiedene Phasen der Evolution gezeigt, nämlich die Zusammensetzung der ersten, fünfzehnten und dreißigsten Reproduktionsgeneration.

1. Generation

UROWTRSMIKLABTYZS / OLDWTRSMIKLABTYZC / ULOWTRSMIKS BTXZC / ULOWTRSMAKSACTYZC / ULOWTRSMIKSABTYZC / ULOWTRSMIKLABAOZS / ULOWTRGMIKLABTYZS / ULONTRSMIKLABTOZC / ULOWURSMIKLABTAOC / ULOWTNGMIKLABTYZC

15. Generation

ORHNING AVSKCGHOS/ORHNYNG IVS KHSOS/ ORHNKNGKAUSLCLLZC / GRDKANZ IUSACCIOZ / URDAGNG IUSKCCAOZ / HADZUAGUGAUZ KKAOS / UZDNUNGHAUG BZIOS / HRDGANG KAASBCGAOZ / ORGNBNEAUG HCABOS / FRQSUNGIAUSVCJMTR

30. Generation

ORDNUNG AUS CHAOS / ORDNUNG AUS CHAOS / ORDNUNG AUS CHAOS / ORDNUNG AUS CHAOS / ORDNUNG AUS CHAOS / ORDNUNO AUS CHAOS / ONDNUNG AUS CHAOS / ODDNUNG AUS ZHAOS / ORDNANG AUS CHAOS / ORDNUNG IUS CHAAS

In der 30. Generation hat sich bereits ein Selektionsgleichgewicht eingestellt. Es besteht aus 5 korrekten Kopien der Referenzsequenz und der daraus hervorgehenden stationären Mutantenverteilung.

Wir haben also mit dem Computermodell das bei der Entstehung des Lebens auftretende Informationsproblem exemplarisch gelöst. Ausgehend von einer zufälligen Buchstabensequenz sind wir zu einer sinnvollen Buchstabensequenz gelangt, die immerhin 10^{26} Sequenzalternativen besitzt und deren A-priori-Wahrscheinlichkeit praktisch Null ist.

So anschaulich das Computermodell auf den ersten Blick auch sein mag, so sehr haftet ihm eine inhärente Schwäche an. Im Gegensatz zur genetischen Information besitzt die menschliche Sprache keine graduelle Semantik. Es gibt zum Beispiel keine »halb-sinnvollen« Wörter. Insofern repräsentiert unser Computerexperiment auch nur eine Simulation der Informationsentstehung a posteriori, das heißt, wir gehen von einem bereits sinnvollen Resultat der Evolution aus (im vorliegenden Fall von einer sinnvollen Referenzsequenz) und zeigen, daß mit Hilfe eines Selektionsverfahrens das statistische Problem der biologischen Informationsentstehung prinzipiell lösbar ist. Eine wirklichkeitsgetreue Simulation scheint hingegen unmöglich zu sein. Könnten wir nämlich den Prozeß der biologischen Informationserzeugung ohne Vorgabe einer Referenzsequenz und ohne Vorgabe eines Bewertungsschemas simulieren, so hätten wir damit ein zentrales Problem im Bereich der künstlichen Intelligenz gelöst: Der Computer könnte in Form eines Selbstorganisationsprozesses Information de novo erzeugen, indem er lediglich Energie verbraucht.

So gesehen besitzt das Simulationsexperiment nur einen heuristischen Wert. Es zeigt, daß biologische Information nach einem selektiven Optimierungsverfahren im Sinne Darwins entstehen kann und daß das statistische Problem der Informationsentstehung im Rahmen eines Nichtgleichgewichtsmodells grundsätzlich lösbar ist.

Faßt man alle kombinatorisch möglichen Sequenzalternativen eines biologischen Informationsträgers als Koordinaten eines »Informationsraumes« auf, so ist der Prozeß der biologischen Informationsentstehung vergleichbar mit der Wanderung in einem strukturreichen Gebirge, dessen Profil durch die Selektionswerte bestimmt wird. Der Weg liegt hierbei jedoch nur insoweit fest, als er immer bergan, das heißt zu einem Gebirgsgipfel führen muß. Da auf der genetischen Ebene das Auftreten von Mutanten völlig undeterminiert ist, ist durch den Mechanismus der Evolution zwar der Gradient der Optimierungsroute festgelegt, nicht aber im einzelnen der Weg, auf dem die nächsthöheren Gebirgsgipfel angestrebt werden.

Verweilen wir noch einen Augenblick bei dieser Modellvorstellung. Das Bild vom »Informationsraum« läßt nämlich weitere wichtige Rückschlüsse auf den Prozeß der biologischen Informationsentstehung zu. Für den Fall, daß die Selektionswerte nur von den physikalischen Milieubedingungen abhängen, bleibt die Topologie des Informationsraumes konstant, solange die Milieubedingungen, das heißt die Umweltbedingungen konstant bleiben. Die Annahme konstanter Milieubedingungen ist jedoch eine idealisierte Bedingung, die schon auf der Ebene molekularer Selektionssysteme niemals realisiert ist; denn alle Individuen einer Molekülpopulation tragen mit ihren physikalisch-chemischen Eigenschaften auch immer zu den allgemeinen Milieubedingungen der Population bei. Jede selektive Konzentrationsverschiebung innerhalb der Population führt daher zwangsläufig auch zu einer Veränderung der Milieubedingungen. Darüber hinaus hängt der Selektionswert jeder einzelnen Spezies in der Regel auch noch von der Besetzungsstärke aller übrigen am Selektionsprozeß beteiligten Spezies ab, so daß sich mit jedem evolutiven Schritt die Topologie des Informationsraumes verändert. Dies bedeutet, daß Ziel und Zielgerichtetheit in der Evolution bereits auf der Ebene der biologischen Makromoleküle in einem unauflösbaren rückkoppelnden Bezug zueinander stehen. Da die Elementarereignisse (Mutationen), welche zu den evolutiven Veränderungen führen, völlig indeterminiert sind, ist jeder Evolutionsprozeß zugleich durch seine historische Einzigartigkeit geprägt. Hierdurch wird deutlich, daß das Darwinsche Evolutionsmodell nur die Entstehung von semantischer Information an sich vorhersagen kann, nicht aber die Entstehung der Information in ihren semantischen Einzelheiten. Die Darwinsche Theorie erklärt a priori nur das »Dasein« biologischer Strukturen, nicht aber ihr »Sosein«. Das »Sosein«, der Biologe spricht in diesem Zusammenhang vom sogenannten Phänotyp, läßt sich dagegen nur a posteriori mittels einer Plausibilitätsbetrachtung rechtfertigen.

Nun gibt auch das dreidimensionale Bild vom Informationsraum die wahren Verhältnisse nur sehr unvollkommen wieder.

In Wirklichkeit haben wir es ja mit einem n-dimensionalen Informationsraum zu tun, dessen Dimensionszahl durch die Zahl aller Sequenzalternativen gegeben ist. Solche höherdimensionalen Räume haben, was das selektive Optimierungsverfahren anbetrifft, eine äußerst interessante Topologie und liefern uns einen tiefen Einblick in die Natur evolutiver Prozesse.[21] Hier öffnet sich ein neues und weites Feld faszinierender Fragestellungen, das den Rahmen dieses Aufsatzes allerdings sprengen würde.

Was ist ein Naturgesetz?

Wir haben etwas über die Möglichkeiten und Grenzen objektiver Erkenntnis im Hinblick auf den Ursprung des Lebens erfahren. Die Vermutung liegt nahe, daß wir hieraus auch etwas über die Möglichkeiten und Grenzen einer gesetzmäßigen Erfassung der Natur als Ganzes lernen können.

Die Einheit der Natur manifestiert sich in der Einheit des Unbelebten und Belebten. Sie zeigt sich in den Naturwissenschaften wiederum in der Einheit ihrer Grundbegriffe und der sie definierenden Gesetze. Das Postulat von der Einheit Natur ist auch der wissenschaftsphilosophische Kern des sogenannten reduktionistischen Forschungsprogramms. Dieses Programm verfolgt das Ziel, selbst die komplexesten Naturphänomene auf die einfachen Grundgesetze der Physik und Chemie zurückzuführen.

Wie aber sehen die letzten Naturgesetze aus? Carl Friedrich von Weizsäcker ist der Ansicht, daß die letzten Gesetze in dem Sinn absolut sind, als sie nur noch die Bedingungen der Möglichkeit von Erfahrung formulieren.[22] Aufgrund unserer vorausgegangenen Überlegungen können wir jedoch eine viel radikalere Vorstellung von den »letzten« Naturgesetzen entwickeln. Zu diesem Zweck wollen wir uns noch einmal die Frage vorlegen, wie das Phänomen einer naturgesetzlichen Beziehung auf der Ebene einer informationstheoretischen Betrachtungsweise zu deuten ist. Wir haben diese Frage bereits implizit im Zusammenhang mit dem Problem der biolo-

Abb. 5: *Werbegag der Firma IBM.*

gischen Informationsentstehung beantwortet. Und zwar bildete der Ausgangspunkt unserer Diskussion die durch chemische Sequenzanalysen bestimmte Primärsequenz biologischer Informationsträger. Die experimentell ermittelten Sequenzen, zum Beispiel die detaillierte Abfolge der Bausteine einer Nukleinsäure, hatten wir anschließend in die Sprache der Informationstheorie übertragen und als definierte Folge von Binärzeichen dargestellt. Dieses Verfahren bildet jedoch keinen Sonderfall. Vielmehr lassen sich alle Beobachtungsdaten der empirischen Naturwissenschaften, sofern sie sich überhaupt mit den Mitteln einer Sprache darstellen lassen, durch binäre Zeichenfolgen verschlüsseln. Die in solchen Binärfolgen enthaltene Information würde sich dann für uns zunächst als eine unüberschaubare Folge von Nullen und Einsen darstellen, vergleichbar der in Abbildung 5 gezeigten Folge.

Um den Begriff des Naturgesetzes sinnvoll einzuführen, greifen wir nun auf den Begriffsapparat zurück, den wir im Zusammenhang mit dem Begriff der Zufallsfolge entwickelt haben. Offenbar, so können wir folgern, verbirgt sich hinter einer Menge von empirischen Daten genau dann eine gesetzmäßige Beziehung, wenn die Binärfolgen, die das empirische Wissen verschlüsseln, keine Zufallsfolgen sind, das heißt, wenn es einen Algorithmus gibt, dessen Codierung wesentlich kürzer ist als die Codierung der von diesem Algorithmus »erzeugten« Daten. Mit anderen Worten: Die Beobachtungsdaten besitzen genau dann gesetzmäßige Merkmale, wenn sie eine Regelmäßigkeit aufweisen, aufgrund deren sie komprimierbar sind.

Welche Schlußfolgerungen können wir hieraus hinsichtlich der Berechenbarkeit unserer Welt ziehen? Zunächst einmal stellen wir fest, daß der Gedanke einer vereinheitlichten Theorie aller Naturerscheinungen gleichbedeutend ist mit der Suche nach dem kleinsten, nicht weiter reduzierbaren Algorithmus, durch den unsere reale Welt vollständig beschrieben werden kann. Ein solcher Minimalalgorithmus repräsentiert aber per definitionem eine Zufallsfolge. Andererseits zeigt das von uns diskutierte Zufallstheorem, daß die Zufälligkeit eines Algorithmus, mithin seine Eigenschaft, ein Minimalalgorithmus zu sein, nicht beweisbar ist. Im Rahmen der von uns diskutierten

Informationstheorie gibt es somit eine strenge mathematische Begründung für die Behauptung, daß wir niemals wissen können, ob wir im Besitz einer Minimalformel sind, mit der sich alle Naturphänomene »berechnen« lassen. Danach ist die Abgeschlossenheit naturwissenschaftlicher Theorien aus prinzipiellen Gründen nicht beweisbar. Sie ist nur widerlegbar auf pragmatischem Weg, nämlich durch die Angabe eines neuen, kompakteren Algorithmus. So befinden sich denn die Naturwissenschaften auf der ständigen Suche nach immer einfacheren Gesetzmäßigkeiten, mit denen sich unsere vielfältigen Erfahrungen ordnen und die komplexen Phänomene unserer realen Welt berechnen lassen.

Literatur

1 Weizsäcker, C. F. v.: Vorwort zu [7], S. 11.

2 Butler, P. J. G. und Klug, A.: The assembly of a virus. Scientific American **239**, 52 (1978).

3 Fraenkel-Conrat, H. und Williams, R. C.: Reconstitution of active Tobacco Mosaic Virus from its inactive protein and nucleic acid components. Proc. Nat. Acad. Sci. USA **41**, 690 (1955).

4 Küppers, B.-O.: Inwieweit lassen sich die Lebenserscheinungen physikalisch-chemisch erklären? In: Leben = Physik + Chemie?, ed. B.-O. Küppers, München ^{2}1990.

5 Watson, J. D. und Crick, F. H. C.: A structure for desoxiribose nucleic acid. Nature, April 25, 737 (1953). Genetical implications of the structure of Desoxyribonucleic Acid. Nature, May 30, 964 (1953).

6 Sanger, F. et al.: The nucleotide sequence of bacteriophage ΦX174. J. Mol. Biol. **125**, 225 (1978).

7 Küppers, B.-O.: Der Ursprung biologischer Information, München 1990.

8 Dickerson, R. E.: Base sequence and helix structure variation in B- and A-DNA. J. Mol. Biol. **166**, 419 (1983).

9 Küppers, B.-O.: On a fundamental paradigm shift in the natural sciences. In: Selforganization – Portrait of a Scientific Revolution. Sociology of the Sciences. Vol. XIV., Boston-Dordrecht 1990.

10 Monod, J.: Zufall und Notwendigkeit, München 1971.

11 Elsasser, W. M.: Principles of a new biological theory: a summary. J. Theor. Biol. **89**, 131 (1981).

12 Wigner, E.: The probability of the existence of a self-reproducing unit. In: The Logic of Personal Knowledge: Essay in Honor of Michael Polanyi, London 1961.

13 Kolmogorov, A.: Three approaches to the quantitative definition of information. Prolemy Peredachi Informatsii **1**, 3 (1965).
14 Chaitin, G.: On the length of programs for computing finite binary sequences. Journal of the Association for Computing Machinery, **13**, 547 (1966).
15 Chaitin, G.: Information, Randomness & Incompleteness. Singapur 1987.
16 Monod, J.: a. a. O., S. 121.
17 Schrödinger, E.: Was ist Leben? München 1987.
18 Eigen, M.: Self-organization of matter and the evolution of biological macromolecules. Naturwissenschaften *58*, 465 (1971).
19 Biebricher, Ch. K.: Darwinian selection of self-replicating RNA molecules. In: Evolutionary Biology, Vol. 16, edd. M. K. Hechet, B. Wallace und G. T. Prance, New York 1983.
20 Küppers, B.-O.: Molecular Theory of Evolution. Berlin/Heidelberg/New York [2]1985.
21 Eigen, M.: Stufen zum Leben. München 1987.
22 Weizsäcker, C. F. v.: Aufbau der Physik. München 1985.

Rolf Knippers

Was ist ein Gen?

Anmerkungen zu einem erfolgreichen Begriff

Das Wort *Gen* ist zu einem Standardbegriff, zu einer Art Haushaltswort der Biologie geworden. Denn in den letzten Jahren sind wirkungsvolle genetische Methoden entwickelt worden, gemeinhin als Gentechnologie zusammengefaßt, die den Biologen der verschiedensten Richtungen – nennen wir: Bakteriologen, Biochemiker, Physiologen – ermöglichen, wichtige neue Informationen über ihr Forschungsgebiet zu gewinnen.

Gentechnologie, und damit das Wort Gen, hat längst den Einzug in die angewandte Biologie hinter sich, bis hin zu den Forschungsstätten und Produktionsanlagen der pharmazeutischen Industrie und den Laboreinrichtungen der praktischen Medizin. Alle an diesen Arbeiten beteiligten Wissenschaftler gehen mit dem Wort Gen um wie mit einem Wort des täglichen Lebens. Und jeder kann einem Außenstehenden rasch erklären, was man unter Gen versteht, etwas Aufmerksamkeit von seiten des letzteren vorausgesetzt.

Ich will ein solches Erklärungsschema in diesem Aufsatz nicht anwenden, sondern versuchen, in groben Zügen die Geschichte des Begriffs zu skizzieren. Dies ist natürlich zugleich die Geschichte des Fachs Genetik, des Wissenschaftszweigs, dessen Gegenstand die Erforschung der Struktur und Funktion von Genen ist.

Wie sonstwo in der Biologie wird auch in der Genetik die Rate des Wissenschaftszuwachses hauptsächlich durch zwei Voraussetzungen bestimmt:

– durch die Entwicklung neuer Methoden, mit deren Hilfe neue Fragestellungen bearbeitet werden können;

– durch die Wahl geeigneter paradigmatischer Untersuchungsobjekte, die eine Konzentration der experimentellen

Anstrengungen auf die Lösung einer umgrenzten Fragestellung erlauben ohne Ablenkung durch überlappende oder verdunkelnde zusätzliche biologische Probleme. Den Untersuchungen am Forschungsparadigma folgt konsequenterweise eine Phase der Prüfung. Man untersucht dann, ob die gewonnenen Erkenntnisse allgemein, beispielsweise für andere Organismenarten, gültig sind.

Nach diesen Vorbemerkungen machen wir uns auf die Reise durch die Historie. Und die Geschichte des Gens beginnt genau im Jahre 1900, mit der Wiederentdeckung der Vererbungsregeln von G. Mendel. Was war geschehen?

Mendel

In den Biologiebüchern steht oft der lapidare Satz »Die Grundregeln der Vererbung wurden in den Jahren 1860–1865 von dem Augustinermönch Gregor Mendel entdeckt«. Gleich denkt man an den Bilderbuch-Mönch, der behaglich seinen Klostergarten pflegt und zufällig, quasi am Wegesrand, seine Regeln liegen sieht. Keine Vorstellung wäre falscher als diese.

Denn Mendel war ein begeisterter, motivierter Naturwissenschaftler, dessen Können ganz dem Standard seiner Zeit entsprach, theoretisch und experimentell. Nur, damals gab es weder BAFÖG noch Staatsstipendien, die einem begabten Bauernsohn (geb. 1822 in Heinzendorf, heute: Hyncice, CSSR) ein Universitätsstudium ermöglicht hätten. In einer Zeit wirtschaftlicher Bedrängnis trat er im Alter von etwa 20 Jahren in das Augustinerkloster in Brünn ein. Und das war, bei Berücksichtigung der Zeitverhältnisse und Lebensumstände, eine glückliche Fügung auf Mendels Lebensweg. Denn viele seiner Klosterbrüder waren Lehrer am örtlichen Gymnasium und begeisterte Naturforscher, Philosophen, Mathematiker, Geologen und Botaniker. Er hatte ein fruchtbares Klima für seine weitere intellektuelle Entwicklung gefunden.

Bezeichnend war beispielsweise, daß der zuständige Bischof Klage führte über den geistlichen Zustand im Brünner Augustinerkloster, dort würde zuviel Naturwissenschaft betrieben und zuwenig fürs Seelenheil getan. Napp, der Abt, Mendels Freund und Lehrer, war wohl eine starke Persönlichkeit, denn er konnte jede Gefahr eines Eingriffs von seinem Kloster abwenden. Napp konnte sogar beim Bischof durchsetzen, daß Mendel die Wiener Universität zum Studium der Physik besuchen durfte. Mendel war 29 Jahre alt, als er neben Physik die Fächer Statistik und Botanik zu studieren begann. Gerade waren in Wien zwei Lehrstühle für Botanik eingerichtet worden, systematische Botanik und Pflanzenphysiologie. Unger lehrte das letztere Fach unter seinem Motto: »Die Aufgabe der Physiologie ist es, Lebensphänomene in die bekannten Gesetze von Physik und Chemie zu übersetzen.«

Die Zeit war aufregend, auch auf wissenschaftlichem Gebiet. Die Zellenlehre begann das Denken der Biologen zu beeinflussen; man wurde sich mit Mühen darüber klar, daß zur Befruchtung die Vereinigung einer Eizelle mit einem einzigen Spermatozoon genügte; man lernte zu verstehen, daß Vererbung etwas mit dem Zellkern zu tun hat u. a.

Ich deute dies an, um klarzumachen, daß Mendels Ideen sich nicht in einem intellektuell luftleeren Raum entwickelt haben, sondern ganz auf der Höhe der wissenschaftlichen Diskussion der Zeit standen. Das gilt auch für die folgenden Jahre: Mendel korrespondierte mit hervorragenden Gelehrten in Mitteleuropa, las und erarbeitete sich die neueste wissenschaftliche Literatur der Zeit.

Aber anders als seine Zeitgenossen war Mendel in der Lage, sich durch einen Dschungel von unwesentlichen Beschreibungen zu schlagen und die wichtigsten Aspekte der neuen Erkenntnisse über Fortpflanzung und Züchtungsforschungen zu vereinigen, um auf dieser Basis seine Experimente zu entwerfen.

Sein wichtigstes Untersuchungsobjekt wurde die Erbsenpflanze, Pisum. Und das war, im Rückblick gesehen, eine hervorragende Wahl, wie sich bald und in vielen späteren Versuchen der Pflanzengenetiker herausstellte. Notwendig war jedoch eine langwierige Vorarbeit: das Herstellen »reiner Linien«, Pflanzenorganismen, die sich in einer Reihe von wohl definierten Merkmalen unterscheiden, aber diese Merkmale auch über längere Generationszeiträume beibehalten.

Wissenschaftshistoriker haben zeigen können, daß Mendel auf diese wichtige Voraussetzung für den Erfolg seiner Arbeiten bereits durch die Vorlesungen in Wien aufmerksam gemacht worden war. Dort hat er auch die Methode und die Theorie der künstlichen Bestäubung kennengelernt, einer der Hauptgründe für den Erfolg seiner späteren Experimente.

Der zweite Grund: Mendel hat auf der Wiener Universität den Wert der Statistik kennengelernt. Deswegen erkannte er als erster die Notwendigkeit, mit großen Pflanzenzahlen zu arbeiten. Er hat, wie man aus seinen Schriften aufaddieren konnte, mindestens 28000 Pflanzen gezogen, über einen Zeitraum von 15–20 Jahren, und davon 13000, wie er sich ausdrückte, »sorgfältig untersucht«. Dazu stand ihm ein Versuchsfeld von $35 \times 7\ m^2$ und ein Gewächsbau zur Verfügung.

Sein erster Befund: Wenn er Pisumsorten mit »kantiger« Samengestalt mit Sorten, deren Samen rund waren, kreuzte, fand er unter den Nachkommen nur solche mit runden Samen. War der Erbfaktor, der zur Ausprägung der Eigenschaft »kantig« führt, verlorengegangen? Nein, denn die Selbstbefruchtung von 253 Pflanzen lieferten 7324 Samen, runde und kantige, im Verhältnis 3:1. Exakt die gleichen Zahlenverhältnisse fand er bei anderen Merkmalspaaren, Farbe der Früchte, Form der Pflanze usw.

Ich will die Argumente und Experimente nicht im einzelnen weiter aufführen, sondern nur die Schlußfolgerung zusammenfassen:

Die Pollen und Keimzellen jedes Elternteils enthalten, wie Mendel sich ausdrückte, »Merkmale oder Charaktere« für je eine der beobachteten Eigenschaften; nach der Befruchtung erwirbt der entstehende Organismus je eines der »Merkmale« von jedem Elternteil, aber nur eines von beiden Merkmalen wird ausgeprägt, das dominierende, dominante Merkmal. Weiter, bei der Reifung der Keimzellen wird der doppelte Besatz von »Merkmalen« wieder halbiert, so daß jede Keimzelle nur ein »Merkmal« erhält; bei der Befruchtung vereinigen sich zwei Keimzellen mit ihren »Merkmalen« nach den Regeln der Statistik (Abb. 1).

Mendels Verdienst war, daß er eine Fülle von Daten nach

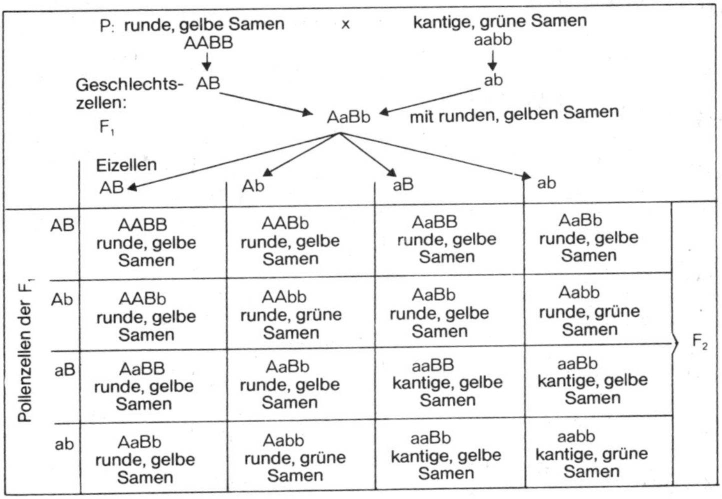

Abb. 1: *Das Gen um 1910. Kreuzungen zwischen Sorten von Erbsen mit zwei Paar alternativer Eigenschaften. (Aus: I. Johansson, Meilensteine der Genetik, Hamburg 1979)*

den Begriffen der Physik und der Statistik ordnete und dadurch ihre Interpretation möglich machte, und weiter, daß er die Daten nach den damals aktuellen Befunden der Zellbiologie und Pflanzenphysiologie interpretierte. Die Ergebnisse und ihre Darstellung haben heute noch Gültigkeit, nichts davon ist falsch, nur daß wir mehr wissen und daß inzwischen Mendels Ergebnisse in die wissenschaftliche Folklore eingegangen sind.

Die Ergebnisse wurden am 8. Februar und am 8. März 1865 vor dem »Naturforschenden Verein« in Brünn vorgetragen. Die Anwesenden haben anscheinend die Bedeutung der Experimente verstanden und applaudierten entsprechend. Die Vorträge wurden im 4. Band der »Verhandlungen des Naturforschenden Vereins in Brünn« publiziert. Mehrere Forscher erhielten direkt Sonderdrucke, 120 Sonderdrucke gingen an Bibliotheken in Europa und USA – und blieben dort ungelesen liegen. Nur dreimal in 35 Jahren fand sich jemand, der Mendels Werk zitierte.

Mendels weiterer Lebensweg war nicht ohne Dramatik, aber wir wollen ihn nur in ein paar Worten zusammenfassen. Im Jahre 1868 wurde er als Nachfolger Napps zum Abt des Augustinerklosters in Brünn bestimmt. Er hatte nur noch wenig Zeit für seine Pflanzenexperimente, betrieb noch ein wenig Bienenzucht und Meteorologie, verstrickte sich ins politische Tagesgeschäft und starb 1884 hochgeehrt als 62jähriger. Eine unübersehbare Trauergemeinde versammelte sich an seinem Grab, vor allem die armen Bauern der Gegend, denen ein Wohltäter und Menschenfreund gestorben war. Des singulären Wissenschaftlers Mendel gedachte niemand.

Wiederentdeckung

Die Jahrzehnte nach Mendels Vortrag in Brünn gehören mit zu den fruchtbarsten Forschungsperioden der allgemeinen Biologie.

Oskar Hertwig beschrieb 1875 die Vereinigung des Spermienkerns mit dem Kern der Eizelle bei der Befruchtung. Er schloß, daß die Kernsubstanz, Chromatin, der Träger der Erbsubstanz ist, daß männliche und weibliche Zellen gleichviel an Erbsubstanz haben.

Waldeyer und van Beneden zeigten um 1890, daß jede Nachkommenzelle gleichviel Chromosomen hat wie ihre Vorläufer, daß sich vor der Zellteilung die Chromosomen längs teilen und daß die Zahl der Chromosomen auf die Hälfte bei der Reifung der Geschlechtszellen reduziert wird.

Damit war das Terrain viel klarer und übersichtlicher, als sich um 1900 drei Forscher, Hugo de Vries, Carl Correns und Erich Tschermak, Gedanken über die Interpretation ihrer Kreuzungsexperimente mit Pflanzen machten. Correns schrieb, daß ihm die Lösung in einer schlaflosen Nacht einfiel. Um seine Schlußfolgerungen zu unterstützen, studierte er sorgfältig alle verfügbare wissenschaftliche Literatur, um die Forschungen anderer auf dem Gebiet überschauen und einordnen zu können. Dabei las er auch das Buch eines Bremer Arztes und Botanikers, Focke, der in einiger Ausführlichkeit über Mendels Arbeiten berichtete; er war einer von drei Gelehrten, die die Arbeit Mendels im Laufe von 35 Jahren zu zitieren für richtig gehalten hatte. Correns las daraufhin die Publikation Mendels und war gleich so beeindruckt, daß er seine Daten unter dem Titel »Mendels Regeln über das Verhalten der Nachkommenschaft der Rassen-Bastarde« (1900) publizierte.

Seine und die Arbeiten der beiden anderen Wiederentdekker erregten sogleich die Aufmerksamkeit der Fachwelt, weil damit auf einmal ein überzeugendes Erklärungsmodell für zahlreiche Beobachtungen und Phänomene zur Verfügung stand. Die Publikationen auf dem Gebiet stiegen sprunghaft. In einem »Lehrbuch der Biologie für Hochschulen« des Jahres 1914 steht im Kapitel über Vererbungslehre der Satz: »Seitdem (d. h. seit den Arbeiten von Correns und anderen) ist in den letzten Jahren die Fülle der Literatur auf diesem Gebiet derart angestiegen, daß es nur dem Spezialisten möglich ist, sie vollständig zu beherrschen.«

Es galt, die Allgemeingültigkeit der Vererbungsregeln von Mendel nachzuweisen, an anderen Pflanzenarten, an Tieren. Dabei stieß man auf zahlreiche Besonderheiten, die sich aber allesamt als Schnörkel eines einfachen und überzeugenden Grundprinzips herausstellten.

Das Wort: Gen

Zuerst sprach man von Merkmalen, Erbanlagen, Erbfaktoren. Im Jahre 1909 prägte W. Johannson dafür den Begriff *Gen*, der sich rasch verbreitete, weil er einfach in andere Sprachen übertragbar und sich zu Wortableitungen eignete: Genetik, Genotyp usw.

Was verstand man damals darunter?

L. Plate schreibt 1913 in seinem Buch »Vererbungslehre«: »Da die Erbeinheiten nicht direkt beobachtet werden können, sondern nur als hypothetische Gebilde aus den verschiedenen Kombinationen der äußeren Merkmale erschlossen werden

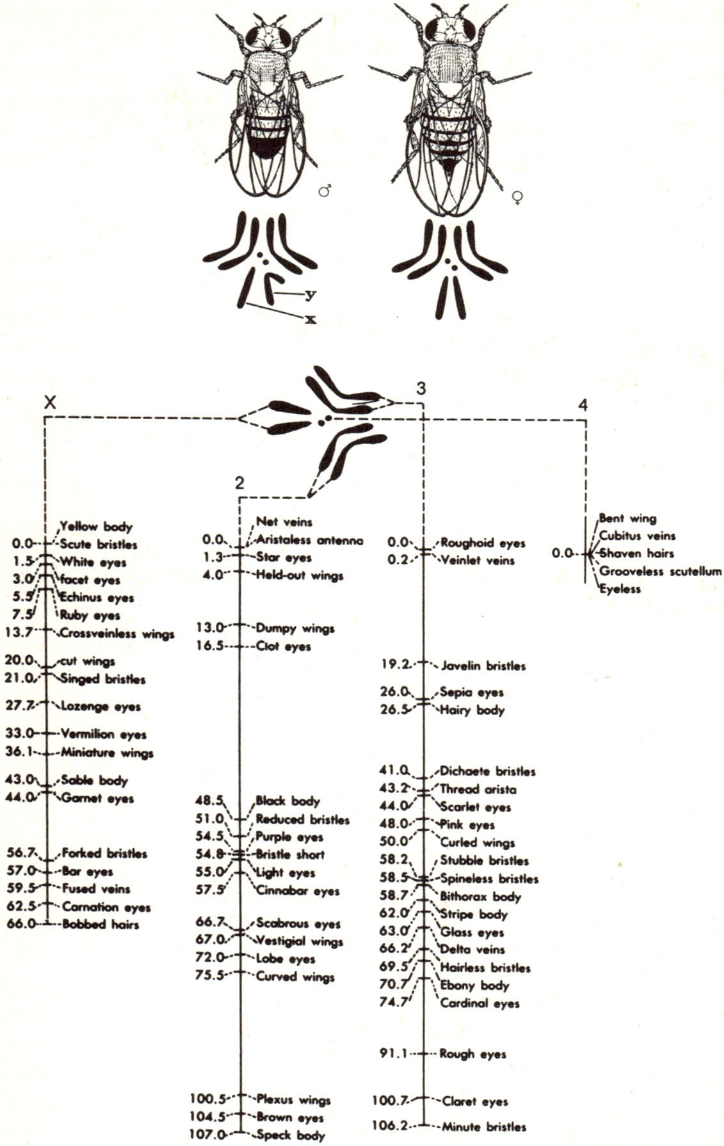

♂
♀
y
x
X
2
3
4
0.0 Yellow body
Scute bristles
1.5 White eyes
3.0 facet eyes
5.5 Echinus eyes
7.5 Ruby eyes
13.7 Crossveinless wings
20.0 cut wings
21.0 Singed bristles
27.7 Lozenge eyes
33.0 Vermilion eyes
36.1 Miniature wings
43.0 Sable body
44.0 Garnet eyes
56.7 Forked bristles
57.0 Bar eyes
59.5 Fused veins
62.5 Carnation eyes
66.0 Bobbed hairs
0.0 Net veins
Aristaless antenna
1.3 Star eyes
4.0 Held-out wings
13.0 Dumpy wings
16.5 Clot eyes
48.5 Black body
51.0 Reduced bristles
54.5 Purple eyes
54.8 Bristle short
55.0 Light eyes
57.5 Cinnabar eyes
66.7 Scabrous eyes
67.0 Vestigial wings
72.0 Lobe eyes
75.5 Curved wings
100.5 Plexus wings
104.5 Brown eyes
107.0 Speck body
0.0 Roughoid eyes
0.2 Veinlet veins
19.2 Javelin bristles
26.0 Sepia eyes
26.5 Hairy body
41.0 Dichaete bristles
43.2 Thread arista
44.0 Scarlet eyes
48.0 Pink eyes
50.0 Curled wings
58.2 Stubble bristles
58.5 Spineless bristles
58.7 Bithorax body
62.0 Stripe body
63.0 Glass eyes
66.2 Delta veins
69.5 Hairless bristles
70.7 Ebony body
74.7 Cardinal eyes
91.1 Rough eyes
100.7 Claret eyes
106.2 Minute bristles
0.0 Bent wing
Cubitus veins
Shaven hairs
Grooveless scutellum
Eyeless

Abb. 2: *Das Gen um 1930: Die Einheit von Funktion, Mutation und Rekombination.*

Links. Das paradigmatische Studienobjekt der Zeit, männliche und weibliche Drosophila-Fliegen (ca. 40fach vergrößert). Die Chromosomen (unten) sind schematisch dargestellt. Beachte, daß jede Körperzelle zwei Exemplare eines jeden Chromosoms (ein »Chromosom-Paar«) enthält, mit Ausnahme der Geschlechtschromosomen beim Männchen, das neben drei Paaren mit identischen Partnern ein X- und ein Y-Chromosom besitzt. Die Chromosomen eines Paares trennen sich bei der Bildung von Geschlechtszellen.

Rechts. In den ersten Jahrzehnten der Drosophila-Genetik wurde hauptsächlich mit Mutanten experimentiert, mit Tieren, die sich durch einfach feststellbare morphologische Besonderheiten vom normalen Wildtyp-Tier unterscheiden. Jedes dieser Merkmale wird durch eine Mutation in einem bestimmten Gen verursacht. Durch diese Mutation wird die normale Funktion des betroffenen Gens beeinträchtigt. Für den Experimentator ist wichtig, daß durch die leicht erkennbare Auswirkung einer solchen Mutation ein Gen gleichsam markiert wird. Man spricht deshalb auch von Gen-Markern. Am Auftreten des Mutanten-Phänotyps kann man den Lauf der Gene durch die Generationen verfolgen. Dann kann die Markierung durch den Mutanten-Phänotyp vor allem auch benutzt werden, um Genkarten herzustellen. Die Abbildung zeigt solche Genkarten, wie sie durch Messung der Rekombinationshäufigkeiten bestimmt worden sind. Die Zahlen am linken Rand der Chromosomen geben solche Rekombinationshäufigkeiten an. Zum Beispiel treten zwischen den Gen-Markern »white eyes« und »facet eyes« auf dem X-Chromosom Rekombinationshäufigkeiten von 1,5 Prozent auf. Das heißt: Bei Kreuzungsversuchen mit diesen Mutanten stellt man unter 1,5 Prozent der Nachkommen die Folgen eines Brechens und kreuzweise Wiederverbindens zwischen den homologen Chromosomen eines Chromosomen-Paares fest. (Nach: I. Johansson »Meilensteine der Genetik«, Hamburg 1979)

können, ist über ihre Natur nichts Sicheres bekannt.« An anderer Stelle: »Über die Natur und Wirkung der Gene ist nichts bekannt, es ist daher überflüssig, darüber zu spekulieren.«

Eine bedeutende Genetikerin, Barbara McClintock, läßt von ihrer Biographin Fox-Keller schreiben, daß sie in den dreißiger Jahren gedacht habe: »Das Problem Gen wird nicht gelöst werden; es ist nichts als ein Symbol.« So dachte übrigens auch Johannson, der ja das Wort erfunden hatte.

Noch im Schullehrbuch von Schmeil »Allgemeine Biologie« aus dem Jahre 1951 steht im Glossar hinter der Eintragung *Gen*: »Erbfaktor, für den die Mendelschen Regeln gelten«.

Den wissenschaftlichen Ausdruck fand diese Epoche der Genetikgeschichte in einem Buchstabenschema, das Mendel schon in seiner Arbeit benützt hatte: *A* für ein dominantes, *a* für ein rezessives Merkmal (Abb. 1).

Gene und Chromosomen

In dieser wissenschaftlich aufregend frühen Phase der Genetik begann T. H. Morgen, seit 1910 Zoologieprofessor an der Columbia University in New York, mit seinen Studien an einem *zoologischen* Objekt, der Taufliege *Drosophila melanogaster*, zunächst, wie auch andere Genetiker seiner Zeit, um Mendels Vererbungsregeln an einem anderen biologischen System zu untersuchen und zu überprüfen. Um 1910 konnte er Studenten für seine Arbeiten interessieren, C. B. Bridge, A. H. Sturtevant und später H. J. Muller. T. H. Morgan und diese drei prägten mit ihren Arbeiten die nächste Phase in der Geschichte der Genetik. Das paradigmatische Studienobjekt war Drosophila.

Der Ausgangspunkt war die Untersuchung einer neu aufgetretenen Abart von Drosophila, einer Mutante, wie wir heute sagen würden, die statt der normalen roten Augen weiße Augen hatte. Dies war der bescheidene und fast skurile Beginn dieser neuen Phase, denn es zeigte sich bald, daß das Gen für Weißäugigkeit mit einem bestimmten Chromosom, dem X-Chromosom, über die Generationen weitergegeben wird. Man konnte die Feststellung treffen, daß »das Gen an das X-Chromosom gekoppelt vererbt wird«. Während man in den Jahrzehnten vorher bereits vielfach die Vermutung geäußert hatte, daß Chromosomen Träger der Gene sein könnten, lag jetzt der Beweis dafür vor. Dieser Beweis wurde noch unterstützt, als man fand, daß viele Gene gleichzeitig gekoppelt auf einem Chromosom liegen und gemeinsam von Generation zu Generation weitergegeben werden. Doch gelegentlich wird diese Kopplung unterbrochen: Gen-Austausch zwischen homologen Chromosomen findet bei der Reifung der Geschlechtszellen statt.

Die Wahrscheinlichkeit eines solchen Austausches nimmt mit dem Abstand zweier Gen-Marker auf dem Chromosom zu. Auf diese Weise konnten Gene auf dem Chromosom lokalisiert werden. Man war in der Lage, Genkarten aufzustellen. Die Genkarte von Drosophila-Chromosomen ist das Symbol dieser Zeit in der Geschichte der Genetik (Abb. 2). Die vier Chromosomen von Drosophila tragen in linearer Anordnung zahlreiche Gene, charakterisiert durch ihre Lage auf dem Chromosom, gemessen an der Rekombinationshäufigkeit, durch ihre Funktion und durch ihre mutationsbedingten Veränderungen (Abb. 2).

Zusammengefaßt liest sich das Ergebnis langer Bemühungen in Form der um 1935 gültigen Definition für »*Gen*« folgendermaßen: Ein Gen ist die Einheit von Funktion, von Mutation und von Rekombination. Diese Definition ist methodisch orientiert und dem Außenstehenden fast unverständlich. Wie gesagt, dies ist eine Zusammenfassung der Drosophila-Zeit. Aber über die Natur der Gene war damit nichts ausgesagt, obwohl der Begriff Gen nun nicht länger etwas Ungefähres und rein Symbolisches zum Inhalt hatte. Denn wenn Gene an Strukturen gebunden sind, müssen sie selbst eine Struktur haben, deren Natur irgendwann und irgendwie aufgeklärt werden kann. Das ließ nicht lange auf sich warten, denn in den vierziger Jahren verliefen nebeneinander zwei Entwicklungen, die schließlich in den Jahren von 1955 bis 1965 ihre Früchte in einer ersten klaren Aussage zur Struktur des Gens trugen.

Biochemische Genetik

Das erste war die Entwicklung eines Forschungsgebietes, das von vielen als biochemische Genetik bezeichnet wurde. Man fragte, was denn nun der Blüte einer Pflanze ihr leuchtendes Aussehen gibt, das einer anderen Pflanze der gleichen Art fehlt, oder warum Wildtyp-Drosophila rote Augen hat, während die Augen der Mutante farblos sind. Zuerst A. Kühn und A. Butenandt in Deutschland, dann G. W. Beadle und

E. L. Tatum in den USA, zeigten, daß den Mutanten jeweils ein Enzym fehlte, und zwar nur *ein* jeweils spezifisches Enzym.

Die Experimente bei Pflanzen und Insekten sind technisch aufwendig. Deshalb suchten Beadle und Tatum nach anderen Organismen, um ihre Aussage zu unterstützen. Sie wählten den Schimmelpilz Neurospora crassa, der die Isolierung und Untersuchung zahlreicher Mutanten erlaubte. Man konnte bald mit großer Sicherheit einen Satz formulieren: Ein Gen trägt den Bauplan für ein und nur für ein Enzym.

Damals begann ein junger Mitarbeiter von Beadle und Tatum mit Experimenten an noch einfacheren Zellen. J. Lederberg experimentierte mit Bakterien und führte damit ein neues paradigmatisches Untersuchungsobjekt ein, *Escherichia coli*, das Darmbakterium, das dann in den nächsten zwei Jahrzehnten im Mittelpunkt der experimentellen genetischen Forschung stand.

DNA als Träger genetischer Information

Der zweite Weg zur weiteren Entwicklung der Genetik begann mit einer Entdeckung von O. T. Avery und Mitarbeitern am Rockefeller Institute in New York. Sie zeigten, daß ein bestimmtes Makromolekül, Desoxyribonukleinsäure, DNA, Eigenschaften von einer Bakterienzelle in eine andere überträgt. Ihre sorgfältig kontrollierten Experimente ließen keinen Zweifel daran: DNA mußte der Träger des genetischen Materials sein. Schon vorher wußte man, daß Chromosomen aus Proteinen und DNA aufgebaut waren. Aber wenn die Genetiker der damaligen Zeit Wetten angenommen hätten, welcher Bestandteil des Chromosoms denn für die Genfunktion verantwortlich sei: DNA oder Protein, würden die meisten wohl auf Proteine gesetzt haben, denn die sind sehr viel komplizierter aufgebaut als DNA, das als ein relativ eintöniges Molekül bekannt war, wie ihnen die damals vorliegenden biochemischen Untersuchungen gezeigt hatten. Deswegen wurden Averys Daten auch nicht gleich akzeptiert. Viele suchten bemüht nach anderen Erklärungsmöglichkeiten für seine Ergebnisse. Aber

Averys Schlußfolgerungen fanden eine glänzende Bestätigung durch Arbeiten mit Bakteriophagen, durchgeführt um 1952 von A. Hershey in den Cold Spring Harbor Laboratorien auf Long Island, New York.

Was sind Bakteriophagen? Bakteriophagen sind Viren, die sich in Bakterien als Wirtszellen vermehren. Aber für unsere Geschichte ist wichtig: Bakteriophagen sind in Protein-Hüllen eingepackte Gene, wie M. Delbrück und S. Luria mit bemerkenswertem Weitblick schon zehn Jahre zuvor erkannt hatten. Diese beiden Forscher hatten Bakteriophagen als Untersuchungsobjekte zum Studium der Genstruktur und Genfunktion bereits zu einiger Reife gebracht, als A. Hershey und M. Chase ihr berühmtes Experiment machten, aus dem eindeutig hervorging, daß es in der Tat die DNA ist, die die Gene der Bakteriophagen tragen.

Von nun an erhält unsere Geschichte für die Dauer von einem Dutzend Jahren einen geradezu heroischen Zug.

DNA und der genetische Code: Molekulare Genetik

Diese Zeit begann wieder mit dem Einbringen der Ernte langer Forschungsbemühungen. Einmal in Cambridge, England, wo die Strukturuntersuchung von biologisch interessanten Makromolekülen mit Hilfe der Beugung von Röntgenstrahlen entscheidend vorangekommen war. Rosalin Franklin und Maurice Wilkins wandten die Methoden, die man zuvor an Proteinen erprobt hatte, auf die Strukturuntersuchung von DNA-Fasern an. Sie erhielten reproduzierbar erste Bilder von merkwürdiger und interessanter Regelmäßigkeit.

Dann am California Institute of Technology, Pasadena, USA. Linus Pauling hatte aufgrund seiner Kenntnisse von der Struktur der Aminosäuren, den Bausteinen von Proteinen und seiner Kenntnis von der Bedeutung der Wasserstoffbrücken-Bindungen erste Modelle einfacher Proteinabschnitte beschreiben können.

Mit diesem Rüstzeug, mit einigem Wissen über die Biochemie von DNA und, vor allem, mit einem hellwachen Intellekt

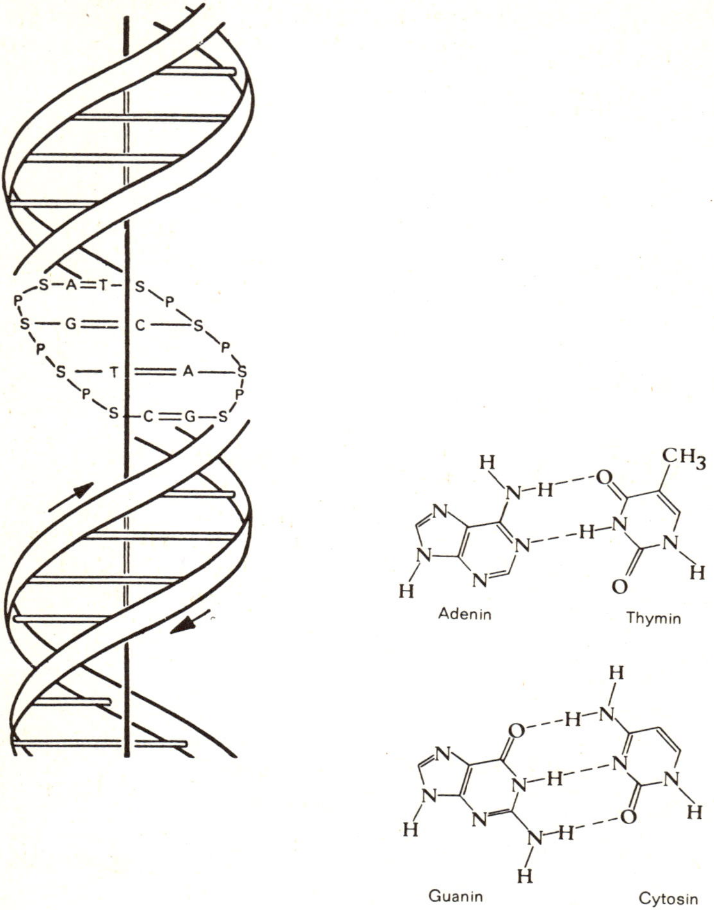

Abb. 3: *Desoxyribonukleinsäure, abgekürzt: DNA oder DNS.*

Links. Die Doppelhelix: Zwei Bänder sind in rechtsläufigen Helix-Anordnungen umeinandergewunden. Jedes Band besteht aus einer Kette von Nucleotiden, den Einzelbausteinen der DNA. Das Rückgrat jedes Helix-Bandes besteht aus Phosphat (P) und Zucker-Resten (S), die über Phosphodiester-Brücken miteinander verknüpft sind. Nach innen, rechtwinklig zur Helixachse, ragen die Paare der hetero-

zyklischen Basen, die durch Wasserstoffbrücken-Bindungen aneinandergebunden sind.

Rechts. Basenpaare. Im linken Teil der Abbildung blickt man auf die Seitenkanten der als flache Scheiben gedachten Basenpaare. Hier sind sie hochgeklappt: ein Basenpaar besteht entweder aus einem Adenin- und einem Thymin-Nucleotid oder aus einem Guanin- und einem Cytosin-Nucleotid. Die Wasserstoffbrücken sind gestrichelt gezeichnet. Die Folge der Nucleotide in der DNA trägt verschlüsselt im genetischen Code die Information zur Herstellung eines Proteins. (Einzelheiten in: R. Knippers, K. P. Schäfer und E. Fanning, »Molekulare Genetik«, 4. Aufl., Stuttgart 1985)

machten sich J. D. Watson und F. H. Crick an die Aufklärung der DNA-Struktur: das Ergebnis gilt als eine der fundamentalen Entdeckungen in der Geschichte der Naturwissenschaften; die Aufklärung des Trägers der Geninformation war gelungen.

Die Struktur hat eine überragende Plausibilität. Sie wurde zum biologischen Erklärungsmodell schlechthin (Abb. 3). Denn auf einen Schlag wurde im Prinzip deutlich:

- wie genetische Information weitergegeben werden konnte, nämlich durch Trennung beider Stränge und Auffüllen des entstehenden Einzel- zum Doppelstrang;
- wie genetische Information gespeichert werden konnte, nämlich durch die Reihenfolge der Einzelbausteine;
- wie Mutationen entstehen können, nämlich durch Veränderungen in der Reihenfolge der Einzelbausteine.

Etwas schwieriger war zunächst noch die Vorstellung, wie die genetische Information zum Aufbau von Proteinen benutzt wird. Aber auch diese Frage wurde innerhalb eines Jahrzehnts, jedenfalls im Prinzip, gelöst: Die Folge der Einzelbausteine, Nucleotide, in der DNA wird in die Folge der Einzelbausteine einer anderen Nukleinsäure umgeschrieben, »transkribiert«; dieses Transkript wird dann zum Programmieren der Proteinsynthese-Apparate der Zelle benutzt; an diesen Apparaten, Ribosomen, wird die lineare Folge von Nucleotiden in die lineare Folge von Aminosäuren im Protein übersetzt, »translatiert«.

		Zweite Buchstaben								
		U		C		A		G		
Erste Buchstaben	U	UUU	Phenylala-nin	UCU	Serin	UAU	Tyrosin	UGU	Cystein	U
		UUC		UCC		UAC		UGC		C
		UUA	Leucin	UCA		UAA	Ketten schluß	UGA	Kettensch	A
		UUG		UCG		UAG		UGG	Tryptofan	G
	C	CUU	Leucin	CCU	Prolin	CAU	Histidin	CGU	Arginin	U
		CUC		CCC		CAC		CGC		C
		CUA		CCA		CAA	Glutamin	CGA		A
		CUG		CCG		CAG		CGG		G
	A	AUU	Isoleucin	ACU	Threonin	AAU	Asparagin	AGU	Serin	U
		AUC		ACC		AAC		AGC		C
		AUA		ACA		AAA	Lysin	AGA	Arginin	A
		AUG	Metionin	ACG		AAG		AGG		G
	G	GUU	Valin	GCU	Alanin	GAU	Asparagin-säure	GGU	Glycin	U
		GUC		GCC		GAC		GGC		C
		GUA		GCA		GAA	Glutamin-säure	GGA		A
		GUG		GCG		GAG		GGG		G
										Dritte Buchstaben

Abb. 4: *Der genetische Code*
Eine Dreiergruppe von Nucleotiden in der DNA »kodiert« eine Aminosäure im Protein. Ein Gen besteht also aus einer langen Folge solcher Dreiergruppen, genannt Tripletts oder Codons.

Zwei Anmerkungen: (1) Man gibt das genetische Wörterbuch im allgemeinen in Form des RNA-Codes an. Deswegen steht im »Wörterbuch« anstelle von Thymin (T; Abb. 3) die Nucleotidbase Uracil (U). Guanin (G), Cytosin (C) und Adenin (A) sind Basen, die sowohl in DNA als auch in RNA vorkommen. Die Verwendung des RNA-Codes hat historische Gründe: über die Untersuchung der genetischen Information von RNA wurde der genetische Code entschlüsselt.

(2) »Amber«, »ochre« und »opal« sind Bezeichnungen für Stop-Codes, die in den Genen das Ende der Information andeuten. Wenn immer solche Tripletts in der DNA auftauchen, heißt das: Ende der Information.

Parallel dazu wurde die Antwort auf die naheliegende Frage gefunden, welches Nucleotid die Information für welche Aminosäure trägt. Klar, daß nicht ein Nucleotid eine Aminosäure »kodiert«, denn es gibt nur vier Nucleotide, aber 20 Aminosäuren. Also mußte es eine Gruppe von Nucleotiden sein. Eine Dreiergruppe von Nucleotiden, wie sich herausstellte, ein Triplett oder, wie man sagt, ein Codon. Ein genetisches Wörterbuch konnte aufgestellt werden (Abb. 4).

Es sagt uns, welche Folge von Tripletts welche Aminosäuren »kodiert«. Die Sprache der Gene konnte nun verstanden und gelesen werden.

Es war fast unerheblich, daß parallel zu dieser Entwicklung S. Benzer brillante Experimente mit Bakteriophagen machte, um die ehrwürdige Definition eines Gens aus der früheren Phase der Genetik zu überprüfen. Er zeigte, daß die *Einheit der Funktion* der Abschnitt auf der DNA ist, der die Information für ein aktives Protein trägt, daß die *Einheit der Mutation* das einzelne Nucleotidpaar ist und daß die *Einheit der Rekombination* ebenfalls das Nucleotidpaar ist, denn das Brechen und Wiedervereinen bei der Rekombination kann sich quasi überall entlang des DNA-Fadens ereignen. Diese Experimente von Benzer sind viel bewundert worden wegen ihres intellektuellen Reizes und ihrer methodischen Eleganz, aber sie waren fast überflüssig, denn es wurde schon aufgrund der DNA-Struktur klar, wie seit 1960 ein Gen zu definieren ist: als ein Stück DNA, das die Information zur Herstellung eines Proteins trägt.

Benzers Experimente waren *fast* überflüssig, denn einen Wert hatten sie: sie hatten in der Sprache der alten Genetik für jeden überdeutlich klargemacht, daß die Zeit, als das Gen noch als ein unwägbares, unsichtbares und unbeschreibbares Etwas galt, endgültig vorbei war. Das piktographische Symbol für ein Gen war nicht mehr der Buchstabe wie zu Mendels oder Correns' Zeiten (Abb. 1) oder eine Genkarte nach Morgan oder Sturtevant (Abb. 2), sondern eine Doppellinie, die Doppelhelix verdeutlichend, mit einem Strich links, dem Gen-Anfang, und einem Strich rechts, dem Gen-Ende. Dazwischen liegt die Folge von Nucleotiden, das offene Leseraster, wie man heute sagt.

Und was ist das heute gültige piktographische Bild? Inzwischen sind wirkungsvolle Methoden entwickelt worden, um die Nucleotidfolgen jedes beliebigen Stückes DNA zu bestimmen. Noch ist es mühsam. Wenn alles gutgeht, kann ein Forscher vielleicht tausend Buchstaben des Gen-Alphabets pro Tag entziffern. Mit dem bloßen Auge oder mit Hilfe des Computers läßt sich der Text lesen: Gen-Anfänge und Gen-Enden lassen sich bestimmen, und mit Hilfe des genetischen Vokabulars kann man das Leseraster auf seine Information abfragen.

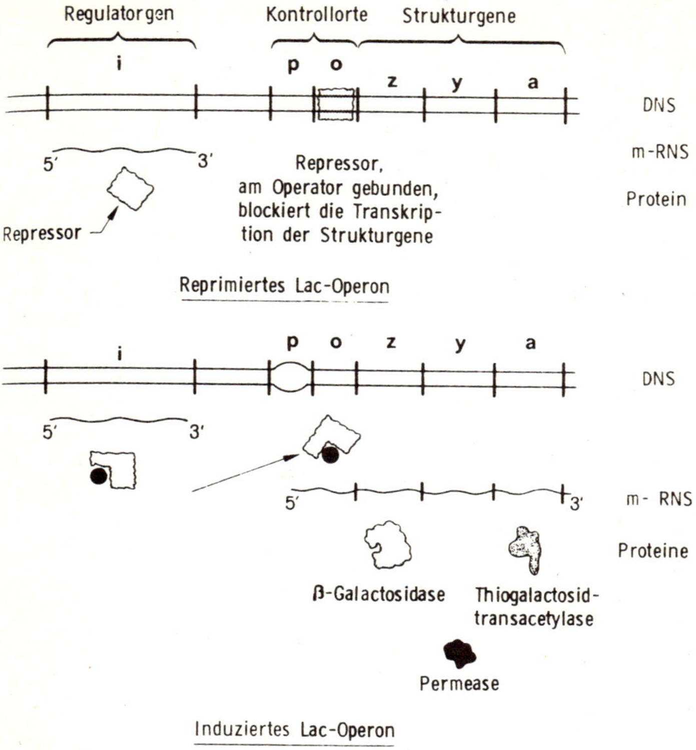

Abb. 5: *Regulationselemente*

Oben. Die parallelen Linien sind eine Chiffre für die DNA-Doppelhelix. Senkrechte Linien bezeichnen schematisch den Anfang und das Ende eines Gens. Wir schauen zunächst auf die Folge z, y und a: diese Gene »kodieren« Enzyme, die es einer Bakterienzelle ermöglichen, den Milchzucker Lactose *zu verwerten. Daher die Abkürzung für diese Gen-Folge:* Lac-*Operon. Mit p wird der Promoter bezeichnet, ein Stück DNA, an welches sich die Transkriptionsmaschine der Zelle, ein Enzym mit der Bezeichnung RNA-Polymerase, bindet und von wo aus sie die Nucleotidfolge der Gene in Form einer RNA abschreibt, eben: transkribiert. Aber im Gen-Zustand, der hier gezeigt ist, kann die RNA-Polymerase nicht aktiv sein, denn der Gen-Anfang ist blockiert durch ein Protein, Repressor, das auf dem DNA-Abschnitt O (»Operator«) sitzt. Links ist das Gen* i *gezeichnet: dieses Gen wird transkri-*

biert, eine messenger (m)-RNA wird mit Hilfe der RNA Polymerase synthetisiert; die mRNA programmiert den Protein-Synthese-Apparat zur Bildung des Repressors. Dieser kann nach Bindung an den Abschnitt O *die Gene des* Lac-*Operons »reprimieren«.*

Unten. Die Bakterienzelle hat als Hauptnahrungsmittel nur den Milchzucker Lactose zur Verfügung. Damit sie überleben kann, müssen nun die Gene des Lac-*Operons abgelesen werden. Lactose (schwarzer Punkt) dringt in die Zelle ein und bindet sich an den Repressor, dessen Struktur sich nun so verändert, daß er sich nicht mehr an den Operator-Abschnitt O vor den* Lac-*Genen binden kann. Dadurch wird der Promoter frei: die RNA-Polymerase kann die Nucleotidfolge der Gene abschreiben; eine mRNA entsteht, welche den Proteinsynthese-Apparat zur Herstellung der Lactose-verwertenden Enzyme programmiert.*

Beachte: Dies ist eine sehr vereinfachende Skizze der Verhältnisse. Das Bild stammt aus dem Jahre 1971, als die Erforschung der Gen-Regulation noch in den Anfängen war. Heute ist die Gen-Regulation insbesondere bei Mensch, Tier und Pflanze vielleicht das meist bearbeitete Kapitel der Genetik (Abbildung aus: R. Knippers »Molekulare Genetik«, 1. Aufl, Stuttgart 1971).

Die Folge der Anfangsbuchstaben der vier Nucleotide sind das augenfällige Symbol zur Notierung eines Gens heute. Und so wird's auch wohl noch eine Zeitlang bleiben: die DNA einer Bakterienzelle besteht aus 3 Millionen Nucleotiden. Bald werden wir Bücher kaufen können, in denen diese Folgen abgedruckt sind: 3000 Nucleotide pro Seite; das macht ein Buch mit tausend Seiten. Die DNA des Menschen besteht aus 3 Milliarden Nucleotiden. Zur Zeit sind Bestrebungen im Gange, um die Nucleotidsequenz des gesamten Erbgutes eines Menschen zu bestimmen. Man wird dann eine Bibliothek von tausend Büchern mit je tausend Seiten besitzen. (In der Praxis natürlich Computerbänder.) Zu dieser Bibliothek wird es ein Inhaltsverzeichnis geben, das uns erlauben wird, jedes einzelne Gen herauszusuchen und seine Information zu lesen.

Aber zu der bestechend einfachen Definition eines Gens gibt es einige Schnörkel und Abweichungen, Zusätze gleichsam, die unsere Vorstellung von einem Gen erweitern, aber nicht verändern.

Wir kehren noch einmal von der Zukunft zurück in die Vergangenheit, in das Jahr 1961, als J. Monod und F. Jacob eine der einflußreichsten Arbeiten der neueren Biologie publizierten. Diese Arbeit beschäftigte sich nicht mit der Struktur, also dem Informationsgehalt, sondern mit der Regulation von Genen.

Das Problem liegt auf der Hand. Um es einfach zu illustrieren, brauchen wir uns nur vor Augen zu führen, daß jede der 10^{14} Zellen unseres Körpers die Gesamtzahl von 50000 menschlichen Genen enthält. Aber nicht alle Gene sind gleichzeitig und immer aktiv, sondern nur an der Stelle, d. h. in dem Gewebe des Körpers, in dem sie benötigt werden, und nur zu der Zeit, zu welcher sie benötigt werden. Kurz, die Aktivität der Gene muß reguliert werden. Auf langen Vorversuchen aufbauend, haben Jacob, Monod und Pardee ein Regulationsmodell entwickelt, das bis heute gültig ist, freilich einen Sonderfall darstellt. Aber davon später.

Wir schauen uns das Modell in einer vereinfachten Version an (Abb. 5).

Aus der Beschreibung der Skizze entnehmen wir eine Erweiterung der Gen-Definition. In Kürze – Gene, definiert als Kodierungssequenzen, sind eingerahmt von DNA-Abschnitten, die für die Regulation der Gen-Aktivität notwendig sind: Promoter-Elemente, Operator-Abschnitte und andere DNA-Abschnitte, die heute kurz als *cis-wirkende Elemente* zusammengefaßt werden.

Das Jacob-Modell war von kaum zu überschätzender Bedeutung bei allen Überlegungen zur Gen-Regulation. Aber allmählich wurde es allen Interessierten deutlich, daß dieses Modell in seinen Einzelheiten nur für das Lactose-Operon (Abb. 5) gilt. Jedes Gen, selbst in einem so einfachen Organismus wie dem Darmbakterium, hat sein eigenes Regulationssystem. Mit anderen Worten: Kodierungssequenz und das dazugehörige Regulationssystem haben sich miteinander im Laufe der Evolution entwickelt.

Das hat Konsequenzen für unsere Gen-Definition, die wir ergänzen müssen: Ein Gen ist ein Abschnitt auf der DNA, der

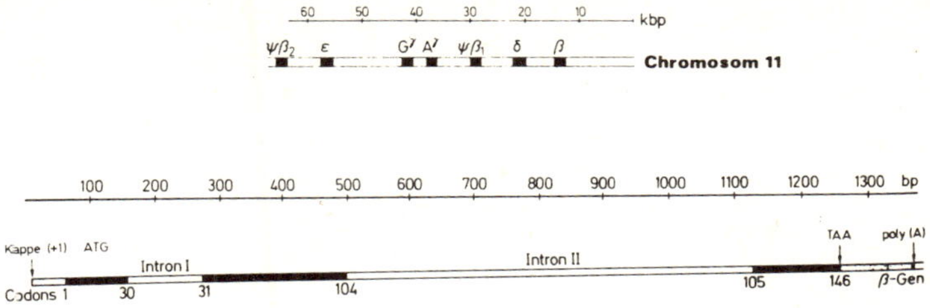

Abb. 6: *Gene und Gen-Anordnung*

Als Beispiel zeigen wir Gene, die für einen Proteinbestandteil des roten Blutfarbstoffs kodieren, genauer: für die β-Globin-Kette des Hämoglobins beim Menschen.

Oben. Ein Stück DNA aus dem Chromosom Nr. 11 des Menschen. Dieses Stück umfaßt etwa 60000 Basenpaare oder 60 Kilo-Basenpaare (kbp). Das ist nur ein winziger Abschnitt der DNA des Menschen, denn im Kern einer jeden Zelle befinden sich DNA-Fäden, die zusammengenommen aus etwa 6 Milliarden Basenpaaren bestehen. Der Gesamt-DNA-Faden ist in 46 Einzelstücke zerlegt, je ein Stück für jedes Chromosom. Auf dem hier abgebildeten Abschnitt liegen fünf aktive Gene, für die Globin-Ketten ε, γ^G, γ^A δ und β, dazu noch zwei funktionslose sogenannte Pseudogene, $\psi\beta_1$ und $\psi\beta_2$. Zwischen den einzelnen Genen befinden sich lange DNA-Strecken ohne genetische Funktion. Jedes Gen und jedes Pseudo-Gen ist etwa 1300 bp lang, d. h. nur etwa 15 % des abgebildeten DNA-Abschnittes trägt genetische Information, die nicht-aktiven Pseudogene mitgerechnet.

Unten. Das Gen für die β-Globin-Kette ist vergrößert dargestellt. Der Maßstab trägt hier als Einheit das Basenpaar (bp). Zwischen den Abschnitten, die die Information zur Herstellung eines Proteins tragen (dunkel; Codons 1–30, 31–104 und 105–146), liegen DNA-Abschnitte ohne genetische Bedeutung, jedenfalls ohne Information zur Proteinherstellung, Intron I und Intron II. Das typische Gen von Mensch, Tier und Pflanze ist ein Mosaik aus Abschnitten mit Gen-Informationen (Exons) und dazwischenliegenden Abschnitten (Introns). Der gesamte abgebildete DNA-Bereich wird vom Punkt +1 (»Kappe«) aus transkribiert (»das Gen als Transkriptionseinheit«), aber bei der Reifung der mRNA werden die transkribierten Intron-Abschnitte herausgeschnitten und die kodierenden Teile miteinander verknüpft, »gespleißt«. (Nach: R. Knippers u. a., loc.cit.)

die Information für die Herstellung eines Proteins trägt, mit den dazugehörigen DNA-Abschnitten (Promoter, Operator, kurz, *cis*-wirkenden Elementen), die der Regulation der Genaktivität dienen.

DNA ohne Gen-Information

Ich habe erwähnt, daß Bakterien 3000 oder 4000 Gene haben. Drosophila hat höchstens 10000, Säugetiere, einschließlich des Menschen, haben 5–10mal mehr, also 50000 bis 100000 Gene pro Zellkern. Gleichwohl ist die DNA in menschlichen Zellen nicht nur 20mal, sondern 1000mal länger als die DNA der Bakterien, also beträchtlich viel größer als man aufgrund der Genzahlen erwarten würde.

Für diese Diskrepanz gibt es (in erster Näherung) zwei Gründe (Abb. 6). Erstens: Außer den Genen besitzt die DNA von Eukaryonten, also von Organismen oberhalb der Organisationsebene von Bakterien, lange leere Strecken von Nucleotiden, ohne jede erkennbare genetische Information; vielfach kommen diese informationsleeren Bereiche in sich eintönig wiederholenden Abschnitten vor, repetitive Sequenzen. Ihre Funktion ist unbekannt. Vielleicht haben sie keine Funktion, einfaches Brachland, genetische Wüste, womöglich Baumaterial für die Evolution neuartiger, zukünftiger Gene. Geschult am Plan von Bakterien- und Virus-Genomen, wo ein Gen dem anderen dicht folgt, war es für viele Genetiker zuerst schwer, diese Tatsache zu akzeptieren, die Tatsache langer, Gen-freier DNA-Strecken, dazwischen dann eingeschoben und verstreut die einzelnen Gene, die Träger von Information.

Zweitens: Die meisten Gene von Pflanzen und Tieren sind in der Struktur ihres Leserasters nicht einfach, sondern komplex und mosaikartig zusammengesetzt, aus Abschnitten mit Information, Exons, und Abschnitten ohne Information, Introns. Diese Anordnung kann barocke Formen annehmen: viele lange Intron-Strecken können viele kurze Exon-Abschnitte voneinander trennen. Es gibt unübersehbar viele Variationen des Exon-Intron-Motivs. Dennoch ist jede dieser Strukturen eine Einheit, denn ihre Transkription erfolgt von einem Promoter aus, der vor dem ersten Exon liegt.

Wir sehen daher keinen zwingenden Grund, von unserer Definition eines Gens abzuweichen. Doch strenge Formulierer meinen, eine Modifikation sei angebracht. Statt »Abschnitt auf der DNA mit der Information zur Herstellung eines Proteins« bevorzugen sie: »Abschnitt auf der DNA, der als Einheit transkribiert wird«. Möglich, daß diese Aussage ihre Vorteile hat, zumal sie einige Grenzfälle einschließt, wie Gene, welche nur RNA, aber keine Proteine kodieren.

Sonderfälle

Und zum Schluß noch der Hinweis auf Sonderfälle. Wir nehmen als Beispiel die Gene des Immunsystems.

Lange war die Genetik des Immunsystems eines der großen Rätsel der Biologie. Und wenn es im vergangenen Jahrzehnt Fortschritte im Kenntnisstand der Genetik gab, so muß man auch an die Lösung dieses Rätsels denken. Denn noch vor 20 Jahren gab es nicht einmal eine plausible Modellvorstellung, woran sich die Experimentatoren hätten orientieren können. Das Dilemma bestand in folgendem: Das Immunsystem eines Menschen kann eine nahezu unbegrenzte Zahl, jedenfalls weit über eine Million verschiedener Ausführungen einer Proteinart, Antikörper, herstellen. Dabei ist die Zahl der Gene begrenzt, wie gesagt, höchstens etwa 100000. Die Lösung des Rätsels: Bei der Reifung von Immunzellen, Lymphozyten, werden die Gene erst aus Einzelbausteinen zusammengesetzt. Da es von jedem Einzelbaustein eine Anzahl unterschiedlicher Exemplare gibt und beim Zusammenbau je ein Exemplar aus jedem Arsenal von Einzelbausteinen entnommen wird, kommen zahlreiche Kombinationsmöglichkeiten zustande, von denen nur je eine in jedem reifen Lymphozyt realisiert ist. Weiter kommt es zu einer mehr oder weniger systematischen Ungenauigkeit beim Zusammenbau der Bauelemente. Kurz, jeder reife Lymphozyt enthält schließlich sein eigenes, sozusagen privates Gen, das die Information zur Herstellung seines eigenen Antikörpers trägt. Da ein Mensch weit über eine Million verschiedener Lymphozyten besitzt, kann er auch über eine Million verschiedener Antikörper herstellen.

Zusammengefaßt für den Zweck dieses Aufsatzes: Auch wenn die Antikörper-Gene erst bei der Reifung einer Immunzelle zusammengebaut werden, liegt schließlich ein DNA-Abschnitt vor, der die Information zur Herstellung eines Proteins trägt.

Rückblick

Unser Weg durch die Geschichte der Genetik hat die Entwicklung des Begriffs *Gen* deutlich werden lassen: zuerst die vage Vorstellung über den »Erbfaktor«, den selbst die begabtesten Genetiker nur als Symbol, als Zeichen sehen konnten; dann zur Erkenntnis, daß das Gen an eine materielle Struktur gebunden ist, also ein konkretes, chemisch definiertes Etwas, ein Makromolekül, sein muß; schließlich zur Aufklärung von DNA-Struktur und Nucleotidsequenzen. Mit zunehmender Kenntnis wurden die Verhältnisse einfacher und klarer. Und in dieser Klarheit wird das Wissen weiter Bestand haben, als eine Grundlage der allgemeinen Biologie und als ein Meilenstein in der Wissenschaftsgeschichte.

Anmerkungen zur Literatur

Cairns, G. S. Stent and J. D. Watson (Hrsg.): »Phage and the origins of molecular biology«. Cold Spring Harbor, 1966

E. Fox-Keller: »A feeling for the organism. The life and work of Barbara McClintock«. San Francisco 1982

I. Johansson: »Meilensteine der Genetik«. Hamburg 1979

R. Knippers, K. P. Schäfer und E. Fanning: »Molekulare Genetik«. 4. Aufl., Stuttgart 1985

G. Mendel: »Versuche über Pflanzenhybride. Zwei Abhandlungen«. Nachdruck in Ostwald's Klassiker der Exakten Wissenschaften, Nr. 121, Leipzig 1901

V. Orel: »Mendel«. Oxford 1984

F. H. Portugal and J. S. Cohen: »A century of DNA-history of the discovery of the structure and function of the genetic substance«. Cambridge (Mass.) 1977

G. S. Stent: »Molecular biology of bacterial viruses«. San Francisco 1963

H. Stubbe: »Kurze Geschichte der Genetik bis zur Wiederentdeckung der Vererbungsregeln Gregor Mendels«. Jena 1965

A. H. Sturtevant: »A history of genetics«. New York 1966

J. D. Watson: »Die Doppelhelix«. Hamburg 1968

Hermann Haken / Arne Wunderlin

Die Entstehung von Ordnung aus dem Chaos

Synergetik, die Lehre vom Zusammenwirken

Schrödinger war einer der ganz großen Wissenschaftler dieses Jahrhunderts. Mit der Schaffung der nach ihm benannten Schrödinger-Gleichung wurde er zum Mitbegründer der Quantentheorie, ohne die die moderne Physik, Chemie und Molekularbiologie undenkbar wären. Schrödinger gehörte aber auch zu den Wissenschaftlern, die weit über ihr engeres Fachgebiet, in diesem Falle die Physik, hinausblickten und sich mit grundlegenden Fragen der Biologie befaßten. In geradezu prophetischer Weise nahm er in seinem Buch »What is life« wichtige Erkenntnisse der Molekularbiologie im Hinblick auf die Vererbungsmechanismen vorweg. Darüber hinaus sprach er ein Dilemma der Physik im Hinblick auf grundlegende Probleme der Biologie deutlich aus und versuchte in dem eben genannten Buch eine Antwort zu geben. Wie wir in diesem Artikel sehen werden, war diese Antwort zwar nicht richtig, hat aber viele Forscher zum Nachdenken angeregt.

Wir wollen hier zunächst einige seiner Thesen zusammentragen, mit denen wir uns eingehender auseinandersetzen werden. Dabei wollen wir so vorgehen, daß wir Erwin Schrödingers Formulierungen aus seinem Büchlein »Was ist Leben« übernehmen. Wir zitieren dazu die thesenhaft formulierten zugehörigen Abschnittsüberschriften.

Wir beginnen mit dem Abschnitt 56 im VI. Kapitel: »Die lebende Materie entzieht sich dem Abfall in den Gleichgewichtszustand.« Diese These gilt auch heute noch, wie wir noch im Detail sehen werden, und sie erweist sich als außerordentlich fruchtbar. In der Tat existieren alle lebenden Organismen in einem Zustand fern vom thermischen Gleichgewicht, ihr Verständnis erfordert eine Theorie, die weit über die Thermodynamik und die irreversible Thermodynamik hinausgehen muß. Offenbar gelingt es lebenden Organismen, ihren Nichtgleichgewichtzustand durch den Stoffwechsel aufrechtzuerhalten. Allgemeiner, sie bilden offene Systeme fern vom thermischen Gleichgewicht, die durch einen beständigen Fluß von Energie und Materie ihren Zustand fern vom thermischen Gleichgewicht stabilisieren können. Die These führt uns also direkt zu einem zentralen Begriff der Synergetik, dem Begriff des offenen Systems.

Abschnitt 57 ist überschrieben »Sie (die lebende Natur) ernährt sich aus ›negativer Entropie‹«. »Negative Entropie« wird hier verstanden als ein Maß der Ordnung im Gegensatz zur Entropie, die als Maß der Unordnung eines Systems interpretiert wird. Es erweist sich nun, daß diese These aus heutiger Sicht nicht aufrechterhalten werden kann; vielmehr werden gänzlich neue Konzepte notwendig, die von der Synergetik bereitgestellt werden. Entsprechendes gilt für die These (Abschnitt 60) »Das Ordnungsgefüge wird durch Entnahme von ›Ordnung‹ aus der Umwelt aufrechterhalten«. Unsere Diskussion wird ergeben, daß diese Vorstellung nicht zutrifft. In der Tat wird sich vielmehr Schrödingers Vermutung bei unserer nachfolgenden Diskussion bestätigen, die in Abschnitt 61 formuliert ist: »Im Organismus sind neue Gesetze zu erwarten.«

Wenden wir uns nun dem von Schrödinger aufgezeigten Dilemma genauer zu, das durch die Synergetik in ganz anderer Weise aufgelöst werden konnte. Was ist nun dieses Dilemma? In der Biologie sehen wir tagtäglich vor unseren eigenen Augen die Entstehung von Ordnungsstrukturen, das Wachstum von Pflanzen und Tieren, ihre hochkoordinierten Bewegungsvorgänge oder dann schließlich die Bildung sozialer Gruppen, sowohl im Tierreich als auch in der menschlichen Gesellschaft. Andererseits lehrt uns die Physik, insbesondere hier die Thermodynamik, daß Strukturen zerfallen. Gießen wir Tinte in ein Glas Wasser, so löst sich der Fleck immer weiter auf; er wird immer diffuser. Schreiben – wie dies früher bei der Werbung häufig der Fall war – Flugzeuge mit Rauchschriften in den Himmel, so zerfließen diese Schriftzeichen schnell. Nie wieder bilden sich von alleine derartige Schriften.

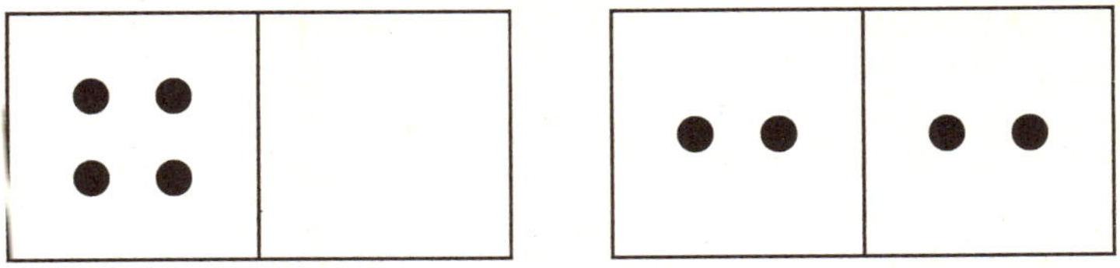

Abb. 1: *Modell zur mikroskopischen Deutung der Entropie nach Boltzmann*
W = 1 für den geordneten Zustand, W = 6 für den am höchsten ungeordneten Zustand

Im letzten Jahrhundert ist es gelungen, diese Zerfallserscheinungen von Strukturen quantitativ zu fassen durch den Begriff der »Entropie«, der von Clausius eingeführt worden war. Seine Bedeutung wird anschaulich, wenn man mit Boltzmann den Zusammenhang zwischen den mikroskopischen Erscheinungen auf dem atomaren Niveau und den makroskopischen Phänomenen herstellt. Nach Boltzmann ist die Entropie durch die Formel $S = K \cdot \ln W$ gegeben. Erläutern wir diese Formel am Beispiel eines Gases, das ja bekanntlich aus einzelnen Atomen besteht. Nehmen wir einmal an, wir hätten nur vier Atome, die wir auf zwei Kästen verteilen können. Wie aus der Abbildung 1 hervorgeht, gibt es nur eine Möglichkeit, alle vier Atome z. B. im linken Kasten unterzubringen, hingegen sechs Möglichkeiten, die vier Atome auf die beiden Kästen jeweils gleichmäßig zu verteilen. Konkret wäre in der Boltzmannschen Formel im ersten Falle $W = 1$, im zweiten Falle hingegen $W = 6$ die Zahl der mikroskopischen Realisierungsmöglichkeiten. Nach Boltzmann werden in der Natur solche Zustände verwirklicht, bei denen die Zahl dieser mikroskopischen Realisierungsmöglichkeiten W ein Maximum annimmt. Wie wir schon aus unserem ganz einfachen Beispiel ablesen können, hat der strukturlose, d. h. der Zustand mit Gleichverteilung, die größte Zahl von Realisierungsmöglichkeiten und wird deshalb auch in der Natur vorgefunden. Aufgrund dieser Grundtatsachen sollte also die spontane Entstehung von Strukturen in der Natur, wie wir sie etwa in der Biologie beobachten, unmöglich sein. Wie läßt sich dieser Widerspruch auflösen? Schrödinger, wie auch der Biologe von Bertalanffy, hatten erkannt, daß diese Zerfallsgesetze nur für sogenannte abgeschlossene Systeme gelten, in die also insbesondere keine Energie oder Materie eingespeist wird. Ganz offensichtlich trifft dies aber nicht für die belebte Natur zu. Hier wird ja ständig, z. B. von Tieren, Nahrung aufgenommen. Biologische Systeme sind also grundsätzlich offene Systeme, in die Energie oder Stoffe eingespeist werden. Schrödinger hatte nun die Idee, daß durch die Nahrungsaufnahme dem Körper die von ihm so genannte »Neg-Entropie« zugeführt wird, wodurch also die Entropie, d. h. die Unordnung im Körper verringert wird. Wie wir heute von der Synergetik her wissen, ist diese Annahme, daß mit höherer Ordnung auch eine niedrigere Entropie verknüpft sein muß, für offene Systeme nicht zutreffend.

Wenden wir uns also der Synergetik zu, die sich ganz allgemein damit befaßt, wie in Systemen, die aus einzelnen Teilen bestehen, Strukturen spontan entstehen können. Ziel der Synergetik, auf deutsch: Lehre vom Zusammenwirken, ist dabei die Auffindung ganz allgemeiner Gesetzmäßigkeiten, die unabhängig von der Art der Teile, aus denen ein System besteht, gelten. Diese Fragestellung erscheint auf den ersten Blick wohl als überzogen, weil es sich bei den einzelnen Teilen um ganz verschiedene Objekte handeln kann, wie etwa Atome oder Moleküle, aber auch Zellen in einem Organ oder sogar um Individuen in einer Gesellschaft. Trotzdem ist es aber der Synergetik gelungen, solche allgemeinen Gesetzmäßigkeiten aufzufinden, vorausgesetzt, daß sie sich auf solche Situationen konzentriert, wo gerade eine Struktur neu entsteht. Das sind aber auch in der Tat wohl die interessantesten Situationen. Betrachten wir nun einige Beispiele für spontane Strukturbildungen, die wir überraschenderweise auch schon in der unbelebten Natur finden. Hierzu gehören Wolkenstraßen, bei denen sich die einzelnen Wasserdampfmoleküle auf viele Hunderte von Metern, ja Kilometern, so in ihrer Konzentration anordnen, daß diese Straßen entstehen. Wie Segelflugpiloten wissen, handelt es sich bei diesen Strukturen um dynamisch bewegte, d. h. die Luftmassen steigen an bestimmten Stellen auf, an anderen sinken sie wieder ab. Derartige Phänomene lassen sich auch im Labor mit Hilfe von Flüssigkeiten nachahmen. So kann eine von unten erhitzte Flüssigkeit spontan Rollen oder Hexagone bewirken.

Für uns war der Ausgangspunkt zur Untersuchung derartiger Phänomene der Laser, eine inzwischen ja sehr bekannte Lichtquelle, die eine völlig neue Art von Licht erzeugt. Warum diese Lichtquelle für uns interessant ist, werden wir sogleich unten erläutern. Strukturbildungen gibt es aber auch in ganz anderen Gebieten, z.B. in der Chemie, wo großflächige kreisförmige oder spiralförmige Wellen entstehen können, wenn man bestimmte Substanzen zusammenbringt. Im Rahmen der Biologie finden wir eine überwältigende Fülle von Strukturbildungsvorgängen. Diese beziehen sich etwa auf die Bildung von Organen, aber auch auf die ausgeprägte Koordination von Bewegungsvorgängen, von Wahrnehmung und schließlich von unserem ganzen Denken, bei dem ja Myriaden von Neuronen zusammenarbeiten müssen, um ein kohärentes Gedankengebilde hervorzubringen.

Seien wir aber zunächst bescheidener und beginnen wir mit einem einfachen Beispiel aus der Physik, dem schon eben genannten Laser (Abb. 2). Dieser besteht aus einem Festkörper, etwa Rubin, oder einem Gas, das sich in einer Glasröhre befindet. An den Enden des Lasers sind zwei Spiegel angebracht, die das Licht immer wieder reflektieren, so daß hier eine Selektion des Lichtes stattfindet, nämlich nur das Licht, das in axialer Richtung läuft, kann lang genug mit den einzelnen Atomen des Lasermaterials in Wechselwirkung treten und somit dann am Laserprozeß teilnehmen. Worin besteht nun der grundlegende Unterschied zwischen einer normalen Lampe und einem Laser und worauf ist dieser zurückzuführen? Betrachten wir dazu die Abbildungen 3 und 4. Im unteren Teil sind Atome schematisch angegeben, die sich im Lasermaterial befinden. Jedes Atom besteht bekanntlich aus dem Atomkern, um den ein oder mehrere Elektronen kreisen, so wie die Planeten um die Sonne. Im Gegensatz zur Planetenbewegung aber können die Elektronen sich nur auf ganz bestimmten Bahnen bewegen, wobei die äußere Bahn mehr Energie als die innere Bahn hat. In jedem Laser müssen die Elektronen durch Energiezufuhr von außen auf eine

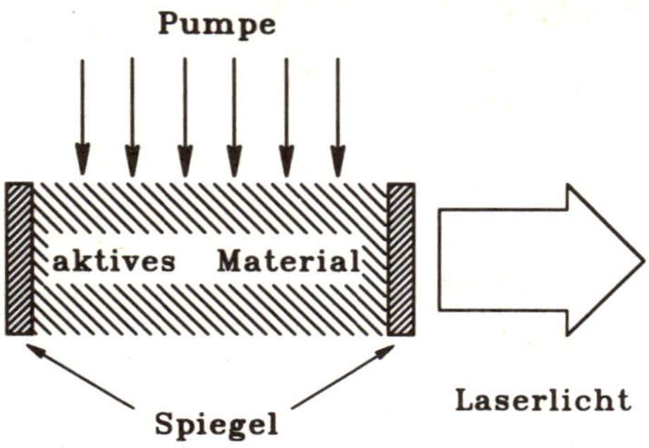

Abb. 2: *Schematische Darstellung eines Festkörperlasers*

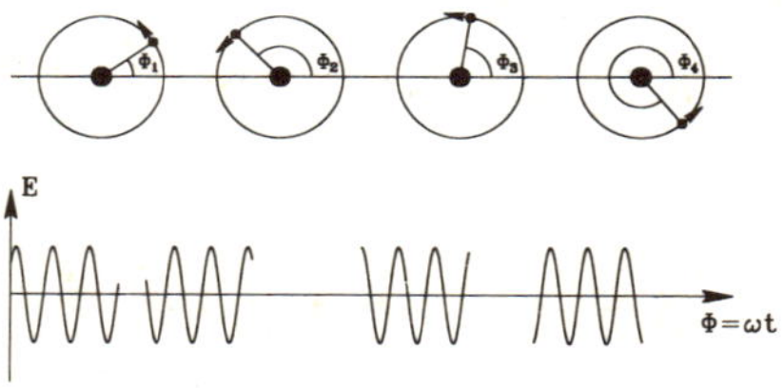

Abb. 3: *Form der elektrischen Feldstärke bei unkorrelierter Lichtemission durch die einzelnen Atome.* Φ_i *bezeichnet die Phasen der einzelnen Atome,* ω *die Frequenz des emittierten Lichts, t die Zeit*

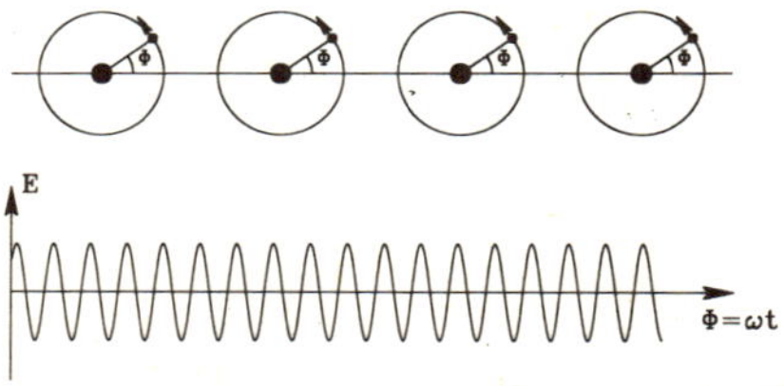

Abb. 4: *Kohärentes Laserlicht, geordnete (kohärente) Lichtemission; die Phasen sämtlicher Atome sind gleich*

äußere Bahn gebracht werden. Dies kann z. B. durch einen Strom, der durch die Gasatome geschickt wird, erfolgen. Das Elektron kann diese Energie wieder abgeben, indem es eine Lichtwelle aussendet. Jedes einmal auf eine höhere Bahn angeregte Elektron eines Atoms kann so unabhängig von den anderen Elektronen anderer Atome eine Lichtwelle aussenden. Es kommt so zu einer *völlig unkoordinierten* Aussendung einzelner Wellen. Im Laser hingegen passiert etwas ganz anderes. Hier entsteht eine völlig gleichmäßige Lichtwelle, was nur zu verstehen ist, wenn man annimmt, daß die Elektronen sich in einer wohl definierten Weise verhalten. Warum dieses so interessant ist, wird besonders an einem anthropomorphen Bild klar. Vergleichen wir die Atome mit Menschen, die an einem mit Wasser gefüllten Kanal stehen, wobei das Wasser das Lichtfeld symbolisieren soll. Im Falle der Lampe stoßen die Menschen ihre Stöcke ganz unabhängig voneinander in das Wasser. Es entsteht eine völlig ungleichmäßige, chaotische Wasserwelle. Beim Laser hingegen stoßen die Menschen völlig gleichmäßig ihre Stöcke in das Wasser hinein, so daß eine ganz gleichmäßige Wasserwelle entsteht. Im menschlichen Bereich wissen wir, wie eine solche Koordination zustande kommt. Hinter den Menschen steht ein Kapo, der dauernd ruft: »Jetzt, jetzt, jetzt«, so daß damit eine rhythmische Bewegung der Stöcke gewährleistet ist. Im Falle des Lasers ist aber nun kein Kapo da, der diese Kommandos gibt. Die Ordnung im Laser organisiert sich also von alleine. Wir haben es hier mit einem typischen Vorgang der sogenannten Selbstorganisation zu tun. Wenn wir also die Vorgänge im Laser verstehen, so erhalten wir auch einen Einblick, wie Selbstorganisation möglich wird. Exakt läßt sich dies nur mit einer mathematischen Theorie, die wir schon vor mehr als 25 Jahren entwikkelt haben, beschreiben. Aber man kann doch wenigstens einige Anhaltspunkte geben, wie diese Selbstorganisation zustande kommt. Beim Laser spielt der Vorgang der sogenannten induzierten Emission eine wichtige Rolle. Bei diesem Prozeß trifft eine schon vorhandene Lichtwelle auf ein angeregtes Elektron und zwingt dieses Elektron, durch Übergang in eine tiefere Bahn, Energie abzugeben, wobei es die vorhandene Lichtwelle verstärkt. Dieser Prozeß kann sich immer mehr fortsetzen und so – wenn genügend angeregte Elektronen vorhanden sind – zu einem lawinenartigen Anwachsen der Lichtfeldstärke führen. In diesem Bild fängt immer wieder mal ein Elektron spontan an, Licht auszusenden und damit eine neue Lawine auszulösen. Aber jede Lawine ist nach wie vor gegenüber allen anderen unkorreliert. Die spaghettiartige Form des Lichtes hat sich also nicht geändert. Wir haben aber nun gefunden, daß – wenn nur jeweils genügend viele Elektronen angeregt werden – etwas völlig Neues passiert, nämlich diese einzelnen Licht-Lawinen konkurrieren um die Energiequellen, die ja jedes angeregte Elektron für die Lichtwellen darstellt. Diese Konkurrenz wird von einer einzigen Lawine gewonnen, d. h. es existiert schließlich nur noch eine einzige Welle. Alle anderen Wellen, die zu anderen Lawinen gehören würden, werden auf diese Weise unterdrückt. Es findet also hier eine Art Darwinismus statt. Hat einmal eine einzige Lawine gewonnen, so kann aber auch diese nicht unendlich anwachsen, weil ja die Elektronen ihr nicht unendlich viel Energie zur Verfügung stellen können.

Die Welle, die den Wettkampf gewonnen hat, beherrscht die Vorgänge im Laser. Sie schreibt den einzelnen Elektronen ihren Takt vor und – um einen Fachausdruck der Synergetik zu verwenden – versklavt damit die Elektronen. Dabei kommt es aber zu einer neuen Art von Kausalität, der sogenannten zirkulären Kausalität. Die Welle versklavt zwar die Elektronen in ihrer Bewegung, umgekehrt kann sie aber nur durch die ständige Energieabgabe der Elektronen existieren. Die Welle, die die Ordnung erzwingt, wird als Ordner oder im Englischen »orderparameter« bezeichnet. Vorgänge dieser Art gibt es nun – wie die Synergetik nachweist – in vielen Bereichen. Ein inzwischen sehr bekanntes Beispiel ist die Rolle der Sprache als Ordner. Einerseits versklavt im Sinne der Synergetik die Sprache die heranwachsenden Kinder, indem diese die Sprache erlernen, andererseits kann eine Sprache ohne die einzelnen Individuen gar nicht existieren.

Der Laser ist ein offenes System, da zu seiner Tätigkeit ihm ständig Energie von außen her zugeführt werden muß, durch die die Elektronen angeregt werden. Dies kann z. B. durch Lichteinstrahlung von außen her erfolgen, aber auch durch chemische

Reaktionen. Wenn wir die Lampe und den Laser vergleichen, so stellen wir insbesondere fest, daß die vielen individuellen Akte der Lichtausstrahlung von den Elektronen nun durch einen einzigen kohärenten Akt ersetzt worden sind. Mit anderen Worten werden im Laser statt der vielen Freiheitsgrade der einzelnen Elektronen und deren Lichtausstrahlungen nur ganz wenige oder sogar eben nur der eine Freiheitsgrad der Lichtwelle, die den Wettkampf gewonnen hat, wirksam. Wir haben so eine Hinauftransformation von individuellen Akten zu einem kohärenten Gesamtakt vor uns. Dies erinnert natürlich schon sehr stark an Koordinationsvorgänge, wie sie in der Biologie auftreten. Wie sich nun in der Synergetik herausgestellt hat, sind die Konzepte von Ordnungsparameter und Versklavung gar nicht auf den Laser beschränkt, sondern haben ein ungeheuer weites Anwendungsgebiet, wobei insbesondere in vielen Fällen eine exakte mathematische Formulierung gegeben werden kann. Insbesondere wird es nun auch möglich, zu untersuchen, ob die Entropie bei einem Übergang von Unordnung zur Ordnung tatsächlich abnimmt, wie dies Schrödinger annahm. Tatsächlich kann man beim Laser in relativ einfacher Weise die Entropie ausrechnen. (Die Entropie eines offenen Systems wird übrigens oft als »Information« bezeichnet, doch können wir auf die Gründe hierfür nicht näher eingehen.) Wie wir feststellten, steigt die Entropie beim Übergang vom Lampenlicht zum Laserlicht an. Die Ordnung im Laser ist also keineswegs mit einer Entropieverminderung verknüpft. Die Ordnung ist vielmehr dadurch zustande gekommen, daß nun ein einziger hoch angeregter Freiheitsgrad, nämlich der der einzelnen Lichtwelle, auftritt und die Rolle des Ordnungsparameters spielt. In diesem Sinne sind also Ordnungszustände nichts anderes als Oberflächenwellen auf der See, unter der aber noch die ganze Entropie des Meeres verborgen ist. Diese Ergebnisse sind nicht erstaunlich, wenn man an Abschätzungen, die der russische Biophysiker Blumenfeld schon früher durchgeführt hatte, denkt. Er verglich nämlich die Entropie eines Lebewesens, etwa eines Menschen, mit einem Felsbrocken von dem gleichen Gewicht und stellte fest, daß die Unterschiede verschwindend sind. Aufgrund der Ergebnisse der Synergetik handelt es sich bei den Strukturbildungen, wie wir sie in offenen Systemen finden, um solche, die durch wenige Freiheitsgrade, die Ordnungsparameter, bestimmt sind. Es ist natürlich nun reizvoll, derartige Konzepte auf biologische Vorgänge anzuwenden. Wir wollen hier nur wenige Beispiele aus der Fülle der Anwendungsmöglichkeiten herausgreifen. Die eine Anwendung liegt auf dem Gebiet der Morphogenese. Wie entstehen makroskopische Strukturen, z. B. Blätter? Hier haben wir selbst Modellrechnungen durchgeführt, bei denen angenommen wird, daß die Morphogenese durch bestimmte Stoffe, sogenannte Aktivatoren und Inhibitoren gesteuert wird. In einem zunächst undifferenzierten Zellverband sollen diese erzeugt werden und auch diffundieren können. Durch die Wechselwirkung zwischen diesen verschiedenen Arten von Aktivatoren und Inhibitoren können sich nun – ganz wie wir es von der Chemie her bei Spiralwellen etc. kennen – großräumige Muster von Konzentrationen der Moleküle ausbilden. Nimmt man an, daß bei hohen Konzentrationen bestimmte Gene angeschaltet werden, so können dann die entsprechenden Gene zur Zelldifferenzierung führen. Auf diese Weise lassen sich zwanglos etwa das Auftreten von Streifen auf Zebras, von Ringen auf Schmetterlingsflügeln, die Struktur von Libellenflügeln oder das doppelte Spiralsystem der Sonnenblume erklären. Allerdings wird hier noch wohl ein größerer Weg zurückzulegen sein, um in einer solchen Weise die Ausformung von Organen, wie etwa des Herzens, im einzelnen nachzuvollziehen. Auf einem anderen Gebiet hingegen konnten wesentliche Fortschritte erzielt werden, nämlich auf dem der Bewegungskoordination. Hier entsteht ja die Frage, wie die große Zahl von Neuronen, Muskelzellen, Knochen und Gelenken es fertigbringen, eine wohlgeordnete Bewegung durchzuführen. Hier hat sich nun der Begriff des Ordnungsparameters äußerst bewährt. Dies sei an einem interessanten Experiment zur Koordination von Handbewegungen erläutert. Der amerikanische Physiologe Scott Kelso gab Testpersonen die Anweisung, ihre Finger in paralleler Weise zu bewegen (vergleiche Abb. 5). Sodann veranlaßte Kelso die Personen, ihre Finger schneller und schneller zu bewegen. Bei einer typischen Bewegungsgeschwindigkeit (Frequenz) trat nun ein unfreiwilliger Umschlag

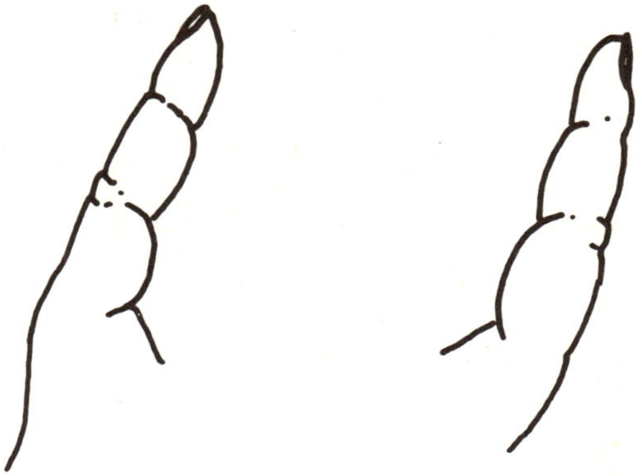

Abb. 5: *Parallele Bewegung der Finger*

in eine ganz andere Art der Handbewegung auf, nämlich in eine symmetrische (Abb. 6). Da die Synergetik auch bei komplexen Systemen den Übergang von einem Ordnungszustand in den anderen untersucht, war es für uns reizvoll, diesen Übergang im Sinne der Synergetik theoretisch im einzelnen zu behandeln. Als makroskopisch beobachtbare Ordnungsparameter bietet sich der relative Winkel zwischen den Fingern (genauer gesagt, die relative Phase) an. Wie wir von vielen Beispielen aus der Synergetik her kennen, muß sich ein solcher einzelner Ordnungsparameter in charakteristischer Weise ändern, nämlich wir können die Größe des Ordnungsparameters, hier der Phase, mit der Lage eines Teilchens vergleichen, das sich in einem bestimmten Potentialgebirge bewegt, d. h., das Abhänge wie sie in Abb. 7 dargestellt sind, hinabrutschen kann, bis es an der Talsohle zur Ruhe kommt. Ändert man nun äußere Kontrollparameter, etwa die Frequenz, so wird – wie man ebenfalls allgemein aus der Synergetik weiß – ein solches Gebirge deformiert. Im vorliegenden Falle wird das Potentialgebirge in der in Abb. 7 wiedergegebenen Weise immer

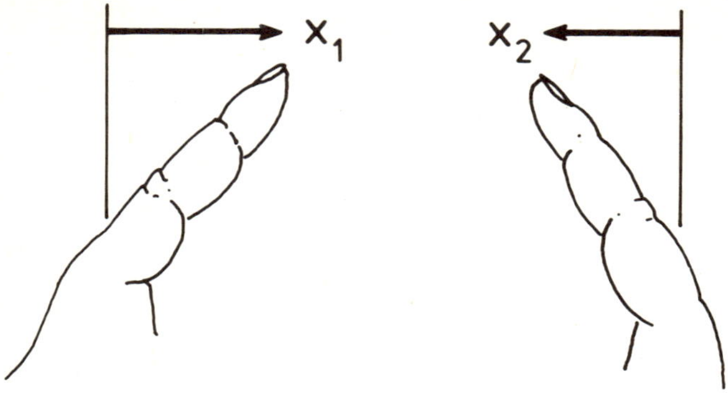

Abb. 6: *Antiparallele Bewegung der Finger*

mehr deformiert. Der anfänglichen parallelen Ausrichtung der Finger entspricht eine Anfangslage, wie sie durch den dicken schwarzen Punkt in Abb. 7 links oben wiedergegeben ist. Ersichtlich wird aber mit wachsender Frequenz diese Lage instabil, d. h., das Teilchen kann nun den Berg hinunterrutschen und in eine Lage hineinfallen, die der antiparallelen, d. h. symmetrischen Handbewegung entspricht. Allein schon dieses einfache Modell erlaubt interessante Voraussagen. Nämlich, präpariert man das System, wobei die Lage im tiefsten Minimum realisiert ist, d. h., die Finger symmetrisch bewegt werden und erniedrigt nun die Frequenz, d. h. durchläuft die Deformationen des Gebirges in der umgekehrten Reihenfolge wie oben, so wird man erwarten, daß in unserer Analogie das Teilchen am Boden liegen bleibt, d. h., daß die symmetrische Fingerbewegung auch bei niedriger Frequenz beibehalten wird. Dies ist tatsächlich der Fall, wie an zahlreichen Testpersonen gezeigt werden konnte. Die Theorie, die wir hier natürlich nicht im einzelnen vorstellen können, zeigt ferner, daß es im Übergangsbereich zu sehr starken Schwankungen der Phase kommt, wie dies bei allen derartigen Übergängen der Synergetik üblich ist. Diese vorausgesagten Schwankungen wurden tatsächlich von Kelso detailliert nachgewiesen. Mit Hilfe des Versklavungs-

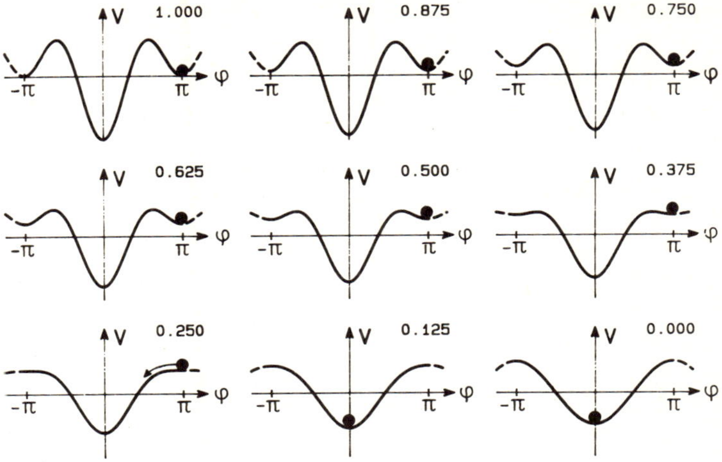

Abb. 7: *Darstellung des Überganges im Potentialbild (vgl. Text)*

prinzips wird es aber nun möglich, den Zusammenhang zwischen mikroskopisch und makroskopisch herzustellen. Durch das Zusammenwirken sehr vieler Zellen, einschließlich Muskeln und neuronaler Zellen, kommt es zu einem kohärenten Gesamtzustand, der durch Parameteränderung aber instabil wird und einen neuen Zustand einnehmen kann. Dabei erzeugen die einzelnen Elemente des Systems eine ganz bestimmte Phase und – das ist aber nun das Wichtige – diese Phase wirkt nach dem Prinzip der zirkulären Kausalität wieder auf die einzelnen Zellen zurück. Wir sehen an diesem Beispiel deutlich wie die Prinzipien der Selbstorganisation, die in der Synergetik aufgedeckt worden sind, auch in der Biologie ihre Anwendung finden. Wie es scheint, kommt es hier zu einer Art Paradigmawechsel in der Biologie, wo an die Stelle des Konzepts eines Steuerungszentrums mit einem festen Programm nach Art eines Computers das Konzept der Selbstorganisation tritt.

Allerdings ist die Frage, wo diese Selbstorganisation genau

stattfindet, noch nicht völlig geklärt. Diese Selbstorganisationsvorgänge können entweder im ganzen System, einschließlich der efferenten und afferenten Nerven stattfinden. Sie können aber auch im Nervensystem – im vorliegenden konkreten Fall im Rückenmark selbst – stattfinden, ohne daß hier afferente Nerven eine Rolle spielen. Betrachten wir schließlich noch Konzepte der Synergetik für die Mustererkennung durch das Gehirn oder durch Maschinen. Hier konnten wir kürzlich ein Modell eines Nervennetzes entwickeln, das Muster erkennt, wobei die Mustererkennung durch eine Kooperation, d. h. durch den Synergismus der einzelnen Neuronen entsteht. Die Mustererkennung wird hiermit eine Leistung eines gesamten Systems von Neuronen, ohne daß ein einzelnes Neuron in der Lage wäre, das Muster zu erkennen. Wir haben derartige Musterbildungsvorgänge und auch das sogenannte assoziative Gedächtnis auf einem Computer nachgeahmt, wovon die Abb. 8 einige Ergebnisse zeigt. Interessanterweise erweist sich hierbei die Mustererkennung als ein Prozeß, der dual zur Musterbildung ist. Bei der Musterbildung wirken viele Elemente eines Systems zusammen, um einen Ordnungsparameter hervorzubringen, der dann umgekehrte Elemente in ihren Bann zwingt und so den Ordnungszustand gewährleistet. Bei der Mustererkennung wird das von außen her gegebene Muster im System benutzt, um einen Vorgang in Gang zu setzen, bei dem wieder die Neuronen in spezieller Weise zusammenwirken, um gerade denjenigen Ordnungsparameter zu schaffen, der mit dem angebotenen Muster übereinstimmt oder mit ihm wenigstens die größte Ähnlichkeit hat. Leider verbietet es uns hier der Raum, auf diese Analogien näher einzugehen. Es sei nur so viel gesagt, daß auch hier das Konzept des Potentialgebirges eine wichtige Rolle spielt, weil das Potentialgebirge auch hier wieder darüber entscheidet, in welchen Zustand das System läuft, wobei der jeweils erreichte Zustand dem erkannten Muster entspricht. Mit den hier genannten Beispielen sind die Möglichkeiten der Synergetik bei weitem nicht ausgeschöpft. Die Synergetik hat Anwendungen in der Sprachwissenschaft, in der Soziologie, in der Ökonomie und in vielen anderen Wissenschaftszweigen gefunden. Wir glauben aber, daß sie gerade

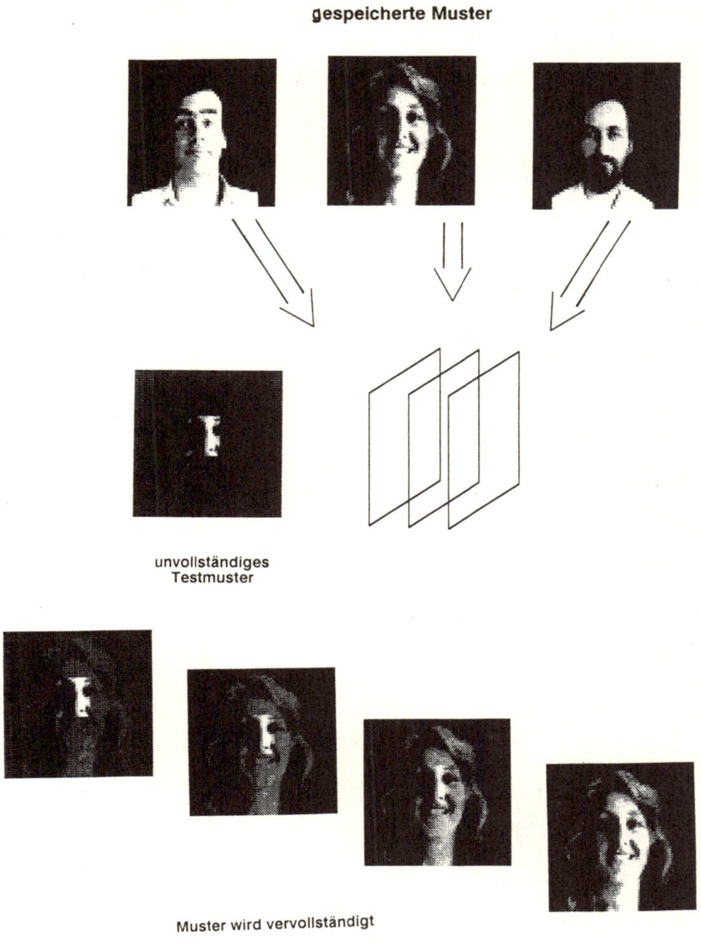

Abb. 8: *Rekonstruktion eines Gesamtmusters aus einem Teil*

für Probleme der Biologie noch viele fruchtbringende Zukunftsaussichten hat.

Abschließende Bemerkungen: In unserem Beitrag haben wir darzulegen versucht, wie es der Synergetik gelungen ist, das

Rätsel der Strukturbildung oder mit anderen Worten, die spontane Entstehung von Ordnung aus dem Chaos zu erklären. Wie wir gesehen haben, können ganz bestimmte Ordnungsparameter auftreten, die die einzelnen Untersysteme versklaven, d. h. in ihren Bann zwingen. Die Ordnungsparameter können dabei materieller Natur sein, etwa wie die Lichtwelle oder aber auch ideeller Natur, wie etwa eine Sprache. In den letzten Jahren haben sich weitere faszinierende Entwicklungen auf dem Gebiete der Synergetik, gerade im Hinblick auf biologische Systeme, vollzogen. So z. B. ist man dem Problem, wie ein Nervennetz Muster erkennen kann, einen großen Schritt weitergekommen.

Anmerkungen zur Literatur

E. Schrödinger: »Was ist Leben«. München 1987.

H. Haken: »Erfolgsgeheimnisse der Natur«. Stuttgart 1980.

H. Haken, A. Wunderlin: »Synergetik: Prozesse der Selbstorganisation in der belebten und unbelebten Natur«. In: »Selbstorganisation«, (A. Dress, H. Hendrichs, G. Küppers eds.), München 1986.

Gerold Adam

Warum ist das Leben so kompliziert?

Die Frage nach den frühen Lebensformen der Evolution

Unsere modernen naturwissenschaftlichen Kenntnisse über die jetzt existierende Lebenswelt zeigen, daß die Grundmechanismen der Lebensvorgänge für die verschiedensten Organismen so viele Ähnlichkeiten aufweisen, daß »das Leben« als aus einem Ursprung herstammend angenommen werden kann. Weiterhin werden diese Grundvorgänge (wie Energiemetabolismus, Nukleinsäuresynthese, Proteinsynthese als Translation von kodierenden Nukleinsäuren, usw.) durch strukturell komplexe (Enzym-)Katalysatoren verwirklicht, die ihrerseits Produkte dieser Grundvorgänge sind. Die grundlegenden Lebensvorgänge sind also in vielfacher Weise miteinander verkoppelt. In diesem Sinne kann man sagen, daß selbst einfachste moderne Lebensformen (wie Mycoplasmen, Bakterien oder aber auch eng spezialisierte Säugerzellen) im Vergleich zu anorganisch-chemischen Strukturen und an diesen ablaufenden Vorgängen »kompliziert« sind.

Die Fragestellung im Titel dieses Beitrags zielt also auf die Vorgänge der Entstehung des Lebens auf der Erde und fragt in diesem Zusammenhang nach möglicherweise einfacheren Formen »des Lebens« am Ursprung der biologischen Evolution.

Es sei an dieser Stelle kurz erwähnt, daß einige Autoren (wie F. H. C. Crick, F. Hoyle und H. D. Pflug) die Vermutung geäußert haben, das Leben sei nicht auf der Erde entstanden, sondern in einer sehr einfachen Form aus dem Weltraum auf die Erde gelangt.[1] Diese Auffassung soll aus den folgenden Gründen hier nicht weiter berücksichtigt werden. Wie später noch dargestellt wird, zeigen die »Mikrofossilien« in sehr alten Erdgesteinen ($\approx$ 3,5 Milliarden Jahre alt) sehr einfache Lebensformen. Die genannte Hypothese einer extraterrestrischen Herkunft würde das Problem ihrer Entstehung nicht lösen, sondern nur verschieben. Wie ebenfalls später noch dargestellt wird, scheinen wesentliche Gründe für die Formulierung dieser These nicht stichhaltig zu sein. Es soll also im folgenden vorausgesetzt werden, daß sich »das Leben« in der Frühzeit der Erde auf ihr entwickelt hat und schließlich zu den Formen geführt hat, die heute noch um uns sind.

Die Frage nach den frühesten Lebensformen und ihrer Entwicklung zur »Urzelle« kann als eine der tiefliegendsten Fragen angesehen werden, die in der Biologie überhaupt gestellt werden können. Zudem scheint mir die Faszination dieser Fragestellung z. T. daher zu rühren, daß mit ihrer Verfolgung auch ein Erlebnisgehalt verknüpft ist, der eher mit dem eines Musikwerkes vergleichbar ist, also weniger der rationalen Weise unserer Wahrnehmung der Welt zuzuordnen ist.

Die wissenschaftliche Erforschung der Entstehung des Lebens geht auf E. Haeckel zurück, der im Rahmen seiner Vorlesungen im Wintersemester 1865/66 eine evolutionäre Abfolge von der unbelebten Materie zur ersten Zelle auf der Grundlage des damaligen (noch relativ bescheidenen) biologisch-chemischen Kenntnisstandes vorgeschlagen hat.[2] Nach weiteren frühen Beiträgen zur Biogenese durch E. Pflüger (1875) und A. Weismann (1876) sind erst etwa 50 Jahre später wesentliche neue Gesichtspunkte eingebracht worden, die heute vor allem mit den Namen A. I. Oparin (1924, 1938) und J. B. S. Haldane (1929) verknüpft werden.[3] Die moderne Entwicklung des Gebietes hat aber erst um etwa 1950 mit den detaillierteren Vorstellungen über die Zusammensetzung der Uratmosphäre nach Urey (1952) und den darauf aufbauenden Versuchen von Miller (1953) zu organischen Synthesen unter simulierten präbiotischen Bedingungen begonnen.[4] Die damit eröffnete moderne biogenetische Forschung hat bis etwa 1980 eine Phase schneller und wesentlicher Erkenntnisfortschritte durchlaufen, deren verschiedene Aspekte in Form von Monographien oder Übersichtsartikeln zusammengefaßt wurden.[5] Diese Untersuchungen haben ein außerordentliches Interesse auch außerhalb der praktisch tätigen Wissenschaft gefunden, aber doch die Lösung der tiefliegenden Probleme, wie z. B. des der Entstehung des Translationsapparates, bisher nicht geben können. Die Jahre seit etwa 1980 waren daher vor allem der genaueren Festlegung der erdgeschichtlichen Eckdaten, der kritischen Einschätzung der bisher verwendeten Ansätze und der Verfolgung neuer, vor allem molekular-genetischer Ansätze gewidmet. Im folgenden soll ausschnittsweise und in sicherlich recht willkürlicher Auswahl über einige Aspekte dieser neueren Entwicklung des Problemgebietes kurz berichtet werden.

Zur frühen Erdgeschichte und den Randbedingungen der Biogenese[6]

Die Sonne und ihr Planetensystem sind nach den heutigen Kenntnissen vor etwa 4,6 Milliarden Jahren aus interstellarer Materie entstanden, die wohl Überbleibsel einer Supernova war. In ähnlicher Weise ist der Krebs-Nebel ein Überbleibsel einer Supernova, die im Jahre 1054 von chinesischen Astronomen beobachtet wurde. Die Details der Entstehung des Planetensystems sind noch nicht endgültig geklärt. Sehr vieles spricht für eine Zusammenballung aus sogenannten Planetesimalen, d.h. aus 1–10 km großen Aggregaten interstellaren Staubes. Für den Zusammenballungs-(»Akkretions«-)vorgang setzt man eine vergleichsweise kurze Zeitdauer an: ca. 100 Millionen Jahre. Die freiwerdende Gravitationsenergie soll zu einem teilweisen Aufschmelzen der Protoerde geführt haben, so daß die Bestandteile höherer Dichte absinken konnten. Die Zunahme der Temperatur mit dem Druck (d. h. der Erdtiefe) und damit die Wärmeabstrahlung der Früherde muß sehr viel größer als heute gewesen sein, aber innerhalb von einigen hundert Millionen Jahren auf etwa heutige Werte abgefallen sein. Der damit verknüpfte Vorgang der Krustenbildung läßt sich heute nicht mehr im Detail rekonstruieren. Jedenfalls haben sich von diesem Zeitraum ausgehend vielfältige Möglichkeiten für Kristallisations- und Rekristallisationsvorgänge ergeben, deren Ergebnisse in Form der vielgestaltigen und ästhetisch ansprechenden Welt der anorganischen Kristalle vorliegen.

Durch radioaktive Altersbestimmungen der Gesteine lassen

sich relativ sichere zeitliche Eckdaten der Evolution der Erdoberfläche ermitteln. Die ältesten auf der Erde gefundenen Gesteine sind etwa 3,8 Milliarden Jahre alt, z. B. die Isua-Grünsteinformation in Südwestgrönland (vgl. Abb. 1). Vergleichbar alte Gesteine sind im Minnesota River Valley (nördliche, zentrale USA) und in der Altan-Gruppe in Ostsibirien datiert worden. In solch alten Gesteinsformationen findet man bereits durch flüssiges Wasser abgelagerte Sedimente, so daß zu diesem Zeitpunkt die Temperatur sicher unter dem kritischen Punkt von Wasser (374 °C bei 221 bar) gelegen haben muß. Die frühe Kruste muß sich spätestens vor 4,2 bis 4,0 Milliarden Jahren herausgebildet haben. Sie war zunächst noch sehr instabil; vor allem durch intensiven Meteoriteneinschlag wurde sie bis vor etwa 3,9 Milliarden Jahren gleichsam »umgepflügt«, wie aus den aus jener Zeit erhalten gebliebenen Gesteinsfragmenten auf der Mondoberfläche erschlossen werden kann. Erst zwischen −3,9 und −3,5 Milliarden Jahren (vgl. Abb. 1) haben sich diese Störungen der Erdkruste auf das seitdem vorliegende (sehr geringe) Maß reduziert. In einer interessanten rezenten Studie wurde die Geschichte des frühen Meteoriteneinschlages auf Mond und Erde quantitativ ausgewertet und hieraus die zu erwartende Auswirkung auf die Lebenswelt abgeschätzt.[7] Dabei ergibt sich, daß die Folgen von Meteoriteneinschlägen (z. B. in Form von Kraterauswurf, Temperaturveränderungen, katastrophalen Flutwellen usw.) für Leben auf der festen Erdoberfläche als viel einschneidender angesehen werden müssen als für solches in der Tiefsee. Es wird u. a. diskutiert, ob das Leben an den hydrothermalen Schloten der Tiefsee entstanden sein könnte, wo immerhin eine wesentliche (thermische) Energiequelle zur Verfügung stand. Falls das Leben an diesen (relativ geschützten) untermeerischen Prä-Biotopen überhaupt hat entstehen können, so könnte es dort mindestens 200–300 Millionen Jahre früher als auf den Kontinenten existiert und die Folgen der Meteoriteneinschläge überdauert haben.[8] In jedem Fall muß man nach diesen Abschätzungen der Lebensbedingungen auf der Erde annehmen, daß vor −3,9 oder gar −3,7 Mrd. Jahren »ein einmal entstandenes Leben« kaum überdauern konnte.

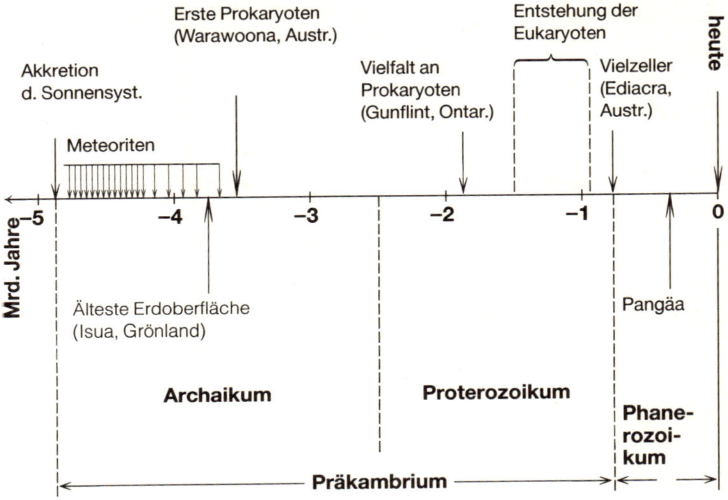

Abb. 1: *Zeitskala mit Erdzeitaltern.* Durch Pfeile sind wichtige Ereignisse oder Perioden der biogeologischen Geschichte markiert, die für das frühe Präkambrium im Text erläutert sind.

Der Beginn des Phanerozoikum wird meist auf den Zeitpunkt −0,57 Mrd. Jahre gesetzt, andere Autoren (wie auch diese Abb.) wählen als Beginn die Datierung bei −0,68 Mrd. Jahren für die makroskopischen Invertebratenfossilien, die in der Ediacra-Formation in Südaustralien gefunden wurden.

Pangäa bezeichnet den prämesozoischen Superkontinent (bei ungefähr −0,25 Mrd. Jahren) vor der Öffnung des Atlantischen Ozeans im frühen Mesozoikum, d. h. vor der Entstehung von Gondwana und Laurasien.

Ähnliche Fragen kann man für die Zeit ab −3,5 Mrd. Jahren stellen, d. h. für den Zeitraum, in dem die Erde nicht mehr dem intensiven, frühen Meteoritenbombardement mit seinen katastrophalen Folgen für das Leben ausgesetzt war. Von diesem Zeitpunkt bis zum Beginn des Phanerozoikums um −0,57 Mrd. Jahre (vgl. Abb. 1) kann die Entwicklung der Lebenswelt als eine fortlaufende Verzweigung der bei −3,5 Mrd. Jahren vorhandenen, unabhängig voneinander entstandenen Lebensursprünge und ein Aussterben der abzweigenden Linien nach einer mittleren Zeit T beschrieben werden. Wir wissen, daß nur einer der ursprünglichen Stammbäume überlebt hat (unsere »monophyletische« Lebenswelt) und daß zu Beginn des Phanerozoikums eine erhebliche Diversität der Lebenswelt (10^3 bis 10^4 verschiedene Spezies) bestanden hat. Für diese Randbedingungen kann man quantitativ abschätzen, wieviele unabhängige Lebensstammbäume zur Zeit −3,5 Mrd. Jahren bei einer gegebenen mittleren Lebenszeit T der Abzweigungen existiert haben müssen, damit genau einer davon bis −0,6 Mrd. Jahre überlebt und sich bis dahin auf 10^4 Spezies verzweigt hat. Das überaus interessante Ergebnis der Rechnungen ist, daß für eine mittlere Aussterbezeit von 10 Mill. Jahre am Anfang 50 unabhängige Lebensursprünge existiert haben müssen, während für T = 100 Mill. Jahre immerhin 5 verschiedene ursprüngliche Lebensformen vorgelegen haben müssen. Wir können also annehmen, daß in der Frühzeit des Lebens grob geschätzt etwa 10 verschiedene Lebensformen entstanden sind, von denen nur eine, die heutige Lebenswelt, überlebt hat, wobei diese nicht notwendig eine gegenüber den ausgestorbenen Urformen des Lebens besonders gelungene oder gar einzigartige »Konstruktion« gewesen sein muß!

Mikrofossilien in früh-präkambrischen Gesteinen[9]

Auch nach dem weitgehenden Aufhören des Meteoritenbombardements unterlag die feste Erdkruste im Verlaufe der verstrichenen Jahrmilliarden erheblichen Veränderungen. Neben den Vorgängen der Subduktion mit Einschmelzen der Plattenränder in den großräumigen Phänomenen der Plattentektonik kam es zum Auffalten oder Zerreißen von Erdschichten, zu Zusammenlagerungen von Bereichen verschiedenen Ursprungs, zu Verwitterungsvorgängen usw. Vergleichsweise wenig waren die sog. großen präkambrischen Schilde von derartigen Veränderungen betroffen, so daß wir dort, wenn auch häufig nur als Fetzen früherer, umfassenderer Gebilde, sehr alte ungestörte Gesteinsformationen finden. Neben den bereits erwähnten wenigen sehr alten Formationen (≈ 3,8 Mrd. Jahre) findet man auf praktisch allen Kontinenten Formationen, die nur wenig jünger sind, so der Pilbara-Block in Nordwestaustralien, in dem Formationen zwischen −3,0 und −3,7 Mrd. Jahren datiert werden konnten, oder das Barberton-Bergland in Südafrika von vergleichbarem Alter. In den letzten Jahren hat die Warawoona-Gruppe in der Pilbararegion besonderes paläobiologisches Interesse gefunden; wir wollen uns daher im folgenden auf diese beschränken (vgl. Abb. 1). Die Pilbararegion war um −3,5 Mrd. Jahre eine Ebene mit ausgedehnten Flachseen und ausgeprägter vulkanischer Aktivität.[10] Zwischen Basaltschichten (aus Lavaergüssen) findet man verkieselte Sedimente der Flachseen, die zweierlei Spuren frühen Lebens enthalten: Stromatoliten und Mikrofossilien. Stromatoliten sind typische Überbleibsel von mattenbildenden Mikrobengesellschaften. Mikrofossilien sind kohlenstoffhaltige Mikrostrukturen, meist in feinkristallenen Hornsteinen, die bei der Erfüllung einer Reihe von Kriterien als Überbleibsel der damaligen Mikroorganismen interpretiert werden können. Die Interpretation der Mikrostrukturen als frühe Mikroorganismen ist immer dann fragwürdig, wenn infolge von Auffaltungen das fossilienhaltige Gestein hohen Drucken und Temperaturen unterworfen wurde, oder wie man sagt »metamorphisiert« ist. Die Warawoona-Serie ist praktisch nicht gefaltet und wurde auch, gemäß dem Vorhandensein von bestimmten hitzeinstabilen Mineralien, kaum metamorphisiert.[11]

Es ist als ein wichtiges Ergebnis der Untersuchungen der letzten Jahre anzusehen, daß in den 3,3 bis 3,5 Mrd. Jahre alten Schichten der Warawoona-Serie guterhaltene Mikrostrukturen gefunden wurden, die weitgehend sicher als Mikrofossilien anaerober, photoautotropher filamentöser Bakterien sowie koloniebildender Cyanobakterien charakterisiert werden konnten.[12] Damit kann zu der Zeit vor 3,3 bis 3,5 Mrd. Jahren die Existenz von Mikrobengesellschaften aus morphologisch unterscheidbaren, möglicherweise physiologisch bereits weit entwikkelten und heutigen Formen ähnlichen, Spezies von Prokaryoten als sicher gelten. Die wesentlich älteren Gesteine der Isua- und der Altan-Gruppe sind dagegen stark und mehrfach metamorphisiert. Obwohl eine Reihe von indirekten Hinweisen für metabolisch bewirkte Veränderungen in den kohlenstoffhaltigen Einschlüssen der Isua-Gesteine sprechen,[13] sind eine Reihe wichtiger Kriterien zur verläßlichen Charakterisierung der eingeschlossenen Mikrostrukturen als Mikrofossilien nicht erfüllt.[14] Es könnte sich hierbei durchaus um präbiotische organische Verbindungen handeln. Selbst wenn diese Strukturen als protobiologische Überbleibsel oder gar als solche früher Lebensspuren anzusprechen wären, ist aus den oben genannten Gründen (Folgen der Meteoriteneinschläge) ein Zusammenhang mit der heutigen Lebensform sehr unwahrscheinlich.

Benutzen wir also die bereits diskutierten biologischen Randbedingungen, daß ein Überleben kaum möglich war vor −3,9 oder gar −3,7 Mrd. Jahren, so folgt aus den Lebensspuren in den 3,3 bis 3,5 Mrd. Jahre alten Formationen der Warawoona-Gruppe, daß für die Entstehung des Lebens (genauer: von mehreren ursprünglichen Lebensformen) ein Zeitraum von 200 bis 600 Millionen Jahren zur Verfügung stand. Von diesen (geraumen) Zeitspannen her beurteilt, besteht kein zwingender Grund zur Annahme einer extraterrestrischen Lebensentstehung.

Aspekte der Simulation präbiotischer organisch-chemischer Synthesen[15]

Die ursprünglichen Versuche von Miller (1953) zur Synthese niedrigmolekularer organischer Verbindungen wurden in einer stark reduzierenden Gasmischung, bestehend aus Methan, Ammoniak, Wasserdampf und Wasserstoff, zur Simulation der präbiotischen Erdatmosphäre durchgeführt. Sie ergaben eine hohe Ausbeute (10–20% des eingesetzten Kohlenstoffs wird umgesetzt) der verschiedensten organischen Verbindungen, wobei besonders hohe Ausbeuten (0,5–4%) für Ameisensäure, Glycin, Alanin, Glycolsäure, Milchsäure, Propionsäure und Essigsäure gefunden wurden. Die wirkliche Zusammensetzung der Uratmosphäre ist aber noch ungeklärt; es müssen auch regionale Unterschiede der Zusammensetzung (z. B. entsprechend der lokalen vulkanischen Aktivität) angenommen werden.[16] Es wurden daher auch Simulationsexperimente unter mild reduzierender (z. B. CO_2, N_2 und H_2 oder CO und H_2O) sowie nicht-reduzierender (CO_2 und H_2O) Atmosphäre durchgeführt.[17] Unter mild reduzierender Atmosphäre ist die Ausbeute geringer, das Spektrum der erzeugten organischen Verbindungen ist jedoch anders als unter stark reduzierenden Bedingungen. Unter nicht reduzierender Atmosphäre sind die unter präbiotischen Bedingungen vorherrschenden Energiequellen, wie UV-Licht und elektrische Entladungen, unwirksam; ionisierende Strahlung ergibt jedoch geringe Ausbeuten an Ameisensäure und Formaldehyd. In neuerer Zeit wurde auch die Energieausbeute solcher Synthesen analysiert; sie reicht aus, daß sich im Urozean erhebliche Konzentrationen der wichtigen Syntheseprodukte ansammeln konnten (z. B. mikromolare Konzentrationen von HCN bzw. submillimolare Konzentrationen von Aminosäuren).[18] Zusammenfassend kann man feststellen, daß über derartige Simulationen präbiotischer Synthesen praktisch alle niedrigmolekularen Bausteine zur Synthese biologischer Makromoleküle erzeugt werden konnten. Ausnahmen sind hierbei vor allem die Aminosäuren Arginin, Lysin und Histidin sowie die unverzweigten Fettsäuren und die Porphyrine. Es ist denkbar, daß frühe Lebensformen ohne diese Verbindungen entstehen konnten, die dann später als Produkte zellulärer Biosynthese auftraten.

Ein wesentliches Problem präbiotischer Synthesen stellt jedoch die präbiotische Bereitstellung ausreichender Mengen an Zuckern dar, insbesondere an Ribose als Baustein der Nukleinsäuren.[19] Zucker konnten zwar unter präbiotisch durchaus plausiblen Synthesebedingungen erhalten werden; sie sind jedoch relativ instabil und würden bei 25 °C in ein paar Jahrhunderten zerfallen. Noch einschneidender sind die stereochemischen Anforderungen an die Ribose als Baustein für präbiotische Nukleinsäuren.[20] Im allgemeinen wird eine (racematische) Mischung von links- und rechtshändigen Molekülen entstehen, die weiterhin auf verschiedene Weise mit den Nukleinsäurebasen zu Nukleosiden/Nukleotiden verknüpft werden können. Es zeigte sich nun, daß die verschiedenen stereoisomeren Formen der Nukleotide sich gegenseitig bei der Kondensation zu Oligomeren hemmen. Es wird daher vermutet, daß in einer frühen Phase der Evolution die Vorläufer des genetischen Systems nicht auf Nukleotiden, sondern auf einfachen Analogen der Nukleotide aufgebaut haben, bei denen die Ribose durch nichtzyklische und flexible Moleküle, wie Glycerin, Acrolein oder Erythritol ersetzt war. Diese Nukleotidanaloga sollten praktisch ungehinderte Basenpaarung in oligomeren Doppelhelices zulassen, die ihrerseits geeignete Vorläufer genetischer Systeme dargestellt haben könnten.[21] Erst in einer späteren »biosynthetischen« Phase der Evolution mag dann der Übergang zu den vermutlich bezüglich der Kodierungs- und katalytischen Eigenschaften günstigeren Ribonukleinsäuren (vgl. Abschnitt V) stattgefunden haben.

Frühe »molekulare Fossilien« (Sequenzanalysen von tRNA's und rRNA's)[22]

Die vergleichende Untersuchung der Sequenzen von 16S und 18S rRNA aus Prokaryoten bzw. Eukaryoten hat zu dem grundlegenden Postulat eines dritten unabhängigen »Urreiches« der Lebenswelt geführt, das durch die Archäbakterien repräsentiert wird.[23] Die drei Urreiche Archäbakterien, Eubakterien und Eukaryoten unterscheiden sich voneinander viel stärker (in den rRNA-Sequenzen) als verschiedene Spezies innerhalb eines dieser Urreiche.[24] Andererseits lassen die Daten über sehr frühe Mikrofossilien darauf schließen, daß die Archäbakterien vermutlich bereits vor ungefähr 3 Mrd. Jahren existiert haben und daß die Existenz von Eubakterien −3,5 Mrd. Jahre zurückreicht. Es liegt daher nahe, daß die drei Urreiche sich auf unabhängigen Wegen innerhalb von weniger als 0,2 bis 0,9

Mrd. Jahren aus einer gemeinsamen Ahnenform entwickelt haben. Diese muß bereits alle die Merkmale besessen haben, die für die drei Urreiche identisch sind, d. h. vor allem die Grundform des Translationsapparates unserer Lebenswelt zur Umsetzung eines Genotyps in einen Phänotyp.

Die tRNA's stellen »molekulare Fossilien« dar, die infolge ihrer in der Evolution kaum abgewandelten Sequenzen Schlüsse auf die Entstehung des Translationsapparates zulassen sollten. Vergleiche an den Hunderten bereits ermittelter tRNA-Sequenzen haben tatsächlich sehr interessante Ergebnisse gebracht.[25] Es konnte gezeigt werden, daß die tRNA's (verschiedener Aminosäuren) einer Spezies eine büschelartige Topologie des »Sequenzstammbaumes« aufweisen, also ungefähr gleichzeitig (vor mehr als 3,5 Mrd. Jahren) aus einer Mutantenverteilung hervorgegangen sind.[26] Unter zusätzlicher Verwendung des Sequenzvergleichs der tRNA's ein und derselben Aminosäure aber für verschiedene Prokaryoten (z. B. Eubakterien und Archäbakterien) konnte abgeleitet werden, daß die ursprüngliche Mutantenverteilung der tRNA's weniger als 1 Mrd. Jahre vor der Aufspaltung in die verschiedenen prokaryotischen Urreiche gelegen haben muß.[27] Demgemäß kann die Entstehung des ursprünglichen genetischen Codes auch nicht früher (als etwa −4 Mrd. Jahre) gelegen haben. Diese Befunde liefern weitere gute Gründe, die Annahme einer extraterrestrischen Entstehung des Lebens als nicht notwendig anzusehen.

Ergebnisse und Spekulationen zu einer frühen »RNA-Welt«[28]

In den älteren Arbeiten waren bereits viele Argumente dafür angegeben worden, daß die RNA als die ursprüngliche »genetische« Substanz lange vor der DNA eingeführt worden ist. So wird unter »präbiotischen Bedingungen« Ribose viel leichter als Desoxyribose synthetisiert; in heutigen Organismen werden Desoxyribonukleotide durch Reduktion der Ribonukleosiddiphosphate synthetisiert; noch heute spielt die RNA bei der DNA-Replikation eine wichtige Rolle als »Primer« (nach dem

Diktum von S. Spiegelman hat es die DNA bis heute noch nicht gelernt, wie man sich repliziert); moderne »funktionelle« (nicht kodierende) Nukleinsäuren sind RNA (z. B. rRNA) usw.

Eine Reihe von neueren Befunden stützt diese Argumentation und vertieft sie in unerwarteter Weise. Das Enzym RNase P ist bei der Prozessierung der tRNA in Bakterien beteiligt und katalysiert dabei eine Kettenspaltung durch Hydrolyse des tRNA-Substrates. Es enthält eine (funktionelle) RNA. Neuere Untersuchungen haben gezeigt, daß bei hohen Salzkonzentrationen im Medium diese katalytische Aktivität allein von dem RNA-Anteil der RNase P ausgeübt werden kann, d. h. in Abwesenheit des Proteinanteiles, der seinerseits allein katalytisch unwirksam ist.[29] Hier wird also eine Reaktion im RNA-Metabolismus durch eine RNA katalysiert. In Analogie zur katalytischen Aktivität von Proteinen, den Enzymen, hat man die katalytisch aktiven RNA's als Ribozyme bezeichnet. Diese Fähigkeiten der RNA (im Vergleich zur DNA) sind eine unmittelbare Folge ihrer 2'-Hydroxylgruppe; diese ermöglicht die Auffaltung der RNA-Kette des Ribozyms zu einer Tertiärstruktur, wodurch eine katalytische Oberfläche bereitgestellt wird. Die 2'-Hydroxylgruppe stellt bei der RNase P auch einen Teil des aktiven Zentrums dar; d. h. ist unmittelbar am katalytischen Mechanismus beteiligt.

Ein noch interessanteres Beispiel ribozymatischer Aktivitäten an RNA wird durch einen Teil des Primärtranskriptes der ribosomalen RNA des einzelligen Ciliaten Tetrahymena repräsentiert.[30] Einer der ersten Bearbeitungsschritte an diesem 6400 Nukleotide enthaltenden Primärtranskript ist das Herausschneiden eines 413 Nukleotide langen Abschnittes, eines sog. Introns, und das Zusammenfügen der Schnittenden des (großen) Restes des Transkriptes. Dieser Vorgang wird »Spleißen« des RNA-Transkripts genannt. Im vorliegenden Fall werden diese Reaktionen durch das Intron selbst, also durch RNA katalysiert. Inzwischen hat man viele Beispiele für analoge Selbstspleißprozesse an RNA's verschiedenster Herkunft von Bakterienviren bis zu höheren Organismen (z. B. Wassermolch) gefunden.

Durch molekulargenetische Methoden konnten ausreichende Mengen des rRNA-Introns von Tetrahymena sowie von daraus abgeleiteten Strukturen dargestellt und deren katalytische Aktivitäten an nativen und synthetischen RNA's im Detail untersucht werden.[31] Es zeigte sich, daß das Intron nicht nur den Selbstspleißvorgang, sondern eine ganze Kaskade von weiteren Reaktionen an der RNA bewirkt. Die beiden wohl interessantesten Ergebnisse dieser Reihe von Untersuchungen wurden mit leicht verkürzten Derivaten des rRNA-Introns von Tetrahymena erhalten. Das um 27 Nukleotide verkürzte Intron katalysiert eine RNA-Polymerisation, die ausgehend von Cytidinpentanukleotid durch Addition von Mononukleotiden N (aus Dinukleotiden GpN mit Guanosin G herstammend) Oligonukleotide mit Kettenlängen von 10–11 Nukleotiden erzeugt.[32] Damit wirkt dieses Ribozym weitgehend analog zu einer Replikase, wobei das Pentanukleotid die Rolle eines »Primers«, das Dinukleotid GpN die eines Nukleosidtriphosphates NTP und eine Sequenz im Ribozym die einer (relativ unspezifischen) komplementären Matrize (engl.: template) einnimmt. Das um 19 Nukleotide verkürzte Intron katalysiert eine Art Disproportionierungsreaktion $c_i + c_j \rightleftharpoons c_{i+1} + c_{j-1}$ zwischen Cytidinoligonukleotiden c_i, c_j, wobei Ketten mit bis zu 30 Nukleotiden Länge erzielt wurden.

Die genannten Beispiele von RNA-katalysierter Reaktion an RNA sind natürlich für die Überlegungen zur Natur einfachster protobiotischer Systeme in der Frühzeit der Evolution außerordentlich interessant. Sie zeigen, daß eine effiziente Kettenspaltung und die Polymerisation von RNA auch ohne die Mitwirkung von Proteinen möglich sind. Inzwischen sind viele weitere Beispiele für RNA-katalysierte Reaktionen an RNA (vor allem an Pflanzenviren) gefunden worden, die es sehr nahelegen, die entsprechenden Struktur/Funktionsbeziehungen als »molekulare Fossilien« anzusprechen.[33]. Auch die Kettenlängen der katalytischen RNA's entsprechen in manchen Beispielen bereits den relativ geringen Polymerisationsgraden, die man für präbiotische Nukleinsäuren erwartet.[34] 52 Nukleotide bei RNA aus Pflanzenviren oder sogar nur 19 Nukleotide bei einer synthetischen RNA. Aus den zu Ende des Abschnittes III erörterten Gründen ist allerdings nicht anzunehmen, daß die protobiotischen »autokatalytischen« Makromoleküle tatsächlich RNA's waren; es ist eher an RNA-Analoge zu denken, deren Ribose z. B. durch Erythritol ersetzt war. Jedenfalls ist es nach diesen Ergebnissen denkbar, daß in protobiotischen Systemen kodierende und funktionelle Eigenschaften in ein und derselben Klasse von RNA-analogen Molekülen verwirklicht waren. Die oben skizzierte Replikase-ähnliche katalytische Aktivität des verkürzten Tetrahymena rRNA-Introns kopiert in relativ ungenauer Weise eine kurze eigene Sequenz.[35] Selbstverständlich ist es ausgeschlossen, daß eine protobiotische Replikase ihr eigenes aktives Zentrum kopiert. Extrapolieren wir also nur einen Schritt über die bisherigen Daten hinaus, so erwarten wir Ribozyme, die auch exogene RNA kopieren können.

Damit sind folgende Abläufe im Rahmen der präbiotischen Evolution denkbar. Eine präbiotische Kondensation von Mononukleotidanaloga zu komplementären Strängen von Zufallspolymeren mag durch Zn^{++} Ionen katalysiert worden sein. Diese Nukleinsäureanaloga hatten in der Regel keine bemerkenswerten katalytischen Eigenschaften. Gelegentlich mag jedoch an einem von zwei komplementären Strängen eine zunächst sehr primitive, d. h. fehlerbehaftete, katalytische Aktivität der Replikation von (exogenen) Strängen der Nukleinsäureanalogen aufgetreten sein. Diese nicht diskriminierende Replikationsaktivität wird zunächst allen replizierbaren Spezies (im Diffusionsraum) in Form einer allgemeinen Erhöhung der Replikationsgeschwindigkeit praktisch gleichmäßig zugute gekommen sein. Auf zwei wesentlich verschiedenen Wegen konnten die Spezies mit der ribozymatischen Replikationsaktivität gegenüber den anderen bevorzugt worden sein. Der eine Weg wäre eine »Markierung«, welche die komplementären Stränge nur dieser Spezies bevorzugt (oder gar ausschließlich) replizieren ließ. Das würde eine »hyperzyklische« Organisation in der einfachsten Form darstellen.[36] Der andere Weg wäre die Kompartimentierung, d. h. die Einschließung in einen Teilraum mit einer Umgrenzung, die für makromolekulare Spezies nicht, für die Nukleotidanaloga als Bausteine der Polymerisation jedoch gut durchlässig war. Als Ausgangszustand müßte bei dem Vorgang der Einschließung im Kompartiment das Strangpaar mit der replikativ-katalytischen Fähigkeit gegenüber den anderen RNA-analogen Spezies vermehrt oder ausschließlich vertreten gewesen sein. Die Aspekte der Kompartimentierung bei der frühen Evolution sollen im nächsten Abschnitt noch weiter besprochen werden.

Auch für weitere Stufen der biogenetischen Evolution, wie die Entwicklung des Translationsapparates, verspricht das Konzept einer »frühen RNA-Welt« fruchtbar zu werden. Eine funktionelle RNA, die sich im Laufe der Evolution nur wenig verändert hat, ist die ribosomale RNA. Man vermutet, daß der Grund für diese Konservativität ihre grundlegend wichtige Rolle bei dem Vorgang der Translation ist, die seit der Entstehung des Translationsvorganges beibehalten, wenn auch durch Funktionen der ribosomalen Proteine ergänzt worden ist.[37] Es sind weiterhin sehr interessante und detaillierte Vorstellungen zur Aktivierung der Aminosäuren auf der Basis ribozymatischer Aktivität für die Vorformen des Translationsapparates entwickelt worden,[38] die jedoch in diesem Rahmen nicht näher erläutert werden können.

Zusammenfassend kann zu diesem Abschnitt festgestellt werden, daß eine Reihe von neueren molekulargenetischen Befunden überraschend detaillierte Hinweise auf eine zentrale Rolle von RNA oder RNA-Analoga bei der Entstehung der Dichotomie von Genotyp und Phänotyp in der Frühzeit des Lebens auf der Erde liefern.

Zur Rolle der Kompartimentierung makromolekularer Komplexe in der frühen Evolution[39]

Das Konzept des Hyperzyklus als wichtige Organisationsform von kooperierenden katalytischen Makromolekülen der frühen Evolution wurde von Eigen und Schuster zunächst ohne quantitative Bezugnahme auf Fragen einer Kompartimentierung formuliert. Es wurde jedoch schon bald darauf die Notwendigkeit der frühen Entstehung des kompartimentierten Ensembles von autokatalytisch-kooperierenden Replikatoren als Objekt der Darwinschen Evolution diskutiert.[40] Inzwischen ist eine Reihe von quantitativen Studien dieses Fragenkreises erschienen, die auf das Konzept einer sehr frühen Kompartimentierung, wahrscheinlich zugleich mit dem Entstehen des hyperzyklisch organisierten Ensembles, zu konvergieren scheint.[41] Dementsprechend sind experimentelle Untersuchungen unternommen worden, die zur Klärung der präbiotischen Synthese von Phospholipiden, ihrer Aggregation und Selbstorganisation zu vesikulären Kompartimenten sowie der Mechanismen der Einschließung von biogenetisch interessanten Makromolekülen beitragen sollen.[42] Um die Natur dieser letztgenannten Klasse von Experimenten zu verdeutlichen, sei einer der Befunde hier kurz genannt: Es konnte gezeigt werden, daß Liposomen in Gegenwart von 0,01 M Zn^{++} Ionen etwa 20mal mehr Polyribonukleotide (wie Polyuridin oder Polycytidin) aufnehmen, als in Abwesenheit dieses Ions, das auch als Katalysator der enzymfreien, matrizenabhängigen Kondensation von Ribonukleotiden erhebliches Interesse hat.[43]

Schluß und Ausblick

Die referierten Ergebnisse zu verschiedenen Aspekten der prä- und protobiotischen Evolution haben eine erhebliche Präzisierung und Verdeutlichung der relevanten Fragestellungen erbracht. Insbesondere die auf der Grundlage molekular-genetischer Methoden erhobenen Befunde haben unerwartete Einblicke in molekulare Fossilien von sehr frühen Strukturen/Funktionen erlaubt und bieten eine Fülle von neuen Ansatzpunkten für kommende Untersuchungen. Trotz dieser erheblichen Fortschritte ist eines der Kernprobleme, die Entstehung des Translationsapparates, noch praktisch ungelöst. Hier können in naher Zukunft infolge der zur Zeit intensiv bearbeiteten Aufklärung der Funktionsweise der Ribosomen, und dabei vor allem der ribosomalen RNA, wesentliche Einsichten erwartet werden.

Die Fülle an konkreten Hinweisen auf katalytische Funktionen von RNA oder RNA-Analogen bei zentralen biochemischen Prozessen (Replikation und Translation) lassen die Frage nach der Integration der frühen »RNA-Welt« mit einer sicherlich präbiotisch koexistierenden »Protein-Welt«[44] aus neuen Gesichtspunkten heraus dringlich erscheinen.

Schließlich lassen die referierten Hinweise auf die Notwendigkeit einer frühen Kompartimentierung präbiotischer Entwicklungsstufen vermuten, daß eine enge Wechselbeziehung zwischen dem Apparat der Translation und den Funktionen der Zellhülle bei der Abschließung von der protozellulären Umwelt eine entscheidende Rolle gespielt hat. Über diese, bzw. bei der selektiven Verbindung mit dieser Wechselbeziehung wissen wir immer noch sehr wenig.

Anmerkungen zur Literatur

1 F. H. C. Crick: »Das Leben selbst«. München 1981.

2 E. Haeckel: »Natürliche Schöpfungsgeschichte«. Berlin 1868.

3 A. I. Oparin: »Origin of Life«. Erste russische Auflage 1924, eine englische Übersetzung findet man in: J. D. Bernal: »The Origin of Life«. London 1967, pp. 199–234. Die wissenschaftlich ergiebigere, zweite russische Auflage erschien 1936, wurde 1938 in das Englische übersetzt und 1953 in den Dover-Publications, New York, wieder gedruckt.

4 S. L. Miller, L. E. Orgel: »The Origins of Life on the Earth«. Englewood Cliffs 1974.

5 Vgl. neben Miller/Orgel, a. a. O., die Titel S. W. Fox, K. Dose: »Molecular Evolution and the Origin of Life«. 2d edition, New York 1977; R. W. Kaplan: »Der Ursprung des Lebens«. 2. Aufl., Stuttgart 1978; M. Eigen, P. Schuster: »The Hypercycle – A Principle of Natural Selforganization«. Heidelberg 1979; M. Eigen, W. Gardiner, P. Schuster, R. Winkler-Oswatitsch: »Ursprung der genetischen Information«. Spektrum der Wissenschaft 36–56, 1981; C. R. Woese: »Archäbakterien – Zeugen aus der Urzeit des Lebens«. Spektrum der Wissenschaft 74–91, 1981; J. W. Schopf, Ed.: »Earth's Earliest Biosphere, its Origin and Evolution«. Princeton 1983.

6 Vgl. dazu Schopf, a. a. O., sowie L. J. Salop: »Geological Evolution of the Earth during the Precambrian«. Berlin 1983; E. G. Nisbet: »The Young Earth. An Introduction to Archean Geology«. Winchester (Mass.) 1987.

7 K. A. Maher, D. J. Stevenson: »Impact Frustration of the Origin of Life«. Nature *331*: 612–614, 1988.

8 D. M. Raup, J. W. Valentine: »Multiple Origins of Life«. Proc. Natl. Acad. Sci. USA *80*: 2981–2984, 1983.

9 Vgl. dazu Schopf, a. a. O., sowie D. I. Groves, J. S. R. Dunlop, R. Buick: »Frühe Lebensspuren«. Spektrum der Wissenschaft, 41–51, 1981; J. W.

Schopf, B. M. Parker: »Early Archean (3,3-Billion to 3,5-Billion-Year-Old) Microfossils from Warrawoona Group, Australia«. Science *237*: 70–73, 1987; H. D. Pflug: »Early Geological Record and the Origin of Life«. Naturwissenschaften *71*: 63–68, 1984.

10 Groves/Dunlop/Buick, a. a. O.

11 M. R. Walter: »The Timing of Major Evolutionary Innovations from the Origin of Life of the Origins of Metazoa: the Geological Evidence«, in: K. S. W. Campbell, M. E. Day, Eds.: »Rates of Evolution«. London 1987, pp. 15–38, sowie Grover/Dunlop/Buick und Schopf/Parker, a. a. O.

12 ebd.

13 Pflug, a. a. O.

14 Vgl. Schopf sowie Walter, a. a. O.

15 Vgl. Miller/Orgel sowie Schopf, a. a. O., und S. L. Miller: »Current Status of the Prebiotic Synthesis of Small Molecules«. Chemica Scripta *26B*: 5–11, 1986; R. Stribling, S. L. Miller: »Energy Yields for Hydrogen Cyanide and Formaldehyde Syntheses: The HCN and Amino Acid Concentrations in the Primitive Ocean«. Origins of Life *17*: 261–273, 1987; K. Dose: »Präbiotische Evolution und der Ursprung des Lebens«. Chemie in unserer Zeit *21*: 177–185, 1987; R. Shapiro: »Prebiotic Ribose Synthesis: A Critical Analysis«. Origins of Life and Evolution of the Biosphere *18*: 71–85, 1988; G. F. Joyce, A. W. Schwartz, S. L. Miller, L. E. Orgel: »The Case for an Ancestral Genetic System Involving Simple Analogues of the Nucleotides«. Proc. Natl. Acad. Sci. USA *84*: 4398–4409, 1987.

16 Vgl. Schopf sowie Miller, a. a. O.

17 ebd.

18 Vgl. Stribling/Miller, a. a. O.

19 Vgl. Miller; Dose sowie Shapiro, a. a. O.

20 Vgl. Dose; Shapiro sowie Joyce/Schwartz/Miller/Orgel, a. a. O.

21 Joyce/Schwartz/Miller/Orgel, a. a. O.

22 Vgl. Eigen/Gardiner/Schuster/Winkler-Oswatitsch sowie Woese, a. a. O., und die Titel C. R. Woese: »Bacterial Evolution«. Microbiological Reviews *51*: 221–271, 1987; R. Winkler-Oswatitsch, A. Dress, M. Eigen: »Comparative Sequence Analysis, Exemplified with tRNA and 5S rRNA«. Chemica Scripta *26B*: 59–66, 1986; M. Eigen: »Stufen zum Leben. Die frühe Evolution im Visier der Molekularbiologie«. München 1987.

23 Woese, Archäbakterien, sowie ders., Bacterial Evolution, a. a. O.

24 Vgl. Woese, Bact. Ev., a. a. O.

25 Vgl. Eigen/Gardiner/Schuster/Winkler-Oswatitsch, aber auch Winkler-Oswatitsch/Dress/Eigen sowie Eigen, a. a. O.

26 Vgl. die beiden letztgenannten Titel.

27 Vgl. Eigen, a. a. O.

28 Vgl. Eigen/Schuster; Woese; Shapiro; Joyce/Schwartz/Miller/Orgel; Winkler-Oswatitsch/Dress/Eigen; Eigen, a. a. O., sowie die Titel J. D. Watson, N. H. Hopkins, J. W. Roberts, J. A. Steitz, A. M. Weiner: »Molecular Biology of the Gene«. 4th Ed., Menlo Park (Cal.) 1987, Chapter 28; N. R. Pace, T. L. Marsh: »RNA Catalysis and the Origin of Life«. Origins of

Life *16*: 97–116, 1985; L. E. Orgel: »RNA Catalysis and the Origin of Life«. J. Theor. Biol. *123*: 127–149, 1986; T. R. Cech: »RNA als Enzym«. Spektrum der Wissenschaft, 42–51, 1987; M. D. Been, T. R. Cech: »RNA as an RNA Polymerase: Net Elongation of an RNA Primer Catalyzed by the Tetrahymena Ribozyme«. Science *239*: 1412–1416, 1988; O. C. Uhlenbeck: »A Small Catalytic Oligoribonucleotide«. Nature *328*: 596–600, 1987; A. M. Weiner, N. Maizels: »tRNA-like Structures Tag the 3' Ends of Genomic RNA Molecules for Replication: Implications for the Origin of Protein Synthesis«. Proc. Natl. Acad. Sci. USA *84*: 7383–7387, 1987.

29 Vgl. Watson/Hopkins/Roberts/Steitz/Weiner sowie Pace/Marsh und Orgel, a. a. O.

30 Vgl. die in Anm. 29 genannten Titel sowie Cech und Been/Cech, a. a. O.

31 ebd.

32 Been/Cech, a. a. O.

33 Vgl. die in Anm. 29 genannten Titel sowie Uhlenbeck, a. a. O.

34 Vgl. Eigen/Schuster sowie Eigen/Gardiner/Schuster/Winkler-Oswatitsch, a. a. O.

35 Vgl. Been/Cech, a. a. O.

36 Vgl. die in Anm. 34 genannten Titel sowie, Eigen, a. a. O.

37 Vgl. Woese, Bact. Ev., sowie Watson/Hopkins/Roberts/Steitz/Weiner, a. a. O.

38 Vgl. Watson/Hopkins/Roberts/Steitz/Weiner sowie Weiner/Maizels, a. a. O.

39 Vgl. Eigen/Gardiner/Schuster/Winkler-Oswatitsch, a. a. O., sowie die Titel; G. Adam: »Vorstufen des Lebens«, in: P. Böger, H. Sund (Hrsg.): »Biologie Aktuell«. Konstanz 1978, S. 201–219; C. Bresch, U. Niesert, D. Harnasch: »Hypercycles, Parasites and Packages«. J. theor. Biol. *85*: 399–405, 1980; M. Eigen, W. C. Gardiner, P. Schuster: »Hypercycles and Compartments«. J. theor. Biol. *85*: 407–411, 1980; U. Niesert, D. Harnasch, C. Bresch: »Origin of Life Between Scylla and Charybdis«. J. Molecular Evolution *17*: 348–353, 1981; R. E. Michod: »Population Biology of the First Replicators: On the Origin of the Genotype, Phenotype and Organism«. Amer. Zool. *23*: 5–14, 1983; U. Niesert: »How many Genes to Start with? A Computer Simulation about the Origin of Life«. Origins of Life *17*: 155–169, 1987; E. Szathmary, L. Demeter: »Group Selection of Early Replicators and the Origin of Life«. J. theor. Biol. *128*: 463–486, 1987; M. Rao, J. Eichberg, J. Oro: »Synthesis of Phosphatidylcholine under Possible Primitive Earth Conditions«. J. Molecular Evolution *18*: 196–202, 1982; D. W. Deamer: »Role of Amphiphilic Compounds in the Evolution of Membrane Structure on the Early Earth«. Origins of Life *17*: 3–25, 1986; I. Baeza, M. Ibanez, A. Lazcano, C. Santiago, C. Arguello, C. Wong, J. Oro: »Liposomes with Polyribonucleotides as Model of Precellular Systems«. Origins of Life *17*: 321–331, 1986.

40 Vgl. Adam; Bresch/Niesert/Harnasch; Eigen/Gardiner/Schuster; Niesert/Harnasch/Bresch, a. a. O.

41 Vgl. Eigen/Gardiner/Schuster/Winkler-Oswatitsch; Eigen; Niesert/Harnasch/Bresch; Michod; Niesert; Szathmary/Demeter, a. a. O.

42 Vgl. Adam; Szathmary/Demeter; Rao/Eichberg/Oro; Deamer; Baeza/Ibanez/Lazcano/Santiago/Arguello/Wong/Oro, a. a. O.

43 Baeza u. a., a. a. O.

44 Vgl. Miller/Orgel; Fox/Dose, a. a. O., sowie S. A. Kauffman: »Autocatalytic Sets of Proteins«. J. theor. Biol. *119*: 1–24, 1986.

Ernst Florey

»Was kann das Leben?«

Vom Wunder seiner Vielfalt

Das Thema dieses Kapitels spiegelt die ganze Problematik jener Frage, welche Erwin Schrödinger, dessen hundertster Geburtstag der Anlaß zu diesem Buch war, mit den Worten zum Ausdruck brachte »What is Life?«[1], zu deutsch »Was ist Leben?«

Wie er im allgemeinen Sprachgebrauch verwendet wird, ist der Begriff ›Leben‹ intuitiv verständlich, auch wenn ihm verschiedenartige Bedeutungen unterlegt werden. Leben als Gegensatz zum Tod, Leben als die Spanne zwischen Geburt und Tod, Leben aber auch als das ewige Leben, das uns die Religionen verheißen, Leben als Aktivität der Seele, oder der Geist-Seele. Der Begriff ›Leben‹, besonders in der quasi personifizierten Form »das Leben« entspricht einer Urerfahrung des Menschen, der den Zustand des Lebendigseins als Gegensatz zum Zustand des Toten erlebt. Der lebendige Mensch unterscheidet sich eben prinzipiell vom toten Menschen, Lebewesen sind sterblich. Die Überwindung dieser Sterblichkeit ist wesentlicher Inhalt von Mythos und Religion, und die damit verbundene Auffassung vom Leben als einer besonderen Seinsform ist Bestandteil vieler philosophischer Systeme. So ist der Begriff ›Leben‹ dem Begriff von ›Seele‹ oder ›Geist‹ verwandt, das Phänomen Leben impliziert ein Beseeltsein. Noch bis in die Anfänge des vergangenen Jahrhunderts wurde das Denken der neuen »Wissenschaft vom Leben«, der Biologie, von diesem Naturverständnis geprägt. Die beherrschende Idee der Biologen war der Vitalismus[2], die Lehre von der Beseeltheit lebender Körper. Lebenserscheinungen sind demnach Ausdruck des Wirkens einer besonderen Lebenskraft, welche die zunächst leblose, tote Materie organisiert und aus derart entstehender organischer Materie die Organismen schafft. Die moderne Biologie versteht diesen Begriff ›Leben‹ freilich in einem anderen Sinn, und doch läßt sich der mythisch-religiöse Ursprung und Sinn dieses Begriffes nicht verleugnen.

Der Glaube an die Unsterblichkeit der Geist-Seele des Menschen, wie ihn die christlichen Kirchen lehren, durchdringt das europäische Kulturleben. Hier bedeutet der Tod lediglich eine Durchgangsstation, und das irdische Leben des Menschen ist nur ein kleiner Teil des ewigen Lebens. Die kirchliche Lehre von der Auferstehung des Leibes anläßlich des jüngsten Gerichts ist Thema vieler religiöser Kunstwerke – und die entsprechenden bildlichen Darstellungen sind jedem von uns verständlich. Die kirchliche Lehre, die Dogmatik, nutzt heute die Begriffswelt des biologischen Vitalismus, um den Mechanismus der Auferstehung des Leibes zu erklären.

Die Frage »Was ist Leben?« wird in der Mythologie anders beantwortet als von der Theologie, von Philosophen anders als von Naturwissenschaftlern. Die von Erwin Schrödinger gestellte Frage »Was ist Leben?«, und besonders die hier zur Diskussion stehende Frage »Was kann das Leben?«, verlangt eine Standortbestimmung. Im Sinne der kirchlichen, insbesondere der katholischen Dogmatik verleiht die Geist-Seele des Menschen seinem Körper Leben; dieses dem Körper innewohnende, an den physischen Leib gebundene Leben unterscheidet sich aber von dem geistigen ›Leben‹ der Seele, die als nichtmaterielle Substanz auch lebt, wenn sie vom Körper getrennt ›überlebt‹. Dieses Überleben ist nach der kirchlichen Lehre in zwei Phasen unterteilt: das Überleben bis zur Auferstehung und das daran anschließende, wahre ewige Leben der Geist-Seele, die, wieder von einem materiellen Körper umhüllt, nun ewig weiterlebt. Nach Meinung vieler Theologen ist während des irdischen ›Lebens‹ eines Menschen dessen Geist-Seele das »Gestaltgesetz« des irdischen Leibes. Auch der »Auferstehungsleib« dieser Geist-Seele, sofern diese vom obersten Richter beim jüngsten Gericht für gut befunden wird, soll dann von dieser Seele aus verfügbarer Materie geformt werden und hätte dann die gleiche Gestalt wie die während des ersten Erdenlebens ausgestaltete Form. Wie es in einem Standardwerk der

Katholischen Dogmatik[3] heißt, wurde diese Erklärung der Auferweckung von den Toten »bisher von der Kirche nicht beanstandet«. Dort steht auch zu lesen, daß die Leiber der Verdammten zwar auch auferweckt werden, daß sie aber »in Häßlichkeit, Unförmigkeit, Gebundenheit weiterexistieren. An ihnen wirkt sich die Schande und Unseligkeit der Seele aus.«

In dem schönen Dom zu Orvieto befindet sich im rechten Seitenschiff, der sogenannten Capella di San Brizio, das berühmte, in der Zeit zwischen 1499 und 1504 gemalte Fresko des Luca Signorelli, auf welchem das jüngste Gericht und die Auferstehung dargestellt sind. Abbildung 1 zeigt einen Ausschnitt. Die wohlgeformten Körper der Seligen erheben sich aus der Erde – den Verdammten ist nur ein Skelett gegönnt, und deren Haltung drückt ihren ganzen Jammer aus.

Die von Gott unsterblich gemachte lebende Geist-Seele kann also einem physischen Leib Leben verleihen. Dies scheint der Pflanzenseele und der Tierseele nicht vergönnt zu sein, sie sind dem Körper verhaftet und sind mit diesem zur Sterblichkeit verurteilt; aus theologischer Sicht ist das Leben von Tieren und Pflanzen so etwas wie eine »Systemeigenschaft«, wenngleich diese vegetativen und sensitiven Seelen[4] durchaus als formgebendes ›Lebensprinzip‹ der Tier- und Pflanzenkörper verstanden werden. Die Tier- und Pflanzenseelen haben nur ein ›Leben‹ im und für den Körper. Der kirchlich-dogmatische Lebensbegriff, sofern er auf nicht-menschliche Lebewesen angewandt wird, ist durchaus mit dem Lebensbegriff jener Biologen, die dem Vitalismus zuneigen, verwandt, ja er läßt sich sogar mit der heute vertretenen Lehrmeinung der Biologie vereinbaren, sofern man die kybernetischen Prinzipien der Funktionsweise lebender Organismen als quasi »nicht-materiell« zu bezeichnen gewillt ist.

Sie werden nun von mir als einem Biologen nicht erwarten, daß ich die gestellte Thematik aus der Sicht der Theologie behandle, sondern vom Standpunkt der Biologie als der »Wissenschaft vom Leben«. Die Naturwissenschaft Biologie hat ja die Erforschung des ›Lebens‹ zum Thema – nur: Welches ›Leben‹ ist gemeint?

Auch die Biologie als Naturwissenschaft ist unlösbar einge-

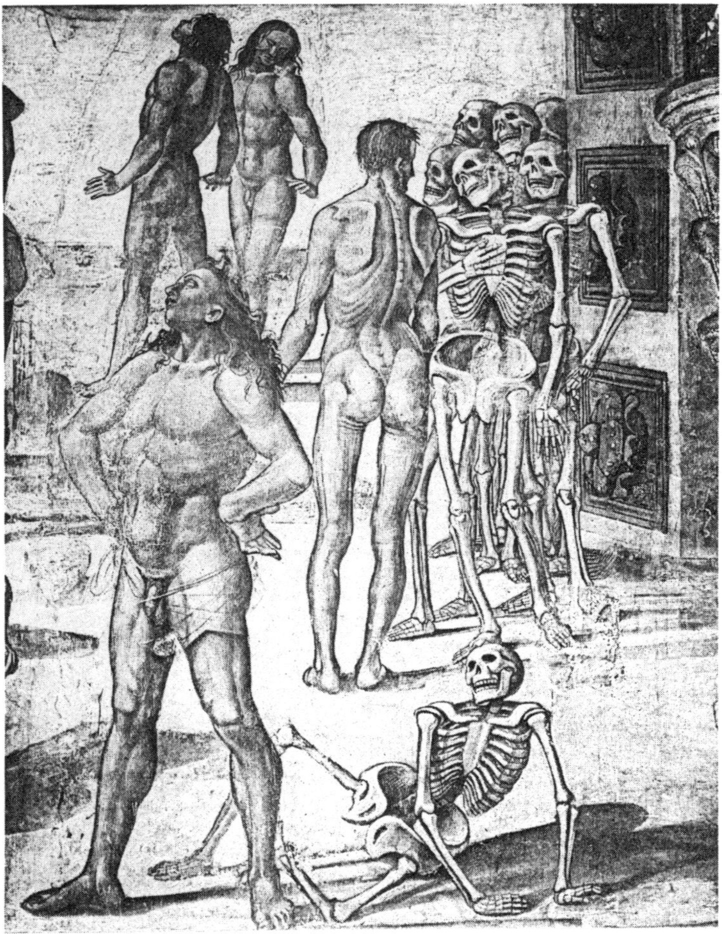

Abb. 1: *Detail aus Luca Signorelli's Fresko von der Auferstehung (1499–1504) in der Capella di San Brizio im Dom zu Orvieto. Die schön geformten Körper der Seligen unterscheiden sich auch in der selbstbewußten Haltung von der jammervollen Gestik der Verdammten. Das Problem der Darstellung der Häßlichkeit der Unseligen ist so gelöst, daß diesen nur ein Skelett vergönnt ist, das ihre Unvollkommenheit zum Ausdruck bringt.*
(Aus »Der Dom von Orvieto«, Plurigraf, Narni, Terni, 1981)

bettet in den europäischen Kulturkreis, aus dem sie hervorgegangen ist. Wir alle, die Biologen nicht ausgenommen, sind während unserer Schulzeit durch den Religionsunterricht in die Lehren der christlichen Kirchen eingeführt worden. Die Dogmen der christlichen Kirchen werden uns in den Kunstwerken unserer Kirchen und Museen bildhaft vor Augen geführt, sie haben den Charakter der europäischen Kunst durch Jahrhunderte beherrscht und sind uns auch daher geläufig. Manche von uns sind gläubige Christen. Der Glaube an ein ewiges Leben ist allgegenwärtig.

Selbst der Naturwissenschaftler, der gegen die Ansicht polemisiert, das Leben bestehe im Tätigsein eines nicht-materiellen Wesens, handelt im Rahmen des für uns alle verbindlichen Kulturkreises: indem er den Nachweis zu erbringen sucht, daß bewußtes Wahrnehmen, Denken und Fühlen als Leistungen miteinander verbundener Nervenzellen unseres Gehirns ausreichend erklärt werden können, setzt er sich mit einer religiös geprägten Weltansicht auseinander, die in unserem Kulturkreis immer noch beherrschend ist.[5]

Die ursprüngliche Motivation der Biologen, das Phänomen ›Leben‹ wissenschaftlich zu untersuchen, entstammt einem durchaus kulturbedingten, religiösen Kontext. Noch im siebzehnten und achtzehnten Jahrhundert sah man in den Lebewesen das Wirken eines Lebenstriebes, einer Lebenskraft, wobei man noch an die Mitwirkung der Schöpferkraft Gottes dachte. Man sah in den Fossilien, jenen steinernen Gebilden, die wir heute als Versteinerungen ausgestorbener Tiere und Pflanzen erkennen, das Ergebnis eines Bildungstriebes der Natur, als »Naturspiele« oder ›ludus naturae‹ – wobei das Wort ›Natur‹ stellvertretend für den Weltschöpfer steht und der Bildungstrieb als überschüssige Schöpferkraft Gottes aufgefaßt wurde. Die Annahme eines Bildungstriebes kennzeichnet die zu Anfang des neunzehnten Jahrhunderts unter der Führung Johann Wolfgang von Goethes entstehende idealistische Morphologie[6], deren Gedankengänge heute noch rudimentär in Begriffen wie dem des »morphogenetischen Feldes« erhalten geblieben sind. Auch in der zu Beginn des neunzehnten Jahrhunderts entstandenen Naturwissenschaft Biologie blieb die Annahme einer den belebten Körper immanenten »Lebenskraft«, einer »vis vitalis«, erhalten. Aus dem philosophischen und theologischen Begriff einer formgebenden Seelenkraft wurde der naturwissenschaftliche Begriff der ›Lebenskraft‹, der dann später von dem Biologen und Philosophen Hans Driesch mit dem griechischen Wort »Entelechie«[7] belegt wurde, um sie von den inzwischen bekanntgewordenen Formen der Energie zu unterscheiden und sie von den Zwängen der neu-erkannten Gesetze der Thermodynamik freizuhalten. Der sich als Gegenströmung zum Vitalismus formierende Antivitalismus oder Materialismus erhielt seine Motivation gerade durch die das öffentliche Kulturleben durchdringende Dominanz der theologischen Lehren und der ihnen konformen vitalistischen Strömungen.[8]

Die moderne molekularbiologische und biophysikalische Biologie geht davon aus, daß alle auf unserem Planeten lebenden Organismen durch Evolution aus gemeinsamen Stammformen hervorgegangen sind. Die Lebewesen sind demnach Teile einer bisher unsterblichen Kette von Wesen, und die heute lebenden Organismen sind sämtlich genetisch miteinander verwandt, und wir Menschen sind Teil dieser genetisch verknüpften Gesamtheit von Lebewesen.

Was der heutige Biologe unter ›Leben‹ versteht, liegt außerhalb der Interessenssphäre der Theologen. Während die Kirchen Tiere und Pflanzen als Kreaturen, also als Geschöpfe Gottes ansehen und Krankheiten (die ja durchaus durch Lebewesen hervorgerufen sein können) als von Gott verordnete Prüfungen, sind die Lebewesen des Biologen kybernetische Maschinen[9], die aufgrund der physikalisch-chemischen Gegebenheiten unseres Planeten nach mathematisch berechenbaren Gesetzmäßigkeiten entstanden sind.[10] Folgen wir der nüchternen Formulierung, wie sie in der heutigen Lehre der Schul-Biologie üblich ist, dann gibt es »das Leben« überhaupt nicht, ist die Funktionsweise eines lebenden Organismus nichts anderes als ein physikalisch-chemischer Prozeß, dessen wesentliche Aspekte durch die Stichworte ›Metabolismus‹ (»Stoffwechsel«), ›Selbstreproduktion‹ und ›Mutagenität‹ gekennzeichnet sind – wenn ich hier der Darstellung in der von Mittelstraß und Wolters herausgegebenen ›Enzyklopädie Philosophie und Wissenschaftstheorie‹ folge.[11] Zwei Ergänzungen sind freilich notwendig, will man der modernen Biologie gerecht werden: Zu ihrem Verständnis des Lebensprozesses gehört auch die Selbstorganisation nach Prinzipien der Kybernetik und der Besitz von ein oder mehr Strängen von Desoxyribonukleinsäure (DNS).

Die Frage »Was kann das Leben?« läßt sich nun dahin präzisieren, daß wir nach der Vielfalt und den Leistungen dieser uns bekannten Lebewesen fragen, wobei wir versuchen müssen, die Vorgaben einer kybernetisch-physikalisch-chemischen Betrachtungsweise nicht zu verlassen. Leicht wird uns das nicht fallen, denn der Eindruck der Vielfalt der Lebewesen ist überwältigend und rührt an unsere Erlebensfähigkeit in einer Weise, die wir zunächst physikalisch-chemisch sicher nicht begreifen können.

Bilder von Pflanzen und Tieren, wie sie uns die zoologischen und botanischen Fachbücher vorführen, zeigen uns die heute bekannten Tier- und Pflanzenarten in ›systematischer Anordnung‹, das heißt entsprechend der vermutlichen genetischen Verwandtschaft. So sind die einer Gattung zugeordneten Arten zu einer Gruppe zusammengefaßt, und die einer Familie zugehörigen Gattungen werden ihrerseits entsprechend gruppiert, und so fort. Bei der systematischen Anordnung läßt sich eine beträchtliche Willkür nicht vermeiden, denn die Entscheidung, welche Individuen einer ›Art‹ zuzuordnen sind, muß nach Kriterien geschehen, die keineswegs endgültig und daher nicht absolut verbindlich sind.[12] Die simple Feststellung, daß jene Individuen einer bestimmten Art zugehören, die miteinander fruchtbare Nachkommen zeugen können, läßt sich in den allerwenigsten Fällen nutzen und fällt als allgemein gültiges Kriterium fort. Außerdem kennen wir Tier- und Pflanzenformen, bei denen eine geschlechtliche Fortpflanzung nicht nur nicht nachgewiesen werden konnte, sondern von denen angenommen werden muß, daß diese gar nicht auftritt. Hierher gehören nicht nur zahlreiche Pflanzenarten wie zum Beispiel die verschiedenen Formen der Bananen, sondern auch viele ›Arten‹ von Tieren, selbst von Wirbeltieren, insbesonders Reptilien, die sich parthenogenetisch vermehren: Es gibt bei diesen Tierarten nur weibliche Tiere, und die Jungen entstehen aus unbefruchteten Eiern.

Die Vielfalt der Pflanzen- und Tierformen, die unseren Planeten bevölkern, ist überwältigend. Jedes morphologische Grundmuster erscheint in vielfältigster Abwandlung. Wenn wir uns salopp ausdrücken wollten, könnten wir sagen: Es ist eine der hervorstechendsten Leistungen des Lebens, daß es eine solche Fülle von Formen hervorgebracht hat. Alle diese Formen sind das Ergebnis einer Evolution, die durch zwei bis drei Milliarden Jahre hindurch stattgefunden hat. Nur wenige der heute lebenden Pflanzen- und Tierformen sind aus anderen heute lebenden Pflanzen- und Tierarten hervorgegangen, aber alle Lebewesen sind durch Abstammung von zeitlich mehr oder weniger weit zurückliegenden Organismen entstanden, und alle heute lebenden Tiere und Pflanzen sind genetisch mehr oder weniger verwandt. Schon die äußere Form läßt dies erkennen. Es ist möglich, aufgrund der äußeren Merkmale eine Formenreihe von Pflanzen und von Tieren zu erstellen, welche diese Verwandtschaftsgrade augenfällig macht.[13]

Blättert man in den reich bebilderten Tierbüchern, wie sie heutzutage jedermann zugänglich sind, dann ist man immer aufs neue davon beeindruckt, wie unglaublich variabel gewisse Grundformen und Grundmuster sind. Solche Bilder zeigen aber auch, wie verschieden manche Tierformen von den uns geläufigen Grundformen sind. Da fällt auch auf, daß ähnliche Tierformen in den verschiedensten Weltgegenden vorkommen. Schließlich aber beeindrucken uns diese Bilder auch durch den ästhetischen Genuß, den uns die Betrachtung dieser Formen bereitet.

Auch dem Schulkind fällt es nicht schwer, das Grundschema eines Fisches aufzuzeichnen. Es gibt aber nicht weniger als etwa 30000 verschiedene Fischarten, und wer will darauf bestehen, daß eine Forelle ein typischerer Fisch ist als ein Aal? Manche Fischformen sind so abenteuerlich, daß uns die Abwandlung der vermeintlichen »Urform« ganz besonders beeindruckt. Irgendwie haben wir die Überzeugung, daß solche ungewöhnlichen, unerwarteten Formen nicht die Stammform der uns gewohnten Gestalten sind, sondern daß die geometrisch einfache Form das Urbild ist, aus welchem durch Umwandlung und Modifikation die ungewohnten Formen hervorgegangen sind. Dies stimmt natürlich nicht. Die Vorfahren der so skurril aussehenden Anglerfische waren sicher keine Fische von Forellenform.

Auch bei der großen Gruppe der Käfer gibt es die verwegensten Gestalten, die durch Modifikation bestimmter Körpersegmente gebildet werden. So entstehen ganz absonderliche Gestalten, wenn einzelne Kopfsegmente vergrößert oder verlängert werden, wie das in Abbildung 2 gezeigt ist.

Bei den Schmetterlingen wird unser ästhetisches Empfinden auf besondere Weise angesprochen. Mit mehr als 100000 Arten sind sie eine der artenreichsten Tiergruppen. Neben unscheinbaren Formen bieten die Schmetterlinge mit ihren elegant geformten und oft wunderschön bunt gemusterten Flügeln juwelenhafte Gebilde, die das Auge immer wieder entzücken und durch ihre vielfältige Abwandlung besonderer Grundmuster überraschen.[14]

Man könnte meinen, solche als optisch schön erscheinenden Tierformen wären dazu ausgebildet, gesehen zu werden. Wozu eine schöne Form, wenn diese nicht gesehen wird? Warum prächtige, leuchtende Farbmuster, wenn diese von keinem Auge erlebt werden können? Fast möchte man den Theologen glauben, die erklären, diese Schönheit diene der Freude des Menschen und der Verherrlichung Gottes. Verhaltensforschung und Soziobiologie sehen freilich in solcher Interpretation ein Mißverständnis: Die Farben und Formen der Schmetterlingsflügel sind keineswegs für den Menschen gemacht, sondern dienen zum Fliegen, zur Arterkennung bzw. der Erkennung der Geschlechter und in manchen Fällen auch zur Täuschung potentieller Feinde. Dies gilt besonders für solche Formen, die durch ihr Farbmuster, ja ihre Form besonders an die Umgebung angepaßt sind wie die berühmten Blattschmetterlinge (»fliegende Blätter«).[15]

Und doch: Die Formen von Pflanzen und Tieren beeindrukken uns immer wieder durch die Logik ihrer Gestalt, das was wir als Formschönheit bezeichnen. Auch mathematische Gesetzmäßigkeiten sind ästhetisch befriedigend, besonders wenn

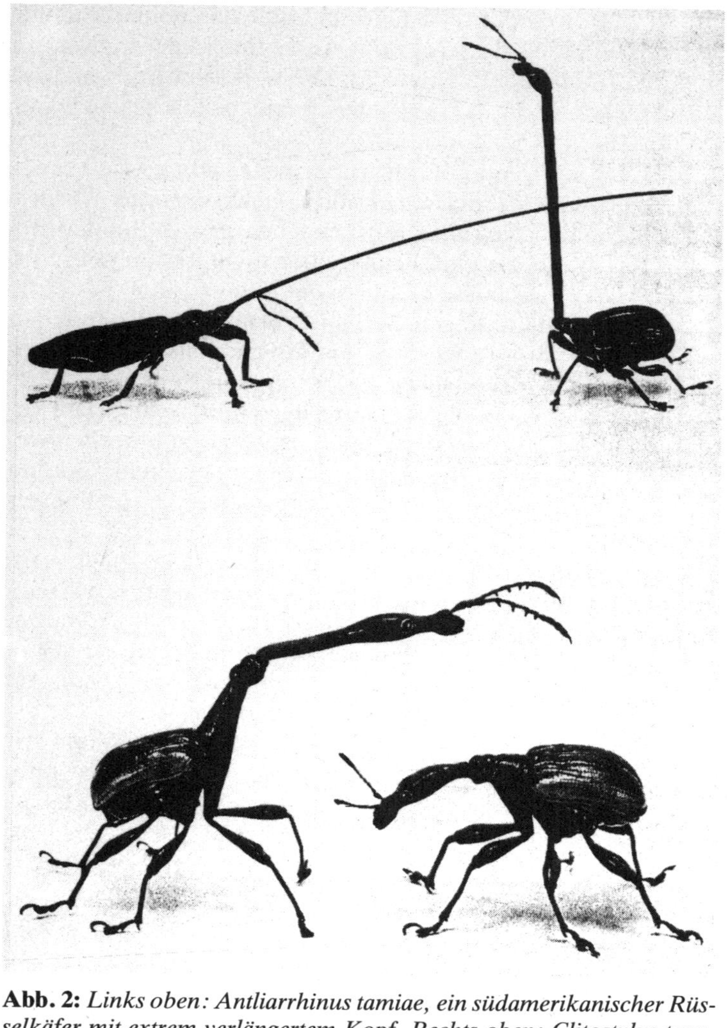

Abb. 2: *Links oben: Antliarrhinus tamiae, ein südamerikanischer Rüsselkäfer mit extrem verlängertem Kopf. Rechts oben: Clitostylus tenuissmus, ein philippinischer Rüsselkäfer mit extrem verlängertem Prothorax. Links und rechts unten: Männchen und Weibchen des blattrollenden Rüsselkäfers Trachelophorus giraffa aus Madagaskar.*
(Aus Bernhard Klausnitzer: Wunderwelt der Käfer, Freiburg, 1982)

sie in Form geometrischer Gestalten unserem Auge dargeboten werden. Die gerade Linie, der regelmäßig gebaute Würfel, der perfekte Kreis, ein Zylinder, ein Konus oder eine Kugelgestalt sind ästhetisch überzeugend. Serien von ähnlichen Figuren und Gestalten sind für uns schön wie überhaupt alle Erscheinungsbilder, die eine mathematische Ordnung erkennen lassen. Eine solche Ordnung mag durchaus kompliziert sein, aber wir können sie intuitiv erfassen. Auch wenn uns das ihr zugrunde liegende mathematische Prinzip verborgen bleibt, erscheint sie uns als schön.

Ernst Haeckel, der große deutsche Zoologe, sprach von ›Kunstformen der Natur‹[16] und konnte sich nicht genugtun, solche Formen nachzuzeichnen. Er veröffentlichte Serien lithographischer Tafeln nach diesen Zeichnungen und Aquarellen. Dabei war es ihm ein besonders Anliegen, auch solche Formen abzubilden, die das menschliche Auge nie zu sehen vermag, weil sie so klein sind, daß ihre Gestalten nur mit Hilfe eines hochauflösenden Mikroskops sichtbar gemacht werden können. Haeckels Abbildungen von Radiolarien, von denen Abbildung 3 ein Beispiel gibt, sind noch heute unerreicht. Kein Zoologe würde sich mehr der Arbeit unterziehen, so komplizierte Formen nachzuzeichnen. Haeckel hat hunderte, wenn nicht tausende derartiger Bilder angefertigt.[17] Die Kieselskelette der Radiolarien sind »Biokristalle«, wie Haeckel sie bereits 1872 in seiner Monographie der Kalkschwämme[18] genannt hat. Es sind Kristallbildungen, die unter Mitwirkung lebender Zellen entstanden sind. Die dabei wirksamen, formbildenden Kräfte bezeichnete Haeckel als Seele, wie er überhaupt auch inorganischen Kristallen eine »Seele« zuschrieb. Als Dreiundachtzigjähriger schrieb er 1917 sein Buch über »Kristallseelen«, dem er den Untertitel gab: »Studien über das anorganische Leben«[19]. Die in anorganischer Kristallbildung wirksam werdenden ›Kräfte‹ hielt Haeckel für prinzipiell gleichartig wie die ›Kräfte‹, welche in lebenden Zellen wirksam werden und deren Gestalt bewirken. Auch anorganische Kristalle sind demnach lebendig, haben ›Leben‹. Sie zeigen Wachstum durch spezifische Nahrungsaufnahme aus der Stammlösung, in der sie wachsen. Und sie können sich unter

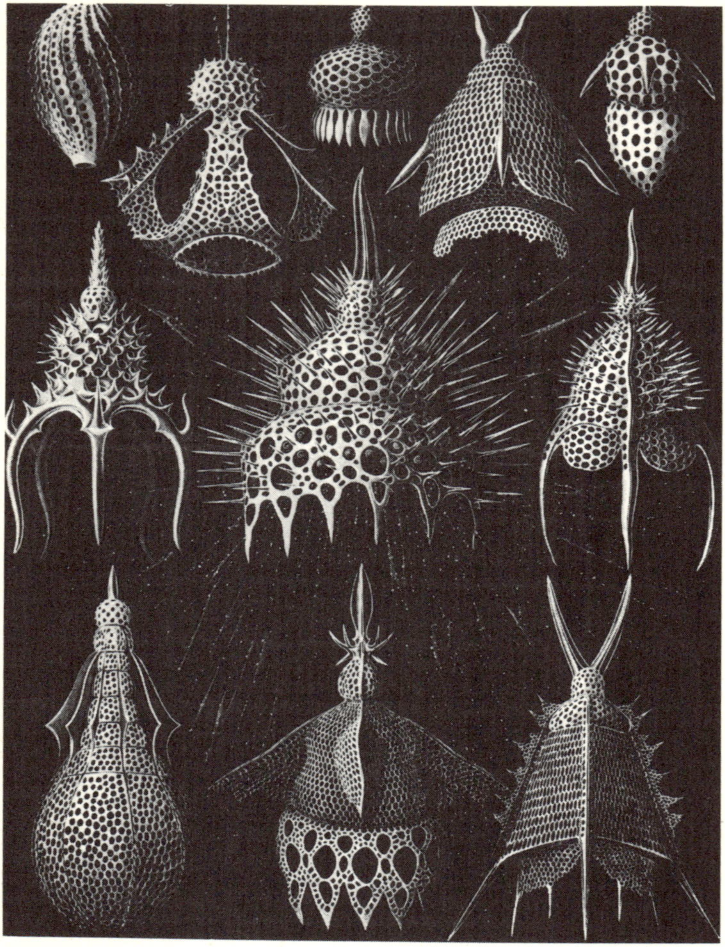

Abb. 3: *Darstellung von Radiolarien aus Ernst Haeckels »Kunstformen der Natur« (1899–1904), reproduziert aus der Neuausgabe, die unter dem Titel »Art Forms in Nature« by Dover Publications, New York, 1974 erschienen ist.*

bestimmten Bedingungen teilen, sind also reproduktionsfähig. Und schließlich sind sie sogar befähigt, Verletzungen zu heilen.

Heute würden die Biologen durchaus mit Haeckel sagen, daß dieselben Gesetzmäßigkeiten, die im anorganischen Bereich gültig sind, auch im organismischen Bereich Gültigkeit haben und daß in den Organismen keine Energieformen vorkommen, die nicht auch in der sogenannten unbelebten Natur zu finden sind. Die Definition des Begriffes ›Leben‹ würden sie freilich nicht auf die anorganischen Kristalle ausdehnen. Es gibt heute ein sehr einfaches Kriterium, das für das ›Leben‹, wie es die Biologie heute versteht, unerläßlich ist: der Besitz von Desoxyribonukleinsäure (DNS) und die durch sie verursachte Replikation. Kein anorganischer Kristall enthält DNS, und nur jenes Verhalten von Zellen, das direkt oder indirekt durch DNS gesteuert wird, bezeichnet der Biologe als Leben.

Zur selben Zeit, als Ernst Haeckel sein Buch über »Kristallseelen« schrieb, erschien in England ein Werk des Glasgower Zoologen D'Arcy Wentworth Thompson mit dem Titel »On Growth and Form«[20]. Es ist eines der bedeutendsten Bücher der biologischen Literatur. James Tyler Bonner hat es 1959, mit wichtigen Kommentaren versehen, neu herausgegeben.[21] In diesem Werk analysierte Thompson die Gestaltbildung von Organismen, insbesondere von Tieren. Dabei entdeckte er, was schon anderen Morphologen vor ihm aufgefallen war, daß nämlich viele Gestalten von Tier und Pflanze mathematischen Gesetzmäßigkeiten gehorchen, und beschrieb nun ausführlich die Übereinstimmung von solchen Gebilden wie Schneckenschalen oder Blättern mit geometrischen Figuren. Dies sei hier anhand seiner Originalabbildungen erläutert:

Jede Verdoppelung eines Rechtecks, dessen Seiten sich wie $1:\sqrt{2}$ verhalten, ergibt ein neues Rechteck, dessen Seiten sich wiederum wie $1:\sqrt{2}$ verhalten usf. (Abbildung 4a). Jede größere Figur ist in der von Heron von Alexandrien (um 100 v. Chr.) verwendeten Terminologie ein »Gnomon« der kleineren, jede kleinere ein Gnomon der größeren. Die Formate verhalten sich wie die bekannten DIN A3, DIN A4, DIN A5 Formate, von denen jedes durch Halbieren bzw. Verdoppeln des vorausgehenden erhalten werden kann. Ähnlich steht es um Rechtecke, deren Seiten dem »goldenen Schnitt«, $1:[(½\sqrt{5})-1]$, entsprechen, wie Euklid (3. Jahrhundert v. Chr.) gezeigt hat.

Heron von Alexandrien hat nachgewiesen, daß ein Dreieck, das durch Unterteilung eines größeren Dreiecks entsteht, derart, daß die Winkel α und β gleich sind, ein Gnomon des neuentstandenen kleineren Dreiecks ist, und daß ein gleichschenkeliges Dreieck derart unterteilt, daß der Winkel β halbiert wird, ein neues Dreieck ergibt, das wiederum gleichschenkelig ist, also ein Gnomon des größeren darstellt (Abbildung 4b).

Die archimedische Spirale (Abbildung 4c) wird definiert durch einen Punkt P, der sich gleichmäßig auf einer Achse OA bewegt (lineare Zunahme von r), die ihrerseits gleichmässig um den Punkt O rotiert. OP ist proportional zum Winkel alpha, $OP = a.\alpha$. In dreidimensionaler Darstellung entspricht die archimedische Spirale einem in einer Ebene aufgerollten Zylinder.

Die gleichwinklige (logarithmische, exponentielle) Spirale (Abbildung 4d) wird definiert durch einen Punkt, der sich auf der Achse OA mit einer Geschwindigkeit bewegt, die mit dem Winkel alpha zunimmt. $OP = a.e^{k\alpha}$. Die Radien gleicher Winkel sind einander proportional, ebenso deren von der Spirale geschnittenen sukzessiven Abschnitte. So ist OB : BC = OG : OE, ebenso sind die aufeinanderfolgenden Flächen, z. B. OBGO, OFBO, ODFO, OEDO, OCEO etc. zueinander proportional (OBGO : OFBO = OFBO : ODFO = ODFO : OEDO etc.); es sind Gnomons. Wenn man zu einem gleichschenkeligen Dreieck ein Gnomon dazu addiert, und zu der neuen Figur wieder ein entsprechendes usf., dann liegen deren Scheitelpunkte auf einer gleichwinkligen (logarithmischen) Spirale z. B. der Punkte A, B, C, D, E, F, G, etc. (Abbildung 4e). Man kann die logarithmische Spirale auch von einem System von Quadraten ableiten oder von einem System von Hexagons. In dreidimensionaler Darstellung entspricht eine solche Spirale einem in einer Ebene oder um einen Kegel aufgerollten Conus.

Ein Längsschnitt durch die Schale des Tintenfisches Nauti-

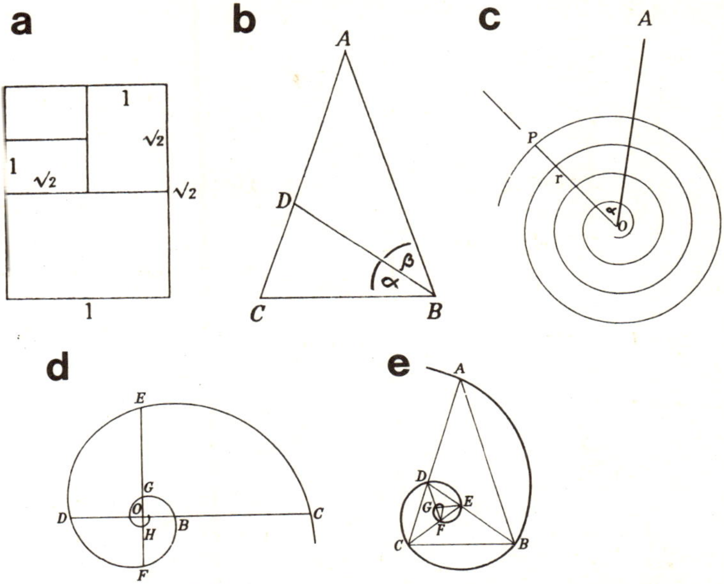

Abb. 4 *a: Rechtecke, die durch Verdoppelung eines Rechtecks von Seitenlängen 1 und $\sqrt{2}$ entstehen, sind Gnomons. b: Dasselbe gilt für Dreiecke: durch Halbieren des Winkels AB,BC ($\alpha = \beta$) eines gleichschenkeligen Dreiecks ABC entsteht ein Gnomon dieses Dreiecks (BCD). c: Archimedische Spirale. d und e: gleichwinkelige oder logarithmische Spiralen. (Aus D'Arcy Wentworth Thompson, »On Growth and Form«, Cambridge 1917)*

lus pompilius entspricht nun genau einer gleichwinkligen Spirale (Abbildung 5). Das Wachstum erfolgt in der Ebene dieser Spirale, es ist diskoid.

Bei vielen Schnecken wächst die spiralige Schale in einem Winkel (β) zu dieser Ebene und ist ›turbinat‹ (turmartig). Dazu kann noch eine Krümmung kommen, die durch den »Retardationswinkel« (γ) angegeben wird.

Das Wachstum der Schale einer gegebenen Schneckenart erfolgt nun mit konstanten Winkeln α, β und γ (siehe Abbildung 6), wobei jeweils nur das eine, größere Ende der Spirale

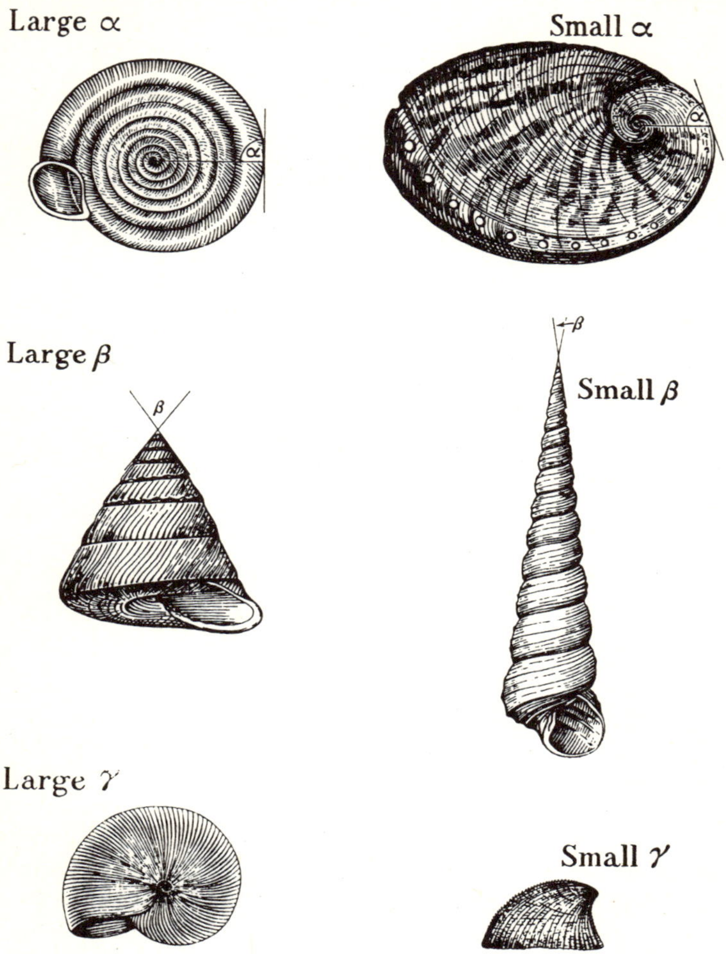

Abb. 5: *Geometrie der Schalen verschiedener Schneckenarten: großer und kleiner Spiralwinkel α und kleiner Außenwinkel β turbinater Schnecken, und großer und kleiner Retardationswinkel γ.*
(Nach J.S. Chenu, aus D'Arcy Wentworth Thompson, »On Growth and Form«, Cambridge 1917)

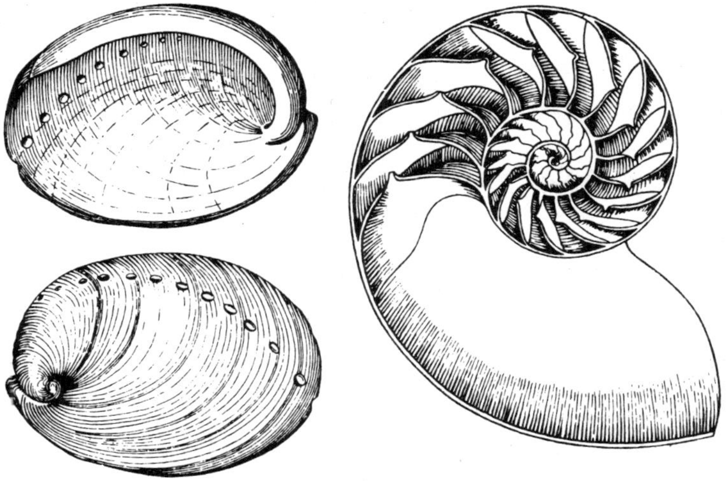

Abb. 6: *Die Schale von Nautilus pompilius (links) entspricht einer logarithmischen Spirale, ebenso die Schale von Haliothis (rechts), deren Wachstumslinien hier gezeigt sind; jedes Wachstumsinkrement ist ein Gnomon. (Nach J. S. Chenu, aus D'Arcy Wentworth Thompson, »On Growth and Form«, Cambridge 1917)*

weiterwächst. Die Geometrie wird strikt beibehalten, unabhängig von den Ernährungsbedingungen. Die Schalen zeigen die ungleichmäßige Wachstumsgeschwindigkeit in Form von »Wachstumsringen« an, wie das in Abbildung 5 wiedergegebene Beispiel von Haliotis (Meerohr) deutlich macht. Es ist bis heute nicht bekannt, wie es zu dieser exakten geometrischen Progression des Wachstums kommt, wie es möglich ist, daß ganz unabhängig von Größe und Dauer der ernährungsbedingten Wachstumsschübe die Formbildung so exakt eingehalten wird.

Die mathematisch-geometrische Form der Molluskenschalen wurde bereits von Jan Swammerdam (1637–1680) in seiner Biblia Naturae (Leyden, 1739) erkannt[22] und wurde von einer ganzen Reihe von Naturhistorikern des achtzehnten und neunzehnten Jahrhunderts (z. B. Reinecke, Moseley, Woodward, Chenu, Christian Wiener) analysiert.[23]

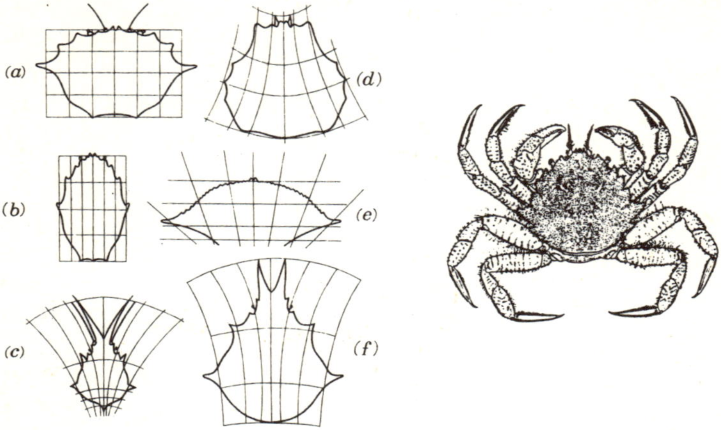

Abb. 7: *Links: Das Körperskelett (Carapax) verschiedener Krabbenarten läßt sich durch Umformung der rechtwinkligen Koordinaten (Beispiel a) konstruieren. a: Geryon, b: Corystes, c: Scyramathia, d: Paralomis, e: Lupa, f: Chorinus. (Aus D'Arcy Wentworth Thompson, »On Growth and Form«, Cambridge 1917).*
Rechts: zum Vergleich der Gesamtumriß einer Krabbe, Telmesus cheiragonus. (Aus J. F. L. Hart, »Crabs and their Relatives of British Columbia«, British Columbia Provincial Museum, Handbook 40, 1982)

Im weiteren Verlauf seiner Untersuchungen stieß D'Arcy Thompson nun auf ein Prinzip, das bis heute die Gemüter vieler Biologen bewegt und das bis heute keine mechanistische Erklärung gefunden hat. Thompson trug die Umrisse der äußeren Gestalt gewisser Tiere in ein cartesisches, rechtwinkliges Koordinatensystem ein und unterwarf die zugrunde gelegten Koordinaten einer systematischen, geometrischen Verzerrung. Die geometrische Transformation der rechtwinkligen cartesischen Koordinaten ergibt nun Verformungen der äußeren Gestalt, die tatsächlich Tiergestalten gleicht, die in der Natur vorkommen. Die von D'Arcy W. Thompson eingeführte geometrische Formanalyse ist verblüffend. Sie paßt auf die Aufsicht (wie in Abbildung 7a am Beispiel verschiedener Krabbenarten dargestellt) wie auf die Seitenansicht, wie in Abbildung 7b am Beispiel von drei Arten von Amphipoden (Krebsarten) gezeigt wird.

Der Erfolg der Thompsonschen Methode ist besonders eindrucksvoll bei der Betrachtung der Gestalt von Fischen. Es wäre ein Leichtes, aufgrund solcher Koordinaten-Verformungen neue Fischarten zu erfinden. Die in Abbildung 8a gezeigten zwei Gestalten kommen aber tatsächlich in der Natur vor. D'Arcy Thompson machte übrigens darauf aufmerksam, daß der lebende Pomocanthus farbige Streifen hat, die genau den gekrümmten von oben nach unten verlaufenden Linien der koaxial deformierten Linien des Koordinatensystems folgen.

Verblüffend ist das in Abbildung 8b vorgestellte Ergebnis der Transformation der in ein rechtwinkliges Koordinatensystem passenden Umrisse eines Stachelfisches der Gattung Diodon durch Eintragung in kreisförmig bzw. hyperbolisch transformierte Koordinaten. Die entstandenen Umrisse gleichen aufs Haar denen eines Mondfisches, Orthagoriscus. Diodon und Orthagoriscus sind übrigens genetisch verwandt.

Der Schädel des Menschen läßt sich in ein unverzerrtes Koordinatensystem einzeichnen. Eine harmonische Transformation der Koordinaten unter Verwendung elliptischer Integrale läßt dann, wie Abbildung 9 zeigt, aus dem Menschenschädel den eines Schimpansen oder den eines Pavians werden. Wir wollen es dahingestellt sein lassen, ob der Hirnschädel dabei verkleinert oder der »Freßschädel« vergrößert wird!

Die Formbildung – das also, was der Biologe als ›Morphogenese‹ bezeichnet – ist bei jedem Lebewesen zweifellos genetisch determiniert. Diese Aussage ist aber eine sehr dürftige Feststellung einer noch ganz rätselhaften Tatsache. Sie hat etwa denselben Wert wie der Satz: Das Auto fährt, weil es durch das in seinem Treibstofftank befindliche Benzin angetrieben wird. Der Mechanismus des Geschehens wird von der Aussage nicht berührt, der Erklärungswert des Satzes ist dementsprechend gering, auch wenn sich für das Auto beweisen läßt, daß die Bewegung des Autos aufhört, wenn kein Benzin mehr im Tank ist. Es ist schon ein unglaublicher Vorgang, wenn die vielen Zell- und Gewebsarten, die einen Säugetierschädel konstituieren,

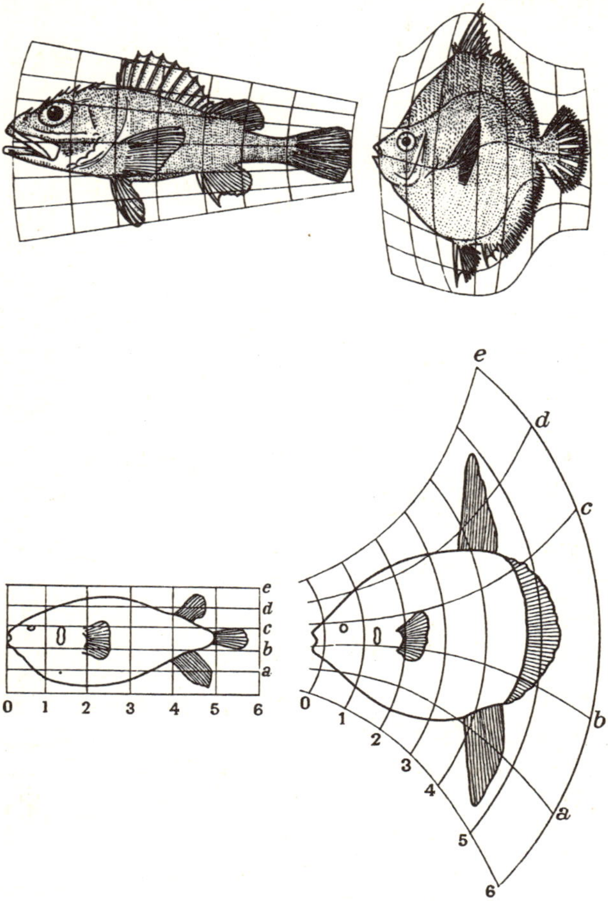

Abb. 8: *Die verzerrende Transformation radialer Koordinaten, die der Gestalt des Fisches Scorpaena sp. unterlegt sind (oben links), ergibt die eigenartige Gestalt eines anderen Meeresfisches, Antigonia capros. Aus dem Umriß des Körpers eines Stachelfisches, Diodon, ergibt sich durch Transformation der rechtwinkligen in hyperbolische Koordinaten die Gestalt des verwandten, aber doch so abwegig gestalteten Sonnenfisches, Orthagoriscus mola. (Aus D'Arcy Wentworth Thompson, »On Growth and Form«, Cambridge 1917)*

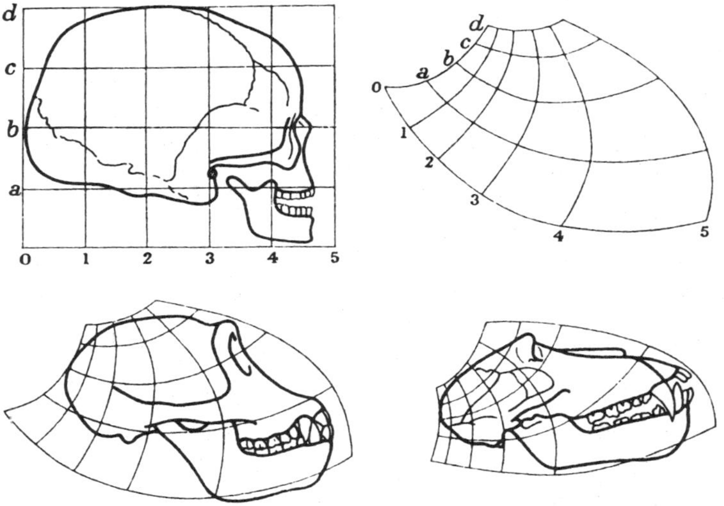

Abb. 9: *Werden die einem Menschenschädel unterlegten rechtwinkligen Koordinaten (oben links) harmonisch verformt (oben rechts), dann wird aus dem Schädel des Menschen der eines Schimpansen (unten links) oder gar der eines Pavians (unten rechts). (Aus D'Arcy Wentworth Thompson, »On Growth and Form«, Cambridge 1917)*

die Blutgefäße also, die Nerven, Muskeln, Knochen und das Bindegewebe derart koordiniert wachsen, daß das Gesamtgebilde einem vorhersagbaren geometrischen Muster entspricht und die dafür vorgesehenen Raumkoordinaten erfüllt.

Der vollausgebildete, auf der Höhe seiner Entwicklung stehende Organismus ist also das Ergebnis einer noch unverstandenen Morphogenese. Die Bilder, die wir anfangs betrachtet haben, stellen solche ausgewachsenen Organismen dar. Die Tier- und Pflanzenbilder unserer Bestimmungsbücher sind gleichsam ›Momentaufnahmen‹ der erwachsenen Lebewesen. Sie geben uns damit eine ganz falsche Vorstellung von den Organismen: Nicht nur zeigen sie uns diese Lebewesen gewöhnlich herausgelöst aus ihrer Umgebung, nicht nur werden sie anderen Bildern zugesellt, welche Lebewesen darstellen, mit denen die betreffende ›Art‹ in der Natur nie zusammenlebt, sondern diese Abbildungen geben nur den ausgereiften, adulten Zustand wieder. Zum ›Tier‹ und zur ›Pflanze‹ gehört aber nicht nur die augenblickliche Gestalt, sondern ihr gesamter Lebensablauf, von der Eizelle bis zum absterbenden, gealterten Organismus.

Das Leben des Individuums ist ein Ablauf, ist Entwicklung und Verfall. Dabei haben die Einzelaspekte eines Organismus verschiedene Entwicklungs- und Verfallsabläufe. Ein Laubfrosch schlüpft aus dem Ei als eine geschwänzte Kaulquappe, die heranwächst und dabei zunächst ihren Schwanz vergrößert und zu einem effektiven Schwimmorgan entwikkelt. Dann entstehen kleine Beinknospen, aus denen Beine hervorgehen, wobei die Hinterbeine sich rascher und früher entwickeln als die Vorderbeine. Während sich dann die Beine voll ausbilden, wird der Schwanz reduziert und verschwindet schließlich völlig. Mit dieser Umwandlung geht die Rückbildung der Kiemen einher, und es entstehen funktionstüchtige Lungen.

Insekten zeigen während ihres Lebens eine auffallende Metamorphose. Bei manchen Formen, wie den Heuschrecken, ist die Umwandlung der äußeren Körpergestalt nicht so auffallend, bei Schmetterlingen dagegen ist das Tier nach der letzten Häutung nicht mehr wiederzuerkennen. Die formbildenden Prozesse sind hier diskontinuierlich. Es gibt Schmetterlingsarten mit fünf oder sechs gänzlich verschiedenen Formstadien, die jede für sich ein voll ausgestaltetes Tier darstellen. Wir kennen heute die Hormone, welche die jeweilige Umwandlung einleiten. Unbekannt ist uns aber die Steuerung des Gesamtprozesses, die Koordination des Wachstums, die Differenzierung der vielen Einzelzellen, deren Einzelleben in der Summe den jeweiligen Organismus heranbildet.

An unseren Obstbäumen sehen wir im Frühjahr Blüten entstehen, die dann vergehen und durch Früchte ersetzt werden, die aus Teilen der vorherigen Blüten gebildet werden. Auch diese Früchte reifen heran und altern, während der Baum weiterwächst. Dürfen wir überhaupt sagen »der Baum«? Gehören Blüten und Früchte nicht zum »Baum«?

Auch unser eigener Körper macht ständig Metamorphosen

durch, jeder seiner Teile ist in stetigem Wandel begriffen. Selbst ein so einfaches Gebilde wie ein Fingernagel wächst und altert von der Basis zur Spitze hin. Keine unserer Blutzellen lebt länger als wenige Wochen, unsere Epithelien von Haut und Darm, von Drüsen und Lunge werden immer wieder erneuert, viele unserer Körperzellen werden innerhalb eines einzigen Tages ausgetauscht. In ihrer Gesamtheit ergeben die Lebensgeschichten der einzelnen Zellen einen sich entwickelnden, heranwachsenden und alternden Organismus. Niemand von uns ist befähigt, das Verhalten irgendeiner seiner Körperzellen wissentlich, bewußt zu steuern. Wohl können wir mit Mikroskopen, mit Endoskopen und anderen technischen Hilfsmitteln dem zellulären Geschehen in unserem eigenen Leibe zusehen, aber was da vor sich geht, ist unserem Willen gänzlich entzogen.

Und doch sind wir von unserer Individualität überzeugt, sind wir der Meinung, ›unser‹ Körper sei ein beständiger Organismus, mit dem wir uns durchaus identifizieren. Das Individuum ist das Bestehende, dessen Bestandteile, die Zellen, offenbar ausgetauscht werden können, ohne diese Individualität zu beeinträchtigen. Wir sind uns dessen gar nicht bewußt, daß wir aus solchen werdenden und sterbenden Zellen bestehen. Die eigene Person identifiziert sich nicht mit ihren Zellen, sondern nur mit deren Gesamtheit. Wir sind durchaus mit unserem »Aussehen« vertraut. Wir erkennen uns im Spiegel, aber dieses Erkennen betrifft den äußeren Anblick, die äußere Form. Wir fühlen ›unseren Körper‹ auch von innen her, aber dieses Körpergefühl betrifft eine Ganzheit und nicht die große Zahl einzelner Lebewesen, aus denen dieser Körper zusammengesetzt ist. Das Werden und Vorgehen dieser Einzelwesen bleibt uns unbekannt. Es erfolgt im allgemeinen so koordiniert, daß die Gesamtheit der heranwachsenden und wieder absterbenden Körperzellen einen Organismus bildet. Die Entwicklung des Gesamtorganismus resultiert aus der Summe der individuellen Lebensgeschichten der einzelnen Körperzellen.

Auffallend werden diese Verhältnisse, wenn der Gesamtorganismus besonders beansprucht wird, oder gar, wenn er verletzt wird. Dann treten Regulations- und Renerationsvorgänge auf, welche den vorher eingeschlagenen Entwicklungsprozeß gründlich verändern.[24]

In gewisser Weise stellen auch die Regenerationsprozesse tierischer und pflanzlicher Organismen ein Wachstums- und Entwicklungsgeschehen dar, das freilich gegenüber dem allgemeinen Entwicklungsprozeß des Gesamtorganismus phasenverschoben und zeitlich gedrängt ist. Wohlbekannt ist die Tatsache, daß Eidechsen den bei Gefahr abgeworfenen Schwanz wieder nachwachsen lassen können. Amphibien können abgebissene Beine regenerieren. Von vielen Krebs- und Insektenarten ist bekannt, daß sie verlorene Gliedmaßen ersetzen können. Verletzte Beine werden an der Basis abgeschnürt und abgeworfen. An ihrer Stelle bildet sich eine Art von Knospe, in welcher, aufgefaltet, ein neues Bein entsteht, das dann bei der nächsten Häutung völlig ausgeformt hervorbricht(Abbildung 10). Der Jenenser Physiologe Heinz Penzlin hat das bei Küchenschaben genauer untersucht.[25] Dies ist ein ganz wunderbarer Vorgang, denn es entsteht ja nicht nur dieses Bein; seine Sinneszellen wachsen bis in das zentrale Nervensystem hinein und finden dort dieselben Nervenbahnen, die vorher von den Sinnesnerven des zerstörten Beines benutzt wurden – und die motorischen Nerven suchen die Muskeln des neuentstandenen Beines auf und sind in der Lage, dieses Bein so zu bewegen, daß es sich im Kontext mit den anderen Beinen am normalen Gehen und Laufen des Tieres beteiligen kann.

Die unglaubliche Befähigung von Tieren, Organe zu regenerieren, das heißt, verletzte Körperteile formgerecht neu zu schaffen, durch Entwicklungsvorgänge, die aus dem Rahmen des zeitlichen Entwicklungsplanes des ganzen Organismus herausfallen, indem sie einzelne Phasen, die bereits einmal durchlaufen wurden, wiederholen, ja beschleunigt wiederholen, dies sollen zwei weitere Beispiele belegen:

Der amerikanische Embryologe Richard J. Goss hat bei einem erwachsenen Molch (Triturus) ein Vorderbein nahe der Basis abgetrennt und einen Teil des abgetrennten Beines in umgekehrter Orientierung an den Körper verpflanzt. Nicht nur wuchs aus dem ursprünglichen Beinstumpf wieder ein formge-

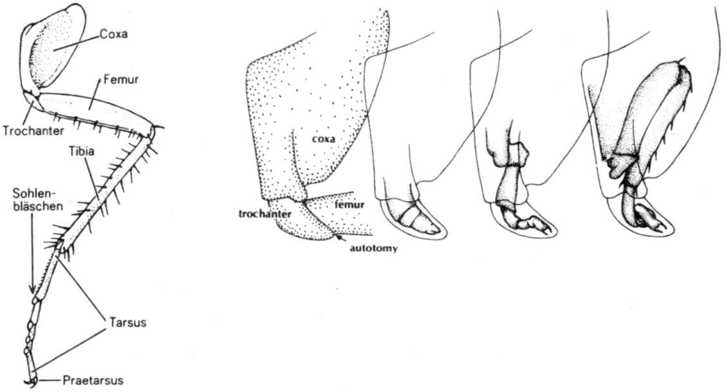

Abb. 10: *Regeneration eines Beines bei der Schabe Periplaneta americana, wie sie von Penzlin 1963 beschrieben wurde. Zur Orientierung ist links ein intaktes Bein einer Schabe (Blatta orientalis) dargestellt. (Aus M. Renner: Kükenthals Leitfaden für das Zoologische Praktikum. 19. Aufl., Stuttgart 1984)*
Rechts ist in Vergrößerung die zeitliche Abfolge des Regenerationsvorgangs illustriert. Die Schabe hatte das Bein an der Grenze zwischen Trochanter und Femur abgeworfen. Innerhalb von Coxa und Trochanter entsteht nun im Verlauf weniger Wochen ein neues, vollständiges Bein. (Verändert nach Richard J. Goss, »Principles of Regeneration«, New York 1969)

rechtes Bein nach, auch der transplantierte Stumpf regenerierte an seinem peripheren Ende ein normal aussehendes Vorderbein.[26] Abbildung 11 illustriert das Experiment.

Ein anderer amerikanischer Entwicklungsbiologe, Leon S. Stone von der Yale University, hat gezeigt, daß bei solchen Molchen die Iris eines Auges, von dem die Augenlinse entfernt worden war, eine neue Linse erzeugen kann (Abbildung 12). Goro Eguchi an der Universität von Nagoya und Tuneo Yamada am Oak Ridge National Laboratory in Tennessee haben nachgewiesen, wie das vor sich geht (siehe dazu Abbildung 12)[27]:Die Zellen, aus denen die normale Iris besteht, sind pigmentiert; sie sind mit Farbkörnchen, sogenannten Pigmentgranula, gefüllt. Nach Entfernung der Augenlinse erzeugen deren Zellkerne vermehrt Ribonukleinsäure, und dies

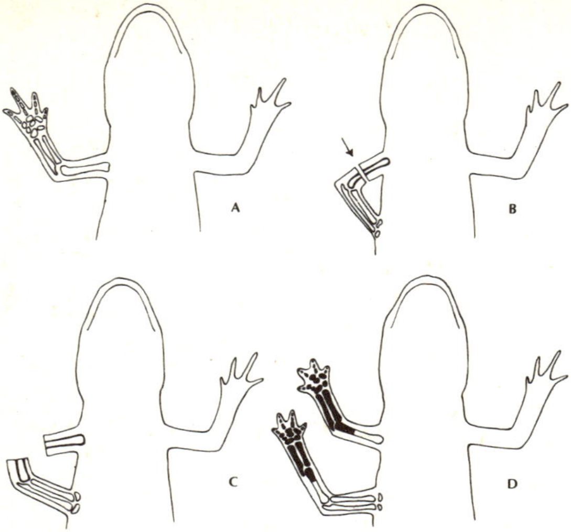

Abb. 11: *Beinregeneration bei dem Molch Triturus. Nach Durchtrennung des Oberarms wurde das linke Vorderbein in verkehrter Orientierung in die Seite des Tieres implantiert. Sowohl der verbleibende Beinstumpf wie das Implantat wuchsen zu einem vollständigen Vorderbein aus; das Regenerat auch des verkehrt eingepflanzten Beinabschnitts hatte die ›richtige‹ Orientierung. (Aus Richard J. Goss, »Principles of Regeneration«, New York 1969)*

führt zu vermehrter Proteinsynthese: Es entsteht jenes Protein, aus dem durchsichtige Augenlinsen gebildet werden. Die Randzellen der Iris beginnen, sich zu teilen. Gleichzeitig kommen über das Blutgefäßsystem besondere Blutzellen, die Amöbozyten, angereist. Die pigmentierten Iriszellen übergeben nun ihre Pigmentkörnchen den Amöbozyten, die sich mit ihnen vollstopfen und dann abwandern. Die Iriszellen sind nun durchsichtig und können eine lichtdurchlässige Augenlinse bilden. Es ist ein phantastischer Vorgang.

Bei den wenigsten Molchen wird während ihres Lebens die Augenlinse durch Verletzung zerstört werden. Aber wenn es passiert, dann sind die verschiedensten Zellarten dafür ›programmiert‹, an der Entstehung einer Ersatzlinse mitzuwirken. Wir wissen nicht, welche Signale es sind, die nach Linsenverlust die Iriszellen zur Teilung anregen, die ihre Gene aktivieren,

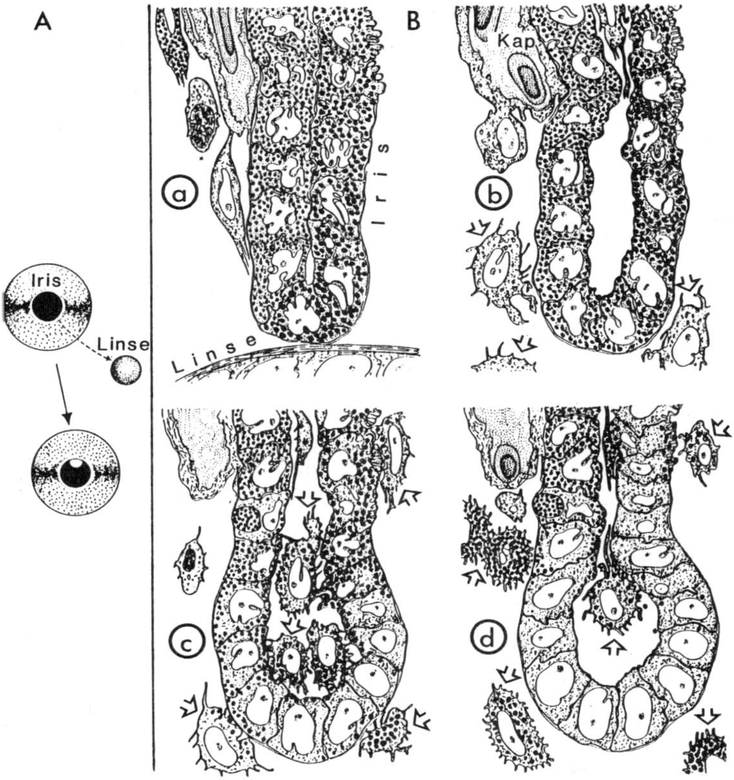

Abb. 12: *A) Die Augenlinse wird aus dem Auge eines Molchs entfernt. Die Iris kann anschließend eine neue Linse bilden. B) Schematische Darstellung der elektronenmikroskopischen Analyse der Linsenregeneration aus Irisgewebe. a) Querschnitt durch den Rand der Iris, die aus einer Doppelschicht pigmentierter Zellen besteht (schwarze Körnchen). b) Drei Tage nach Verlust der Linse erscheinen die ersten Phagozyten (Pfeile). c) Fünf Tage später haben sich zahlreiche Phagozyten (Pfeile) an die Iriszellen angeheftet und nehmen Pigmentgranula auf. d) Der Prozeß der Pigmentübergabe ist fast beendet; die nun durchsichtigen Iriszellen beginnen eine neue Linse zu bilden.*
(Nach Richard J. Goss »Principles of Regeneration«, New York, 1969; verändert)

Linsenprotein zu synthetisieren. Wir wissen nicht, welche Signale die irgendwo im Körper befindlichen Amöbozyten darüber informieren, daß sie sich in das verletzte Auge zu begeben haben, wir wissen nicht, wie sie dorthin finden und wie sie dann die Iriszellen erkennen – noch können wir sagen, wie es zugeht, daß die Iriszellen erkennen, daß an ihrer Oberfläche eine Blutzelle sitzt, die bereit ist, Pigmentgranula zu übernehmen. Die Biologen sind heute überzeugt, daß die Signale prinzipiell als chemische Substanzen identifiziert werden können, und sie können auch die Arten von physikalisch-chemischen Reaktionsketten angeben, die sich in beiden Zellarten abspielen müssen, damit ein Ausschleusen der Granula aus den Iriszellen und ein Einschleusen dieser Pigmentkörnchen in die Amöbozyten stattfinden kann. Das Wunderbare aber ist, daß gerade die richtigen chemischen Signale bei Bedarf erzeugt und ausgeschickt werden, daß sie von den Amöbozyten erkannt und als Signale verstanden werden, und daß dann die beiden Zellarten, die Amöbozyten und die Iriszellen so sinnvoll kooperieren. Wunderbar ist es auch, daß dieser Prozeß nur dort stattfindet, wo die Neubildung einer Linse sinnvoll ist, und daß gerade so viele Zellteilungen stattfinden, bis genügend Masse für die neue Linse erreicht ist. Damit ist aber das Wunder noch lange nicht erschöpft: Damit die Iriszellen durchsichtig werden, müssen die neusynthetisierten Proteinfäden parallel angeordnet werden, und die Abstände dieser so ausgerichteten Fäden müssen so an die Wellenlängen des für Molche sichtbaren Lichtes angepaßt werden, daß es nicht zur Lichtstreuung kommt.[28] Schließlich muß aber auch der Brechungsindex stimmen und die Linsenform. – Es sagt sich so leicht: Dies alles ist als Information im »Genom‹, der Erbsubstanz, der DNS, der Zellen enthalten, die entsprechenden Gene müssen nur aktiviert werden. Aber gerade darin besteht ja das Großartige dieser biologischen Vorgänge: daß sie gerade zur rechten Zeit, am richtigen Ort und im richtigen Maß stattfinden können!

Die Entwicklung eines vielzelligen Organismus, die sich durch differenzierte Zellteilung aus einer einzigen Eizelle ergibt, vollzieht sich wie die eben beschriebenen Regenerationsvorgänge nach Gesetzmäßigkeiten chemisch-physikalischer Prozesse und nach Regeln, die von den Erbanlagen, dem ›Genom‹, festgelegt sind. Diese Vorgänge laufen sozusagen automatisch ab. Auch unser eigenes Erwachsenwerden vollzog sich ohne unser bewußtes Zutun. Dieser Satz spiegelt nun das ganze Dilemma der naturwissenschaftlichen Betrachtungsweise wieder: Wenn ich eben sagte »ohne unser bewußtes Zutun«, dann war hier implizit ein »wir« gemeint, das offenbar von dem, was wir »unseren Körper« bezeichnen würden, verschieden ist. Die Zuordnung der Körperempfindung, des Körperbewußtseins zu einem ›Ich‹, dessen verallgemeinernde Pluralform eben das angesprochene »wir« darstellt, das in der Phrase »unser Körper« versteckt ist, diese Zuordnung bedeutet nicht, daß »Körper« und »Ich« identisch sind, wenngleich wir meinen, daß der bewußt erlebte Körper Teil dieses »Ich« ist. Wenn nun in dem Objekt unseres naturwissenschaftlich beschreibbaren Körpers etwas geschieht, das dem Ergebnis wissenschaftlicher Analyse gleichkommt, dann geschieht dies nicht in dem erlebten Körper, denn es ist uns in dieser naturwissenschaftlich beschreibbaren Form nicht bewußt, also nicht Teil unseres Erlebens. Wenn wir uns nicht entsprechend durch Schulbücher oder medizinische Lehrbücher informiert haben, wissen wir nicht einmal, welche Organe sich in unserem »Körper« befinden, und schon gar nicht, was sich in deren einzelnen Zellen abspielt.

Der eigene objektive, das heißt naturwissenschaftlich erkennbare Körper ist also nicht identisch mit dem erlebten Körper, er gehört nicht dem selbstbewußten Ich an. Die uns erkennbaren Körper lebender Tiere und Pflanzen erkennen wir als »Lebewesen«; ob ihnen aber tatsächlich ein selbständig fühlendes, individuelles Selbstbewußtsein zukommt, ist damit nicht erwiesen und mag eine Illusion sein.

Diese Problematik wird besonders deutlich, wenn wir uns mit den Vorgängen bei der sogenannten »Selbstreproduktion« befassen, dem eingangs erwähnten Grundkriterium dessen, was der Biologe geneigt ist, als »Leben« zu bezeichnen. Die mit jeder Fortpflanzung eintretende Vermehrung individueller Körper bedeutet, wenigstens bei uns Menschen, eine Vermehrung selbstbewußter Wesenheiten. Was geschieht denn, wenn sich ein Einzeller, ein Pantoffeltierchen oder eine Amöbe teilt, wenn aus einer Zelle zwei werden? Ist eine davon noch die »alte Zelle« und die andere sozusagen ein neugeborenes Wesen? Betrachten wir solche Einzeller durch das Mikroskop, dann bemerken wir, daß sie ein Verhalten haben[29], das uns suggeriert, daß sie durchaus zu Wahrnehmung und zielgerichteten Reaktionen fähig sind. Sie weichen Hindernissen aus, sie suchen Nahrung auf und benehmen sich wie empfindende Lebewesen. Mag sein, daß sie trotzdem kein Bewußtsein haben. Ähnlich verhalten sich viele unserer eigenen Blutzellen.[30] Mag sein, daß Eizellen und Samenzellen kein Bewußtsein haben – aus ihrer Vereinigung aber geht durch differenzierte Zellteilung ein neuer Mensch hervor – und bei vielzelligen Tieren ein neues Tier. Dieses neue Lebewesen entsteht in und aus einem anderen. Wann wird es zum Individuum? Diese Frage hat Theologen und Juristen immer wieder bewegt und in mehr oder weniger gelehrte Argumente verwickelt. Wir wollen sie an dieser Stelle nicht weiter verfolgen, sondern das gestellte Thema »Was kann das Leben?« auf eine besondere Art der Selbstreproduktion lenken, das diesem Thema eine besondere Dimension verleihen wird:

Es gibt zahlreiche Arten mehrzelliger Tiere, die sich nicht auf dem Wege über befruchtete Eizellen vermehren, sondern durch Teilung des bereits vielzelligen Tierkörpers. Bei den sogenannten Hohltieren, den Polypen und Quallen, bilden sich neue Individuen durch Sprossung oder Teilung. Die als Hydren bezeichneten Süßwasserpolypen bilden an ihrem Körper Knospen, aus denen jeweils ein neuer Polyp entsteht, der sich vom »Mutter«-Tier ablöst und selbständig wird. An Kolonien von Hydroiden bilden sich neben polypenartigen Wesen solche aus, die quallenförmig werden und sich als Quallen vom Stamm der Kolonie ablösen. Manche Hohltier-Arten machen einen regelrechten Generationswechsel durch: Aus befruchteten Eiern gehen bewimperte Larven hervor, die sich am Meeresboden festsetzen und zu Polypen auswachsen. Diese Polypen werden durch Einschnürung und Auswachsen neuer Arme zu mehrstöckigen Po-

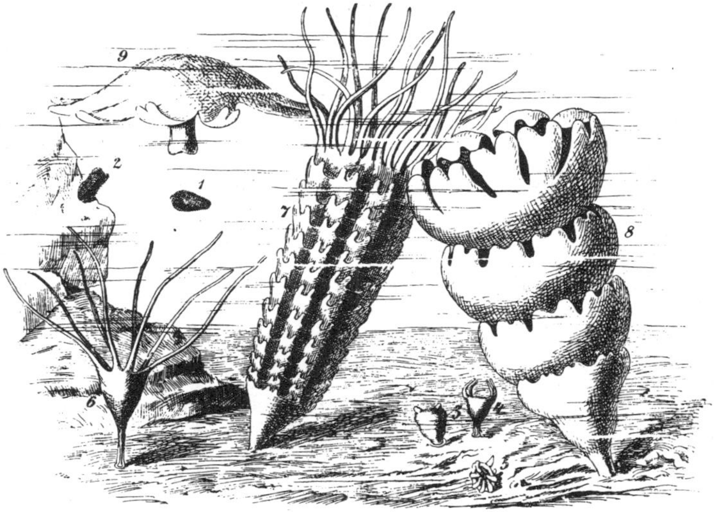

Abb. 13: *Stolonisation der Qualle Aurelia. Die winzigen, bewimperten Planula-Larven (1) setzen sich fest (2) und wachsen zu Polypen aus (3–6). An zahlreichen Einschnürungsstellen wachsen in kreisförmiger Anordnung lappenartige Fortsätze (Strobila-Stadium, 7). Die Tentakel des Polypenkopfes werden rückgebildet, und durch Abschnürung (8) entstehen die jungen Scheibenquallen (9). (Aus R. Hesse, »Der Tierbau als selbständiger Organismus«, Leipzig 1910)*

lypen, die sich dann umbilden und nach Durchschnürung zu Quallen werden, die sich von da ab als selbständige, schwimmende Individuen fortbewegen und eine neue Lebensweise beginnen (Abbildung 13). Das Problem mag uns wohl beschäftigen, ob der mehrstöckige Polyp bereits eine Kolonie darstellt oder noch ein einheitliches Lebewesen. Die Frage ist freilich naturwissenschaftlich zunächst sinnlos.

Diese Art der Vermehrung durch Teilung mehr oder weniger »erwachsener« Tiere nennt man Stolonisation. Sie tritt auch bei höheren Tierformen auf. Bei manchen der zu den Plattwürmern gehörenden Catenuliden (›Strudelwürmer‹) beruht die Vermehrung hauptsächlich auf Querteilung der erwachsenen Tiere, wobei ganze Tierketten entstehen können, deren Indivi-

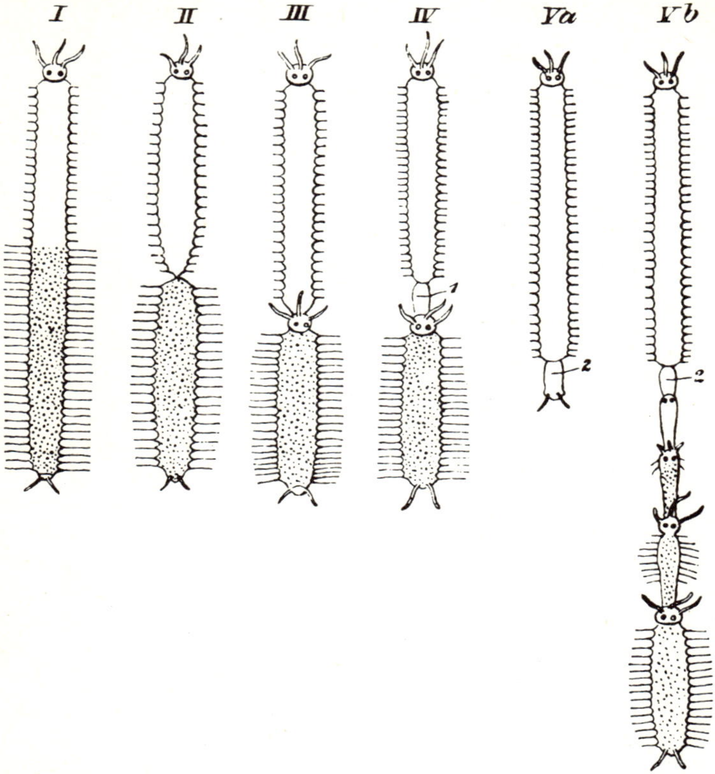

Abb. 14: *Stolonisation bei Polychaeten (Syllideen). Bei manchen Formen, z. B. Nereis (I) kommt es lediglich zur Metamorphose des hinteren, die Geschlechtsprodukte enthaltenen Körperabschnitts. Bei Haplosyllis (II) trennt sich dieser hintere Körperabschnitt vom vorderen und schwimmt eine Zeitlang umher, ehe sich die Gonaden entleeren. Bei Autolytus (III) entsteht vor der Abtrennung ein neuer Kopf und davor eine Wachstumszone (IV,1). Bei Myriadina (V) entsteht aus dieser Wachstumszone (2) eine ganze Serie von Geschlechtstieren. (Aus Hesse, »Der Tierbau als selbständiger Organismus«, Leipzig 1910)*

duen sich irgendwann einmal ablösen und selbständig machen. Noch auffallender ist diese Vermehrungsart durch Stolonisation bei gewissen marinen Ringelwürmern (Polychaeten). Bei solchen Arten entstehen mitten auf dem vielsegmentigen Rükken neue Augen, Fühler, ein neuer Mund und ein neues Gehirn – und dann löst sich der so entstandene Wurm als Individuum vom Vordertier. Es gibt Arten, bei denen ganze Ketten neuer Individuen entstehen. Abbildung 14 vermittelt einen Eindruck von diesem Geschehen.

Vermehrung durch Teilung läßt uns nach dem Zeitpunkt der »Individuation« fragen. Diese Frage ist einfach, verglichen mit dem Problem, das uns die Tierkolonien aufwerfen: Wer schon einmal in subtropischen Meeren gebadet hat, mag den gefürchteten Staatsquallen der Gattung Physalia begegnet sein, deren mit Nesselkapseln bewaffnete Tentakel fast unerträgliche Schmerzen verursachen können und deren Gift sogar tödlich sein kann. Solche Staatsquallen sind Kolonien von durch Knospung hervorgegangenen Einzelpolypen, von denen die einen als »Schwimmpolypen« das Schwimmorgan der Kolonie ausbilden, andere als »Freßpolypen« für Nahrung sorgen und weitere als »Fortpflanzungspolypen« Eizellen und/oder Spermien bilden. Eine solche Kolonie benimmt sich wie ein einziges Individuum, und doch besteht sie anatomisch aus zahlreichen Einzeltieren; sie ist sozusagen ein »Überindividuum«.

Bei den staatenbildenden Insekten[31] bilden die aus einem einzigen Weibchen hervorgegangenen Individuen eine Kolonie, die wie ein Einzelwesen funktioniert. Nicht nur gibt es da eine Arbeitsteilung (Nestbau, Nahrungserwerb, Brutfürsorge, Temperaturregelung, Verteidigung, Fortpflanzung), sondern die gegenseitige Abhängigkeit kann so weit gehen, daß die einzelnen Individuen verschiedene Organfunktionen übernehmen, die dann bei anderen gar nicht mehr ausgeprägt werden.[32]

Bei Sozialinsekten, den Ameisen, Bienen und Wespen, spielt der Austausch von Nahrungsflüssigkeit von Individuum zu Individuum eine besondere Rolle. Larven von Bienen und Wespen werden mit im Magen der adulten Tiere zu Honig umgewandeltem Nektar gefüttert. Manche Individuen bestimmter Ameisenarten haben einen unglaublich dehnbaren Magen, in welchem sie Honig speichern, bis sich ihr ganzer Körper zu einer unförmigen Tonne aufbläht. Sie werden dann von ihren Artgenossen als »Honigtöpfe« an der Decke der Wohngewölbe aufgehängt und geben auf entsprechende Anweisung den Honig als Futter für die bedürftigen Arbeiter von Mund zu Mund weiter. Diese zu Honigtöpfen umfunktionierten Individuen dienen als Nährstoffreserven, ähnlich wie etwa bei Säugetieren die Leber oder das Fettgewebe.[33]

Es gibt nun nicht nur ein Füttern der Larven durch die adulten Tiere, es gibt auch den umgekehrten Vorgang: Die Larven füttern ihre Eltern! Bei den Wespen der Gattungen Vespa und Vespula bilden die enorm großen Speicheldrüsen der Larven eine Zuckerlösung, die sie an die Erwachsenen Wespen abgeben. Sie können mit Hilfe bestimmter Enzyme aus Protein, das sie mit der ihnen von den heimkehrenden Arbeiterinnen mitgebrachten Nahrung aufgenommen haben, Zucker erzeugen. Den erwachsenen Wespen fehlt diese Fähigkeit. Wespenmännchen sind gänzlich von der Ernährung durch die Larven abhängig.[34] Die zu einem »Wespenvolk« gehörenden Organismen bilden einen »quasi Organismus«, wobei die Larven als »quasi Verdauungsorgane« dienen.

Insektenstaaten funktionieren also in vieler Hinsicht wie ein Lebewesen. Die Einzeltiere sind zwar morphologische Individuen, funktionell aber bilden sie zusammen einen Überorganismus. Allen Individuen gemeinsam ist das ›Genom‹, genauso wie den Einzelzellen eines vielzelligen Organismus dasselbe Genom zukommt.

Was wir als hierarchisches Prinzip innerhalb eines vielzelligen Organismus verwirklicht finden, tritt uns auch in Tierkolonien und Tierstaaten eindringlich gegenüber. Die Differenzierungsleistungen ein und desselben Genoms gehen also weit über die morphologischen Individuen hinaus, ja sie überdauern die Lebensspanne der Einzelindividuen.

Nicht das Einzeltier, sondern das Einzelgenom stellt die biologische Einheit dar, und das Überleben dieses Genoms, auch wenn es hundert- und tausendfach reproduziert wird, sei es in Einzelzellen, sei es in den Einzelindividuen einer Tierkolonie oder eines Tierstaates, repräsentiert das eigentliche ›Leben‹

und das daraus resultierende ›Lebewesen‹. Erst die geschlechtliche Fortpflanzung, die durch die Zusammenfügung von zwei infolge von Mutationen verschiedenartigen Genomen möglich wird, erzeugt ein wirklich neues Lebewesen. Diese Argumentation ist natürlich eine Konstruktion, aber diese beleuchtet in besonderem Maße die Problematik, die das Konzept »Individuum« aufwirft und die unsere Konzeption der Evolution so schwierig macht, weil ja selbst die Definition der ›Art‹ und der ›Population‹ davon betroffen ist, ohne die eine Evolutionstheorie sinnlos wäre.

Durch Mutation und Fortpflanzung entstehen immer neue Lebensformen, deren Genese nach Art eines sich immer neu verzweigenden Stammbaumes ein Ganzes ergibt. Betrachten wir die zu einem bestimmten Zeitquerschnitt existierenden Lebewesen, dann können wir aufgrund morphologischer und chemischer Analysen ihre genetische Entstehung zurückverfolgen und zu dem Schluß kommen, daß es bis zum ersten Lebewesen eine Kontinuität gibt, eine ununterbrochene Reihe, deren zeitliche Dauer zwei oder mehr Milliarden Jahre beträgt. Wir haben gesehen, wie schwierig es ist, Beginn und Ende des Individuums zu bestimmen, sobald wir erkennen, daß die Grenzen zwischen den Einzelwesen willkürlich gesetzt sind, daß die Kolonie, die Population, die genetische Einheit der Gattung – oder wie immer wir die taxonomische Einheit fassen – ein lebendes System darstellt, das in vieler Hinsicht organismischen Charakter hat. Der Zoologe August Weismann (1834–1914) hat von der Kontinuität der Keimbahn gesprochen[35] – heute würden wir sagen: Kontinuität der Gene, die ihresgleichen durch Replikation erzeugen und durch Vermittlung von Ribonukleinsäureketten jene Apparate erzeugen, welche die weitere Reproduktion der Gene ermöglichen. Das Leben auf dieser Erde, so betrachtet, ist bisher unsterblich geblieben.

Soweit haben wir nun die Lebewesen immer noch so betrachtet, wie sie uns herausgelöst aus ihrem natürlichen Kontext erscheinen. In der freien Natur bilden die verschiedensten Tiere und Pflanzen Lebensgemeinschaften, die selbst wieder in vieler Hinsicht analog zu Organismen funktionieren: Es besteht eine intensive Wechselwirkung, eine gegenseitige Abhängigkeit, ein gegenseitiges Angepaßtsein. Der berühmte Kampf ums Dasein ist eigentlich ein ausgewogenes Wechselspiel.

Ohne Bestäubung ihrer Blüten durch Insekten könnten sich viele Blütenpflanzen überhaupt nicht vermehren, ohne Wirtspflanzen gäbe es keine Schmetterlinge, ohne die im Boden lebenden Insektenlarven gäbe es keine Maulwürfe, ohne Mäuse keine Habichte, ohne Tintenfische keine Pottwale, ohne Regenwürmer keine Amseln und ohne Blätter keine Regenwürmer. Ohne die Aufbereitung des Bodens durch Mikroorganismen und Bodentiere könnten die wenigsten höheren Pflanzen gedeihen. Die gegenseitige Abhängigkeit der heute lebenden Tier- und Pflanzenarten ist fast absolut, und das heißt nichts anderes, als daß die Evolution nur als Gesamtevolution aller Lebewesen verstanden werden kann, als Prozeß einer Co-Evolution. Solche Co-Evolution läßt sich natürlich am leichtesten dort studieren, wo zwei verschiedene ›Arten‹ durch besondere gegenseitige (Symbiose) oder einseitige (Parasitismus) Anpassung auffallen. Parasitismus und Symbiose beruhen auf extremen Anpassungen einer Art an die andere. Die Evolution des Parasiten setzt die Evolution des Wirtes voraus, bei echter Symbiose müssen beide der zusammenlebenden und voneinander abhängigen Arten eine gemeinsame, parallele Evolution durchgemacht haben, eine Co-Evolution. Auffallende Beispiele zitiert der amerikanische Soziobiologe Edmund O. Wilson[36] aus Untersuchungen von Rettenmeyer über die »Gäste« und Ektoparasiten von südamerikanischen Treiberameisen (Familie Dorylinae) der Gattungen Exiton und Neivamyrmex. Abbildung 15 illustriert diese auffallenden Anpassungen. Der winzige Käfer Paralimulodes reitet rittlings auf dem Kopf der Ameise und wartet darauf, daß dieses Wirtstier seinem Nahrungserwerb nachgeht, wo er dann die Gelegenheit nutzt, um sich mitzuernähren. Die auf eine Art der Ameisengattung Eciton spezialisierte Milbe Circocyliba versteht sich darauf, auf der Innenfläche der Mandibeln zu sitzen, und kommt so bei der Nahrungsaufnahme durch das Wirtstier noch näher an dessen Nahrung heran. Ähnlich macht es eine andere Milbenart, Antenequesoma, die sich in der Nähe des Mundes der Wirtsameise am ersten Glied einer der

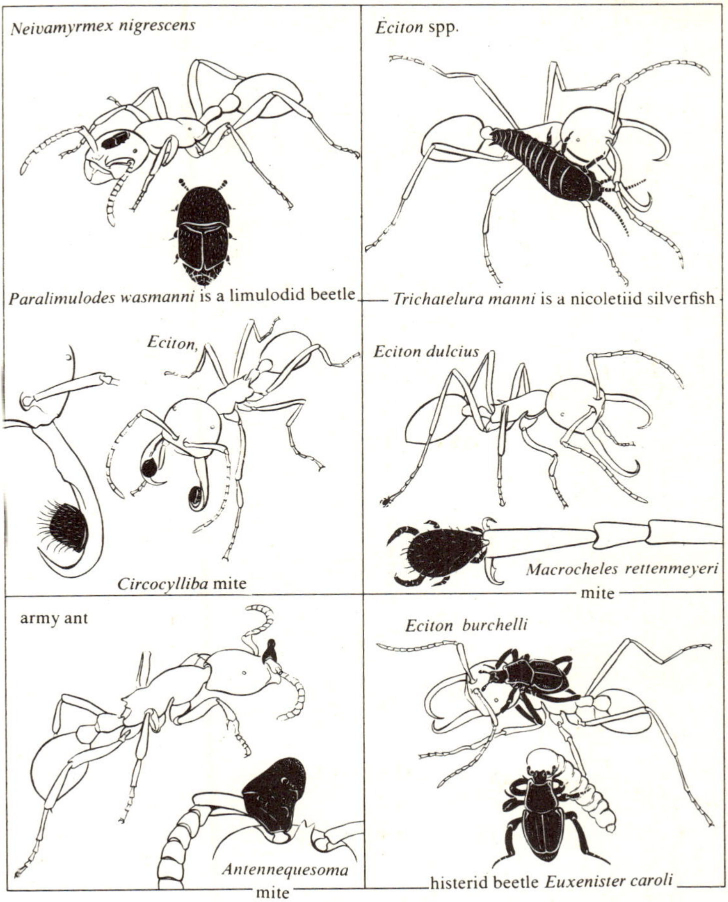

Abb. 15: *Beispiele für Co-Evolution: gegenseitige (Symbiose) oder einseitige (Parasitismus) Anpassung zweier Arten. Käfer (beetles), Silberfischchen und Milben (mite) als »Gäste« und »Ektoparasiten von Treiberameisen (Englisch: army ants) nehmen ganz bestimmte Positionen am Körper der »Wirtstiere« ein; sie sind auf deren Morphologie und Lebensweise angepaßt. (Nach E. O. Wilson, »Insect Societies«, Cambridge, 1971, verändert)*

beiden Fühler festsetzt. Die Milbe Macrocheles zeigt eine noch verblüffendere Spezialisierung: Sie bohrt ihre Mundwerkzeuge durch die dünne Membran des Endgliedes eines der Hinterbeine der von ihr befallenen Ameise und läßt sich als »Extrazehe« mitschleppen. Diese Milbenart kommt nur bei einer ganz bestimmten Treiberameisenart, Eciton dulcius, vor.

Parasit-Wirtsbeziehung und Symbiose sind einseitige und wechselseitige Anpassungen von zwei Arten, aber diese Anpassungen sind nichts anderes als Spezialfälle der Tatsache, daß solche Anpassungen nach allen Richtungen hin bestehen. Die Wirtstiere der Parasiten sind an die Lebewelt der Umgebung ebenso sehr angepaßt, und die Symbionten fügen sich ihrerseits ein in den biologischen Kontext des gesamten Biotops, in dem sie leben. Auch diese Biotope, die dort herrschenden Lebensgemeinschaften, bestehen aus prinzipiell genetisch verwandten Lebewesen, auch wenn deren gemeinsame Ursprünge zeitlich weit zurückliegen. Koloniale Lebewesen wie die Staatsquallen und die Insektenstaaten sind »quasi Organismen«, das gleiche gilt aber doch auch für die Biotope, die Lebensgemeinschaften: Die Einzelkörper der sie konstituierenden Organismen sind nicht nur aufeinander angepaßt, sie sind aufeinander angewiesen, sie ernähren sich gegenseitig – die Pflanzen sind Futter, die Tiere wiederum produzieren stickstoffhaltigen »Dünger«, Pflanzen bieten Schutz und erzeugen Erde, und diese dient nicht nur als Substrat für neues Pflanzenwachstum, sondern auch als Lebensraum für weitere Pflanzen, für Mikroorganismen und Bodentiere. Pilze leben in Symbiose mit Baumwurzeln, Insekten bestäuben Blüten, Samen werden bei der Passage durch den Darm von Tieren erst keimfähig, Vögel finden Nistplätze auf Bäumen und erbeuten Insekten, die wiederum von Pflanzen ernährt wurden. Mikroorganismen zersetzen tierische und pflanzliche Kadaver, soweit diese nicht direkt anderen Organismen als Nahrung dienen. Das Biotop regelt die Zahl der Individuen und erhält sich konstant oder entwickelt sich weiter; es ist in seiner Gesamtheit ein genetisch determinierter Überorganismus.

Die üblichen Überlegungen zur Genetik und Evolution betreffen gewöhnlich nur die Aspekte der Ausgestaltung von Organismen, deren Morphogenese, ihr Wachstum und ihre Fortpflanzung – neuerdings freilich auch ihr Verhalten. Es hieße aber, die Leistungsfähigkeit des Lebens grob unterschätzen, würde man nicht auch die physiologischen Leistungen der Lebewesen in Betracht ziehen, das also, was an zellulären und organischen Funktionen innerhalb der Organismen vor sich geht und erst das eigentliche Leben dieser Wesen ausmacht.

Vor lauter Bescheidenheit (wie anders könnte man dies höflich bezeichnen?) unterlassen es die Biologen meist, sich selbst in die Betrachtung der Lebensphänomene einzubeziehen. Wenn wir es aber ernst meinen mit der Evolutionstheorie, dann gehört der Mensch mit allen seinen Fähigkeiten mitten hinein in die lebende Natur. Dann gehört zu unserem Thema auch die Fähigkeit des Menschen zu denken, dann gehört hierher unsere Erlebnisfähigkeit – unser Bewußtsein, unser Lernvermögen, unsere Gedächtnisleistungen. Lassen wir es dahingestellt sein, ob Pflanzen und Tiere zu bewußter Wahrnehmung fähig sind, daran zweifelt wohl niemand, daß der Mensch seine Welt bewußt erlebt und daß dieses Bewußtsein eine Grundeigenschaft seines Lebens ist. Und so kommen wir zu einer Feststellung, die, banal formuliert, lautet: Das Leben kann seiner selbst bewußt werden, es kann sich selbst erkennen. Vom Standpunkt des Philosophen aus gesehen, ist das ein ungeheuerlicher Satz. Die Schulmeinung der Biologen würde ihn trivial finden. Tatsächlich ist die Überzeugung weit verbreitet, daß das, was wir so schlicht und einfach als ›Bewußtsein‹ bezeichnen, eine Leistung oder Funktion des Gehirns ist, die sich aus der gegenseitigen Beeinflussung der Nervenzellen des Gehirns ergibt.[37] Biologen haben sich dazu verstiegen, die ganze Philosophie als eine Hirnleistung aufzufassen, und haben neuerdings eine »evolutionäre Erkenntnistheorie« geschaffen, die solches genauer zu begründen versucht.[38]

Obwohl wir nicht in der Lage sind, Bewußtseinsinhalte von Tieren zu erforschen, so können wir sehr wohl deren Lernleistungen untersuchen. Von Säugetieren mit ihrem relativ großen Gehirn erwartet man entsprechend gute Lernleistungen. Es überrascht daher, daß Insekten, deren Gehirn um so vieles kleiner ist, eine ganz ähnliche Lernfähigkeit haben. Als Student habe ich Bienen bei ihrem Blütenbesuch auf einer Wiese eingefangen und in verschlossenem Gefäß ins Laboratorium gebracht und dort mit Zuckerwasser gefüttert. Sie durften dann durch eine Luke des großen Laborfensters nach draußen fliegen. Nach kurzem Orientierungsflug zogen sie dann ab, offenbar in Richtung Heimatstock. Am nächsten Tag kehrten sie wieder zurück, kamen etwa 10 Minuten vor der Zeit, zu der ich sie gefüttert hatte, durch dieselbe Luke des Laborfensters an meinen Arbeitstisch und besuchten das für sie bereitgestellte Futterschälchen. Ein einmaliger, kurzer Orientierungsflug am Vortag reichte aus, den Weg vom Bienenstock zu dem vorher ganz unbekannten Universitätsgebäude – und zu einem von mehr als hundert Fenstern zu erlernen.

Der amerikanische Tierpsychologe Schneirla hat Ameisen den Weg durch ein Labyrinth lernen lassen, das auch für Lernversuche mit Ratten verwendet wurde.[39] Zugegeben, die Ratten lernten den Weg dreimal schneller, aber immerhin, die Ameisen machten nach 20 bis 30 Versuchen kaum noch Fehler!

Auch Küchenschaben zeigen ein ähnliches Lernvermögen. Die Hirngewichte von Schabe und Ratte verhalten sich etwa wie 1 zu 1000, das Gehirn der Ameisen hat nur etwa ein Zehntausendstel der Größe des Rattengehirns. Zugegeben, man kann heute Computer bauen, die imstande sind, ein Labyrinth von der Art, wie es den Ratten und Insekten zugemutet wurde, zu meistern. Aber diese Computer sind nicht nur um etliches größer als ein Ameisengehirn, sie wurden ja schließlich von menschlichen Gehirnen ersonnen! Das Ameisengehirn besteht aus einigen tausend, das menschliche Gehirn aus einigen hunderttausend Millionen Nervenzellen. Ameisenorganismus wie Menschenorganismus entstehen durch Teilung und Vermehrung einer einzigen befruchteten Eizelle. Deren Erbmaterial, das »Genom«, ist, wie wir heute meinen, eine molekulare Maschine, welche die unglaubliche Fähigkeit hat, eine Vielzahl unterschiedlich strukturierter und unterschiedlich funktionierender Zellen zu erzeugen. Das Genom des Menschen wiegt nicht mehr als ein Millionstel von einem Millionstel Gramm. Die Anordnung seiner Bausteine reicht aus, um den etwa zehn

Millionen Zellen, die den Körper eines erwachsenen Menschen ausmachen, ausreichend zu instruieren, wie sie sich während ihrer jeweiligen Lebenszeit zu verhalten haben. Diese winzige »Erbmasse« läßt die Leberzellen wie Leberzellen funktionieren, die Muskelzellen wie Muskelzellen, die Zellen der Speicheldrüsen wie Speicheldrüsenzellen, die Zellen der Nieren wie Nierenzellen und die Zellen des Nervensystems wie Nervenzellen. Damit nicht genug: Dieses Genom steuert das Zusammenleben der Zellen eines jeden Organs, es diktiert auch die Art der Differenzierung innerhalb des betreffenden Organs. Es bestimmt z. B. Ort und Struktur eines jeden noch so feinen Blutgefäßes, die Funktionsweise jeder der tausend verschiedenen Zelltypen in den Nieren und jeder einzelnen der Millionen von Millionen Nervenzellen. Die Leistungen jeder solchen Nervenzelle sind derart komplex, daß wir auch mit unseren besten Techniken nur einen Bruchteil davon überhaupt bestimmen können.

Wenn die moderne Biologie recht hat, dann entstehen Wahrnehmung und Bewußtsein aus der Wechselwirkung der Nervenzellen unseres Gehirns, sind Lernen und Gedächtnis, aber auch willkürliches und unwillkürliches Verhalten das Ergebnis der Tätigkeit der Gehirnzellen, deren Zahl etwa eine Million Millionen beträgt. Jede von ihnen hat hunderte oder tausende feinster Zweige, deren Endigungen mit anderen Nervenzellfortsätzen verbunden sind. Das Gehirn ist ein Netzwerk, das aus schätzungsweise tausend Millionen Millionen derartiger »Verknüpfungsstellen« besteht, an denen Informationen in Form chemischer und elektrischer Signale ausgetauscht werden.[40]

Folgen wir den Lehren der heutigen Wissenschaft vom Leben, dann ist jede Äußerung eines lebendigen Organismus das Ergebnis der chemischen und physikalischen Prozesse, die in ihm nach Gesetzen ablaufen, die zunächst von Physikern und Chemikern erkannt wurden, deren Verknüpfung aber erst verständlich wurde durch die Gesetzmäßigkeiten, die durch die neuen Regeltheorien (Kybernetik), die Netzwerktheorie und die Informatik aufgedeckt werden. Diese Theorien geben ganz neue Einsichten in die Funktionsweise von Organismen, insbesondere aber in die Funktionsweise von Nervensystemen.

Das wahrnehmende und erkennende Gehirn schafft sich nicht nur eine innere Welt, es erschafft auch die (erkennbare und erkannte) Außenwelt nach den ihm gegebenen Funktionsprinzipien – unter Ausnutzung der ihm von den Sinnesorganen zugeführten Signale. Jede menschliche Leistung ist demnach Gehirnleistung; die Schöpferkraft der genialsten Künstler und der bedeutendsten Denker ist eine Leistung ihres lebendigen Gehirns. – Leben ist also schöpferisch in doppelter Hinsicht: Es zeigt sich in der Formbildung der Organismen und in der, wenigstens bei uns Menschen so großartig ausgebildeten Befähigung des Gehirns, eine innere, bewußte Welt zu schaffen und diese innere Welt wieder nach außen wirken zu lassen.

Das Unbehagen, das derartige Feststellungen begleitet, läßt sich nicht leugnen. Ist es wirklich nur unsere kulturbedingte Erziehung, die uns an ein Leben jenseits mathematisch erfaßbarer materieller Prozesse glauben läßt, oder besitzen wir ein unmittelbares, inneres Wissen darüber? Ist Erkenntnis das Resultat regelhafter Aktivitäten von Nervenzellen, oder gibt es eine Vernunft, die uns erst derartige Aktivitäten erkennen läßt, die also allem Wissen vorausgeht? Die Theologie lehrt uns dieses, manche Philosophen haben diesen Glauben zur Prämisse ihrer Lehre gemacht. Das von der Wissenschaft vom Leben, der Biologie, dargestellte Phänomen Leben, mit allen seinen Äußerungen, erstaunt und beeindruckt uns zutiefst. Die Motivation zu seiner naturwissenschaftlichen Erforschung mag allerdings metaphysisch begründet sein, jenseits aller Philosophie und Wissenschaft.

Anmerkungen zur Literatur

1 Erwin Schrödinger: What is Life? Cambridge 1944. Deutsch: Was ist Leben? München 1987.
Über die Bedeutung von Schrödingers Argumenten aus der Sicht der heutigen Biologie siehe
R. Olby: Schrödinger's problem: what is life? J. Hist. Biol. 4, 119–148, 1971.

2 Der Ausdruck ›Vitalismus‹, vom lateinischen vita, Leben, wird dem des ›Mechanismus‹ entgegengestellt, insbesondere seit der Mediziner Georg Ernst Stahl (1660–1734) den ›Organismus‹ eines Lebewesens dem ›Mechanismus‹ einer Maschine gegenübergestellt hat. Ein Vitalist ist einer, der

überzeugt ist, daß das Wesen eines ›Lebewesens‹ darin besteht, daß dessen Materie belebt, also von einer Lebenskraft gesteuert wird, einer formbildenden Seele, ganz im Sinne des griechischen Philosophen und Naturforschers Aristoteles. Über die Geschichte der vitalistischen Lehren in Medizin und Biologie siehe
Emanuel Radl: Geschichte der biologischen Theorien, Leipzig 1913;
Karl E. Rothschuh: Konzepte der Medizin in Vergangenheit und Gegenwart. Stuttgart 1978;
Lois N. Magner: A History of the Life Sciences. New York 1979.

3 Ich beziehe mich hier auf
Michael Schmaus: Katholische Dogmatik. Bd. 1. Halbbd., Gott der Schöpfer. 6. Aufl. München 1962, S. 132–134. Bd. 4, 2. Halbbd., Von den letzten Dingen. 5. Aufl. München 1959, S. 240–241.
Ferner sei verwiesen auf
Paul Tillich: Systematische Theologie. Bd. 3. Das Leben und der Geist/Die Geschichte und das Reich Gottes. I. Das Leben, seine Zweideutigkeiten und die Frage nach unzweideutigem Leben. A. Die vieldimensionale Einheit des Lebens. Stuttgart 1966, S. 21–41.

4 Die hier verwendeten Begriffe »vegetative« und »sensitive« Seele entstammen der Lehre des Aristoteles, wie er sie insbesondere in seinem Buch »Peri Psyche« (De Anima; Von der Seele) dargelegt hat. Demnach kommt den Pflanzen als belebendes Prinzip eine Art von Seele zu, welche die Prozesse der Ernährung, des Wachstums, aber auch die der Fortpflanzung bewirkt. Diese vegetative Funktion kommt auch der Seele der Tiere zu, nur daß diese die Fähigkeit zu Empfindung, Wahrnehmung und Begierden hat. Erst die Seele des Menschen ist vernunftbegabt und zum Denken befähigt.

5 Die hier angedeutete Polemik erreichte mit den Lehren De LaMetrie's schon im siebzehnten Jahrhundert einen ersten Höhepunkt (»L'Homme machine‹, Leiden 1748; »L'Homme Plante‹, 1749). Im letzten Jahrhundert vertraten ihn vor allem die Monisten Carl Vogt (»Physiologische Briefe für Gebildete aller Stände«, 1845), Ernst Haeckel (»Die Welträtsel«, 1899) und Ludwig Büchner (»Kraft und Stoff«, 1855). Heute ist diese Auffassung, daß bewußtes Erleben eine Hirnleistung ist, unter Naturwissenschaftlern fast selbstverständlich geworden. Eine gute Einführung in diese Geisteshaltung der modernen Neurobiologie geben
Jean-Pierre Changeux: »Der neuronale Mensch«, Hamburg, 1984;
Patricia Smith Churchland: Neurophilosophy. Cambridge (Mass.) 1987.

6 Die idealistische Morphologie errang durch die morphologischen Schriften J. W. Goethes und durch die idealistische Philosophie J. F. W. Schellings eine bedeutende Position im biologischen Denken zu Anfang des neunzehnten Jahrhunderts. Sie sieht in den Formen von Tieren und Pflanzen die Ausgestaltung von Typen (Ideen), die trotz mannigfaltiger Abwandlung erkennbar sind.

7 Mit dem bereits von Aristoteles verwendeten Begriff »Entelechie« verbindet sich die Vorstellung eines den Lebewesen innewohnenden gestaltenden Prinzips (Aristoteles verwendet den Begriff oft anstelle des Begriffs Seele).

In neuerer Zeit wurde das Konzept der Entelechie zu einem Grundpfeiler des von Hans Driesch (1867–1941) geprägten Vitalismus. Er wird immer wieder mißverstanden, indem man annimmt, daß Entelechie eine »Lebenskraft« darstellt, also eine Energieform, die ihrem Wesen nach den in der heutigen Physik geltenden Gesetzen der Thermodynamik widerspricht. Eine ausführliche Erörterung des Begriffs ›Entelechie‹ gibt
Hans Driesch: Philosphie des Organischen. Leipzig 1909.

8 In Deutschland waren es vor allem die so einflußreichen Physiologen und Mediziner Hermann Ludwig Ferdinand v. Helmholtz (1821–1894), Rudolf Ludwig Virchow (1821–1902), Emil Du Bois-Reymond (1818–1898) und Ernst v. Brücke (1819–1892), die sich dem anti-vitalistischen Denken verschrieben.

9 Der Ausdruck »Kybernetik« stammt von Norbert Wiener (»Cybernetics«, 1944; deutsch: »Kybernetik«, 1963). Er bedeutet soviel wie ›Lehre von der selbsttätigen Regelung‹. Wesentlicher Bestandteil dieser Wissenschaft ist das Konzept der »Information«, wie es in der von Shannon begründeten Informationstheorie (C. E. Shannon und W. Weaver »The Mathematical Theory of Communication«, 1949) verwendet wird. Systemtheorie, Netzwerktheorie und das neue Fachgebiet der »Künstlichen Intelligenz« gehen auf die Ansätze der Kybernetik zurück.

10 Hierüber referieren mehrere Kapitel dieses Buches. Als grundlegendes, einführendes Werk zur Thematik verweise ich auf das Buch von
Manfred Eigen und Ruthild Winkler: Das Spiel/Naturgesetze steuern den Zufall. München 1975.

11 Gereon Wolters und Jürgen Mittelstraß: Leben. In: Mittelstraß, Jürgen (mit Gereon Wolters), Hrsg.: Enzyklopädie Philosophie und Wissenschaftstheorie. Band 2, Bibliographisches Institut, Mannheim, B. I.-Wissenschaftsverlag 1987, S. 549–552.

12 Der allgemein gebräuchliche Begriff der »Art« hat heute keine allgemeinverbindliche Bedeutung. Tierarten und Pflanzenarten sind vom Menschen willkürlich konzipierte hypothetische Gruppierungen ähnlicher Individuen, wobei die Kriterien der Ähnlichkeit keineswegs Allgemeingültigkeit haben. Eine gute Einführung in die Problematik des Artbegriffes findet der Leser in
D. S. Peters: Über den Zusammenhang von biologischem Artbegriff und phylogenetischer Systematik. Aufsätze und Reden der Senckenbergischen Naturforschenden Gesellschaft. Frankfurt a. M. 1970.
Eine ausführliche Erörterung der Problematik aus der Sicht des modernen Biologen gibt
Peter Ax: Das phylogenetische System. Stuttgart 1984.

13 Wer sich das Vergnügen macht, an tropischen oder subtropischen Meeresständen Muschel- und Schneckenschalen zu sammeln, die dort in oft unbeschreiblicher Vielfalt zu finden sind, kann ohne Kenntnis der systematischen Zugehörigkeit der Muschel- und Schneckenarten Formenreihen zusammenstellen, welche die graduelle Transformation einer Gestalt in die andere plausibel machen. Zieht man dann einen Fachmann zu Rate, muß

man erstaunt feststellen, daß diese nach ästhetischen oder mathematischen Prinzipien erstellten Reihen keineswegs mit den natürlichen Verwandtschaftsverhältnissen der betreffenden Arten übereinstimmen. Die zoologische und die botanische Systematik (die Lehre von den natürlichen, evolutionsbedingten) Verwandtschaften beruht auf der Bewertung nicht nur äußerer, sondern auch innerer Strukturmerkmale, wobei auch die Entwicklungsstadien der einzelnen Formen in Betracht gezogen werden.

14 In den sogenannten ›hochzivilisierten‹ Ländern ist leider die Vielfalt der Schmetterlingsarten drastisch zurückgegangen, nicht zuletzt als Folge der Schädlingsbekämpfung durch Insektizide und als Folge des Einsatzes von Herbiziden, aber auch den Einsatz einseitiger Düngung und dem dadurch bedingten Rückgang der Pflanzenvielfalt. Abgesehen von einschlägigen Bestimmungsbüchern sei dem Leser das reich bebilderte Buch von Paul Smart: The Illustrated Encyclopedia of the Butterfly World. London 1976, deutsch »Enzyklopädie der Schmetterlinge der Welt« (1984) empfohlen.

15 Die Unterseite der Flügel des europäischen Kleinen Fuchs (Aglais urticae) gleichen einem vertrockneten Blatt, die Flügel der malayischen Blattschmetterlinge Kallima paralekta haben die Form eines trockenen Blattes, komplett mit Stengel und dem für Blätter typischen Geäder. In der Ruhestellung sind solche Schmetterlinge nicht von den wirklichen Blättern des Strauches, auf dessen Zweigen sie sich niederlassen, zu unterscheiden. Man spricht von »Blattmimikry« (nach dem englischen Wort »mimicry«, Nachahmerei).

16 In den Jahren 1899 bis 1904 veröffentlichte Ernst Haeckel in zwangloser Folge zehn Hefte mit insgesamt 100 von ihm selbst gezeichneten bzw. gemalten Tafeln mit Abbildungen ästhetisch aufbereiteter Formen von Tieren und Pflanzen unter dem Titel ›Kunstformen der Natur‹. Sie erschienen 1904 in Buchform: Ernst Haeckel: Kunstformen der Natur. Bibliographisches Institut Leipzig und Wien 1904. Ein Nachdruck (›Art Forms in Nature‹) erschien bei Dover Books, New York 1974.

17 Ernst Haeckels großes Werk über die Radiolarien enthält nicht weniger als 174 Tafeln mit Abbildungen dieser Einzeller des Meeres, deren kunstvolle Kieselgerüste auch das Vorbild zu mehreren Tafeln in den »Kunstformen der Natur« geliefert haben. Die »Monographie der Radiolarien« erschien in vier Teilen in den Jahren 1862–1877.

18 Ernst Haeckel: Die Kalkschwämme (Calcispongiae). 2 Bde., Berlin 1972.

19 In diesem Buch verwendet Haeckel zahlreiche neue Wortschöpfungen wie »Psychom«, »Histopsyche«, »Psychomatik«, »Psychoplasma« und spricht von Atomseelen, ja Elektronenseelen. Aus einem schlichten naturwissenschaftlichen Materialismus entsteht nun der Glaube an ein beseeltes Universum, und Haeckel erklärt: »Alle Substanz besitzt Leben, anorganische ebenso wie organische; alle Dinge sind beseelt ...«

20 D'Acry Wentworth Thompson: On Growth and Form. Cambridge 1917.

21 D'Acry Wentworth Thompson: On Growth and Form. Herausgegeben von J. T. Bonner. Cambridge 1959. Deutsch: Über Wachstum und Form. Suhrkamp Taschenbuch Wissenschaft 410, Frankfurt a. M. 1983. Es handelt sich

um eine etwas gekürzte Fassung, die Bonner mit einer historischen Einleitung und wertvollen Kommentaren versehen hat.

22 Jan Swammerdam: Biblia Naturae sive Historia Insectorum. Leyden 1737. Dieses Werk, dessen exquisite Illustrationen auch heute Bewunderung erregen, wurde erst nach Swammerdams Tod von dem großen Arzt Hermann Boerhaave (1668–1738) erworben und zur Veröffentlichung gebracht.

23 Dazu gehören auch folgende Werke
Gustav Theodor Fechner: Über die mathematische Behandlung organischer Gestalten und Processe. Berichte der sächsischen Gesellschaft, Mathematisch-Physikalische Classe. Leipzig 1849, S. 50–64.
S. Colman und C. A. Coan: Nature's Harmonic Unity. New York 1912, und T. A. Cook: Spirals in Nature and Art. 1903; Curves of Life, 1914.

24 Jeder Heilungsprozeß stellt einen Wachstums- und Entwicklungsprozeß dar, der mit koordinierter Zellvermehrung verbunden ist. Das gilt selbst für die immunologischen Abwehrreaktionen.

25 Heinz Penzlin: Über die Regeneration bei Schaben (Blattaria). I. Das Regenerationsvermögen und die Genese des Regenerats. Arch. Entwicklungsmech. Organ. 154: 434–465, 1963. 1963.

26 Hierüber wurde in folgenden Originalpublikationen berichtet
R. J. Goss: The relation of bone to the histogenesis of cartilage in regenerating forelimbs and tails of adult Triturus viridescens, J. Morphol. 98: 89–124, 1956;
R. J. Goss: The unification of regenerates from symmetrically duplicated forelimbs. J. exptl. Zool. 133: 191–210, 1956;
R. J. Goss: Regeneration of vertebrate appendages. Advances in Morphogenesis 1: 103–152, 1961.

27 Die Ergebnisse sind folgenden Originalpublikationen entnommen
G. Eguchi: Electronmicroscopic studies on lens regeneration. I. Mechanism of depigmentation of the iris. Embryologia 8: 45–62, 1963;
T. Yamada und S. Karasaki: Nuclear RNA synthesis in newt iris cells engaged in regenerative transformation into lens cells. Developmental Biol. 7: 595–604, 1963;
T. Yamada und C. Takata: An autoradiographic study of protein synthesis in regenerative tissue transformation of iris into lens in the newt. Developmental Biol. 8: 358–369, 1963.

28 J. L. Cox, R. A. Farrell, R. W. Hart und M. E. Langham: The transparency of the mammalian cornea. J. Phyiol. (London) 210: 601–616, 1970; R. L. McCally und R. A. Farrell: Structural Implications of small-angle light scattering from cornea. Experim. Eye Research 34: 99–113, 1982.

29 Das Verhalten von Einzellern (Protozoen), insbesondere von Pantoffeltierchen (Paramaecium) wurde von Jennings eingehend untersucht und beschrieben: H. S. Jennings: Behavior of the Lower Organisms. 1920.

30 Zu den Blutzellen gehören nicht nur die roten Blutkörperchen (Erythrozyten), sondern auch die weißen Blutkörperchen (Leukozyten), die in Knochenmark, Milz und in den Lymphknoten gebildet werden. Es sind Einzeller, die viele Eigenschaften mit Amöben gemeinsam haben. Sie kommen

nicht nur im Blut vor, sondern wandern durch die Gefäßwände in die Gewebe, wo sie nicht nur abgestorbene Zellen und ausgeschiedene Zellpartikel in sich aufnehmen, sondern auch Substanzen abgeben, die u. a. bei Heilungsprozessen wichtig sind.

31 Über die Leistungen staatenbildender Insekten, insbesondere der Bienen und Wespen, gibt es eine umfangreiche Fachliteratur und hervorragende zusammenfassende Darstellungen
F. Maidl: Die Lebensgewohnheiten und Instinkte der staatenbildenden Insekten. Wien 1934;
Karl V. Frisch: Aus dem Leben der Bienen. 4. Aufl. Berlin 1953;
Edmund O. Wilson: Insect Societies. Cambridge, Mass., 1971.

32 Dazu gehört natürlich auch, daß die Fortpflanzung nur noch von besonderen Individuen der Kolonie, den Königinnen und einzelnen Männchen geleistet wird, und daß sterile Weibchen, deren Geschlechtsorgane in einen Giftapparat umgewandelt sind, die Hauptlast des Wohnungsbaus, der Nahrungsbeschaffung und der Verteidigung übernehmen.

33 Solche »Honigtopf-Individuen«, die als Nahrungsspeicher fungieren, findet man bei mehreren Ameisengattungen (Myrmecocystus, Camponotus, Melophorus, Proformica), insbesondere bei Arten in trockenen Klimaten.

34 Folgende Originalpublikationen befassen sich mit diesem Phänomen
R. Ikan, E. D. Bergmann, J. Ishay und S. Gitter: Proteolytic enzyme activity in the various colony members of the Oriental hornet, Vespa orientalis F. Life Sciences 7: 929–934, 1968;
J. Ishay und R. Ikan: Gluconeogenesis in the Oriental hornet Vespa orientalis F. Ecology 49: 169–171, 1969;
U. Maschwitz: Das Speichelsekret der Wespenlarven und seine biologische Bedeutung. Zeitschr. f. vergl. Physiologie 53: 228–252, 1966;
H. Montagner: Etude preliminaire des relations entre les adultes et le couvain chez les guepes sociales du genre Vespa, au moyen d'un radio-isotope. Insectes Sociaux 10: 153–165, 1963;
H. Montagner: Etude du comportement alimentaire et des relations trophallactiques des males au sein de la societe de puepes, au moyen d'un radio-isotope. Insectes Sociaux 11: 301–316, 1964.

35 August Weismann: Die Kontinuität des Keimplasmas als Grundlage einer Theorie der Vererbung. Jena 1885;
August Weismann: Das Keimplasma. Eine Theorie der Vererbung. Jena 1892;
August Weismann: Aufsätze über Vererbung und verwandte biologische Fragen. Jena 1892.

36 Edmund O. Wilson: Insect Societies. Cambridge (Mass.) 1971, S. 400ff.

37 Zum Thema »Bewußtsein als Hirnleistung« gibt es eine beinahe unermeßliche Literatur. Es schließt unmittelbar an das gerade heute wieder so aktuell gewordene sogenannte »Leib-Seele-Problem« (von manchen als »Leib-Hirn-Problem« bezeichnet) an. Die Problematik wird von vielen Biologen, insbesondere Neurobiologen und Psychologen, elegant umgangen, indem man das naturwissenschaftlich so schwer faßbare bewußte Erleben durch das

Konzept der »Kognition« ersetzt. Damit wird das Wahrnehmen und Erkennen mathematisch und mit Hilfe von Computern zugänglich, verliert aber den wesentlichen Aspekt des eigentlichen Bewußtseins. Aus der Fülle einschlägiger, einführender Publikationen sei auf folgende Bücher hingewiesen
Gordon Rattray Taylor: Die Geburt des Geistes. Frankfurt 1985;
Wilder Penfield: The Mystery of the Mind. Princeton 1975;
John C. Eccles: Gehirn und Seele. München 1985;
Hartwig Kuhlenbeck: The Human Brain and its Universe. 2nd edition. 3 Bde. Basel 1982.

38 Die hier gebrauchte Ausdrucksweise soll nicht negativ verstanden werden, wenngleich viele Philosophen und Wissenschaftstheoretiker bestreiten, daß diese Denkrichtung philosophisch und wissenschaftstheoretisch akzeptabel ist. Die evolutionäre Erkenntnistheorie formuliert konsequent das Weltverständnis der meisten der heutigen Biologen ohnedies. Die Schwierigkeit besteht vor allem darin, daß die evolutionäre Erkenntnistheorie die Erkenntnisfähigkeit des Menschen aus den bisher bekannten und erschlossenen naturwissenschaftlichen Tatsachen als Ergebnis der biologischen Evolution auffaßt, während die Philosophie und Wissenschaftstheorie vom Primat der Vernunft ausgehen, demnach die Evolution das Ergebnis unseres Verstandes ist. – Die evolutionäre Erkenntnistheorie wurde durch Konrad Lorenz (»Die Rückseite des Spiegels« 1964) begründet. Ihre Hauptvertreter und Werke sind
Konrad Lorenz: Die Rückseite des Spiegels. Versuch einer Naturgeschichte menschlichen Erkennens. 2. Aufl. München 1973;
Rupert Riedl: Biologie der Erkenntis. Die stammesgeschichtlichen Grundlagen der Vernunft. Berlin 1980;
Gerhard Vollmer: Evolutionäre Erkenntnistheorie. 4. Aufl. Stuttgart 1987;
Hans Mohr: Biologische Erkenntnis. Stuttgart 1981.

39 Siehe T. C. Schneirla's Kapitel »Ant learning as a problem in comparative psychology« in dem von P. Harriman herausgegebenen Werk »Twentieth Century Psychology. New York 1946, S. 276–305.

40 Die Zahl der Nervenzellen im menschlichen Gehirn wird auf 10^{12} geschätzt, die Zahl der Synapsen (Verknüpfungsstellen) ist mindestens tausendmal größer. Jede Nervenzelle bildet mehr als tausend Synapsen mit anderen Nervenzellen. Synapsen sind der Ort der Signalübertragung. Die Signale sind kurze elektrische bzw. chemische Pulse von einem oder mehrereren Tausendstel Sekunden Dauer. Diese Signale werden zur »Information«, wenn die daraus resultierende Reaktion der empfangenden Nervenzelle(n) ein für das ›Leben‹ des Organismus bedeutungsvolles Ereignis darstellt oder bewirkt.

ERICH BOHL

Mathematik und Leben

Muster, Strukturen und ihre Beschreibung

Es ist allgemein anerkannt, daß mathematische Methoden zu unserem Erkenntnisprozeß einen wesentlichen Beitrag leisten können und auch leisten. Fragt man jedoch nach dem Gegenstand mathematischen Denkens, so breitet sich im allgemeinen schon Ratlosigkeit aus. Es ist nämlich gar nicht so leicht, diesen Gegenstand einleuchtend in kurzer Form aufzuzeigen. Jeder Physiker, Biologe, Chemiker oder ein Wissenschaftler jeder anderen Disziplin hat es an dieser Stelle einfach: Im allgemeinen muß er nur um sich sehen und wird dann auf irgend etwas stoßen, wovon seine Wissenschaft handelt. Dies sind gleichzeitig Gegenstände unserer Umwelt, so daß jedermann sofort klar ist, daß ihn die zugehörigen Aussagen unmittelbar angehen. Wie steht es aber mit dem mathematischen Denken? Womit beschäftigt es sich eigentlich? Grundsätzlich haben wir keine andere Situation als in den anderen Wissenschaften auch: Genau genommen redet der Physiker von dem physikalischen Aspekt, der Chemiker von dem chemischen Aspekt, der Biologe von dem biologischen Aspekt der Dinge. Analog müßte der Mathematiker von den mathematischen Aspekten unserer Umwelt sprechen. Folgendes Zitat nach v. Weizsäcker[1] möge die Situation verdeutlichen:

»In der modernen Sprechweise, der Sprechweise des zwanzigsten Jahrhunderts... sagt man z. B. heute, die Mathematik handele von Strukturen. Da bezeichnet man den Kreis, das Dreieck, eine Zahl oder eine Gleichung als Struktur. Struktur ist die Struktur von etwas, z. B. die Figur, die hier an die Tafel gemalt ist, hat die Struktur eines Kreises, allerdings nicht ganz genau. Die Mathematik handelt aber von diesen Strukturen, so wie sie ganz genau gedacht werden, wenn sie auch vielleicht nie genauso verwirklicht sind... Im ganzen also ist moderne Mathematik, so wie wir sie heute benützen, eine Wissenschaft von Strukturen, die studiert werden unabhängig davon, wo die Strukturen sich vorfinden. Die Frage, wie man überhaupt einem bestimmten Gebilde, einem bestimmten Ding eine bestimmte mathematisch-beschreibbare Struktur zuschreibt, wie man es macht, sich zu vergewissern, daß es diese Struktur hat, ist selbst kein Gegenstand der Mathematik. Die Mathematik interessiert sich in diesem Sinne nicht für den Inhalt ihrer eigenen Sätze.«

Die so beschriebene Auffassung hat breite Zustimmung gefunden. Sie beinhaltet eine charakteristische Richtung für Methoden und Fragestellungen in der Mathematik. »Beweisbare Aussagen« erhalten eine überragende Bedeutung, und »beweisen« heißt etwas ganz Bestimmtes. Die Logik hat herrliche Klarheit darüber erreicht, was ein Beweis ist und was nicht. Klare Definitionen und immer korrekte (d. h. beweisbare) Aussagen prägen den Dialog. Dies führt zu einer Disziplin, einer Ordnung im Geiste, welche den Mathematiker auszeichnen und die bis heute in unserer naturwissenschaftlich-technischen Welt hohe Einschätzung finden. Allerdings kann diese formale Betrachtungsweise leicht in ein »Spiel nach Regeln« abgleiten, bei welchem die Dinge nur noch durch ihre »Richtigkeit« und konsistente Einbettung in einen größeren Regelzusammenhang begriffen werden. Heute erkennt man im wachsenden Maße die Anbindung mathematischen Denkens an Vorgänge unserer unmittelbaren Umwelt. Mathematisieren heißt ja, das Mathematische an den Objekten zu separieren und in einem mathematischen Sinnzusammenhang zu untersuchen. Die entstehenden mathematischen Aufgaben können häufig zunächst nur mit dem Computer behandelt werden. Methoden der »experimentellen Mathematik« gestatten es, erste Eindrücke von Verhaltensweisen des untersuchten Gegenstandes zu gewinnen und gleichzeitig beweisbare Sätze zu formulieren. Beweise selbst liegen natürlich außerhalb der Reichweite experimenteller Vorgehensweisen.

In diesem Beitrag soll gezeigt werden, in welcher Weise wir dem Lebendigen Mathematisierbares abgewinnen. Dies wird an einigen Beispielen, welche zu verschiedenen Fragestellungen innerhalb der Mathematik führen, demonstriert. Unsere Beispiele führen in ihrem Kern auf Fragen qualitativer Natur. Wir wollen an ihnen Probleme aufdecken, zu deren Beantwortung unabweisbar mathematische Methoden herangezogen werden müssen. Die zu konstruierenden mathematischen Objekte erhalten dann automatisch Inhalt aus ihrer Herkunft.

Genauer soll von einer Chiffre die Rede sein, welche wir so hinschreiben

(1) $\dot{x} = F(x,\lambda)$.

Man nennt dies ein System von Differentialgleichungen. Es handelt von einer ganzen Reihe von Dingen $x_1, x_2, \ldots, x_N$, welche alle in dem einen Symbol x verborgen sind. Ferner handelt es von einer Reihe von Parametern oder Konstanten λ_1, $\lambda_2, \ldots, \lambda_K$, die auch alle in einem Symbol λ zusammengefaßt werden. Der folgende Beitrag möchte ein wenig klarer machen, was die Gleichung (1) mit »Leben« zu tun hat. I. Prigogine[2] hat in den siebziger Jahren darauf hingewiesen, daß die Gleichung (1) als mathematische Beschreibung lebendiger Objekte oder für Vorgänge in der lebenden Natur dienen kann. Jedenfalls gibt es bis heute kein anderes mathematisches Handwerkszeug, welches Objekte erzeugt, die größere qualitative Ähnlichkeit zum Verhalten lebendiger Prozesse aufweisen. Newton hat es in seiner Zeit viel einfacher gehabt, als er Objekte in eine mathematische Welt transformierte: die Himmelskörper aufgefaßt als Massenpunkte in einem Kraftfeld. Hier gilt die allgemeine Beschreibungsform

(2) $\dot{x} = F(x)$,

in welcher x wieder für eine Reihe von Dingen steht. Dies sind im Falle der Himmelskörper deren Positionen und Geschwindigkeiten in Abhängigkeit von der Zeit. Man bemerkt, daß sich (1) und (2) nur um den Parameter λ unterscheiden, und um diesen Unterschied geht es gerade auf den folgenden Seiten.

Bevor wir fortfahren, sei zweierlei betont: Die Physiker kennen seit Beginn der Neuzeit eine Gleichung der Art (2) und seit längerem auch die Beschreibung von Phasenübergängen (fester Zustand→ flüssiger Zustand→ gasförmiger Zustand) durch parameterabhängige Gleichungen der Form (1). Die Rede von der Entdeckung des Nichtlinearen in unserem Jahrhundert ist nicht richtig. Die Newtonsche Beschreibung unserer Welt war immer nichtlinear. Der Fortschritt besteht lediglich darin, daß wir heute die Gleichungen (1) in ihrer allgemeinen Form besser verstehen. Frühere Zeiten schrieben Gleichungen dieser Art hin, kannten aber keine Methode, daraus irgendwelche Erkenntnisse zu gewinnen. Sie ließen (1) beiseite und behandelten (2) in der linearisierten Form. Dann hat man freilich nur den geringsten Teil von (1) entfaltet. Der ganze Reichtum, welcher in dieser Gleichung verborgen ist, wird uns heute erst langsam deutlich.

Räumliche Musterbildung

Wir betrachten einen Gegenstand der belebten Natur, z. B. ein Tier oder eine Pflanze. Die Entwicklung eines solchen Objekts hängt vom Informationsaustausch mit seiner Umwelt ab. Der Metabolismus ist im allgemeinen das augenfälligste Zeichen dieser Kommunikation. Sie bewirkt, daß der Organismus von seiner Geburt bis zu seinem Ende eine Folge von Entwicklungsstufen durchläuft, welche z. B. seine äußere Gestalt voll entfalten, sein Verhältnis zur Umwelt richten, welche aber auch die Entwicklung neuer Eigenschaften oder die immer perfektere Beherrschung einer einzigen Eigenschaft beinhalten kann.

Den Vorgang der Entwicklung eines Organismus können wir uns symbolisch durch die Abfolge der Zeichnungen in Abb. 1 vorstellen. Diese Symbolik sei zunächst genauer erklärt: Jede Zeichnung beinhaltet einen eindimensional ausgedehnten Organismus, welcher in verschiedene Unterabschnitte eingeteilt ist. Jeder Abschnitt wird auf der waagerechten Achse mit einem Punkt bezeichnet und trägt dort eine fortlaufende Nummer. In den beiden oberen Zeichnungen der Abb. 1 sind es bei-

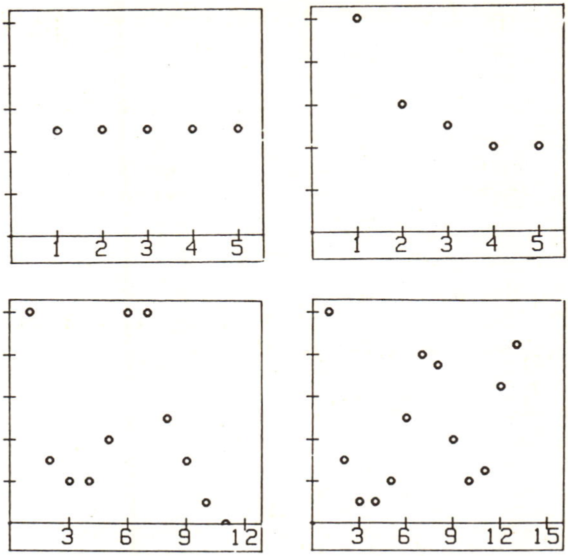

Abb. 1: *Muster auf einem eindimensionalen Objekt*

spielsweise 5 solche Unterabschnitte. Jeder von ihnen enthält eine chemische Substanz, deren Konzentration von Abschnitt zu Abschnitt unterschiedlich ausfallen kann. Ihre Höhe ist über der entsprechenden Nummer durch einen kleinen Kreis markiert. Stellen wir uns jedes Teilstück gemäß der Konzentrationshöhe gefärbt vor, so prägt diese Färbung dem Organismus ein Muster auf. Jedem Entwicklungsstand ist auf diese Weise ein bestimmtes Muster zugeordnet. Die Entwicklung selbst wird durch eine Abfolge von immer komplizierter werdenden Mustern beschrieben. Die Komplexität eines Musters ist durch die Anzahl der Konzentrationsmaxima und Minima symbolisiert: Je mehr Extremstellen auftreten, um so komplexer ist das Muster. Am Anfang (linke obere Zeichnung von Abb. 1) herrscht das konstante Muster vor, welches auf eine unstrukturierte Situation hinweist. Im Laufe der Zeit stellen sich nacheinander immer komplexere Situationen ein. Die Betrachtung der Abb. 1 offenbart, daß das Objekt in immer mehr Abschnitte unterteilt werden muß, um immer komplexere Muster zuzulassen. Hierfür sorgt die Kommunikation des Systems mit seiner Umwelt.

Wir sollten von nun an die Gleichung (1) ins Spiel bringen. Sie ist zunächst nur in der Lage, einen Leitfaden zu geben, anhand dessen wir unsere Gedanken ordnen können. Die Kommunikation unseres Objektes mit der Außenwelt wird durch den Steuerparameter λ in (1) beschrieben. Die Komponenten $x_1, x_2, \ldots, x_N$, welche x aus (1) aufbauen, stellen Konzentrationsinhalte der einzelnen Unterabschnitte unseres Objektes dar. Diese sind Funktionen der Zeit t. Einige von ihnen definieren das oben genannte Muster gemäß Abb. 1: Dort ist der Funktionswert der musterbildenden Komponenten von x über jedem Unterabschnitt aufgetragen.

Die Steuerung der Außenwelt setzt einen Mechanismus in Gang, welcher die Musterbildung auslöst. Er wird durch die Funktion F in (1) beschrieben. Wie soll aber dieser Mechanismus aussehen? Es kann nicht Sinn einer Naturbeschreibung sein, alle Einzelheiten von Kausalketten auf molekularer Ebene, welche schließlich eine makroskopische Wirkung einer Musterbildung hervorrufen, zusammenzutragen. Vielmehr ist es das Ziel, gewisse Prinzipien möglichst einfacher Bauart aufzudecken, welche wenigstens grundsätzlich in der Lage sind, einen Entwicklungsprozeß der genannten Art zu beschreiben. Nach heutiger Auffassung gehören zu solchen Prinzipien:

a) Diffusion,
b) Autokatalyse,
c) Aktivator-Inhibitor-Prinzip.

Der diffusive Aspekt a) besorgt die Kommunikation zwischen benachbarten Teilen des Organismus, im autokatalytischen Aspekt b) sind gewisse selbsterregende Mechanismen zusammengeführt, und im Aktivator-Inhibitor-Prinzip c) wird berücksichtigt, daß regulierende Komponenten mit im Spiel sein müssen. Der Aktivator liefert das sichtbare Muster, und der Inhibitor besorgt die Regulation. Beide Größen sind in den Komponenten des Vektors x von (1) zusammengefaßt. Diffusion und Autokatalyse stellen die wichtigsten Bausteine der Funktion F dar.

An der bisherigen Darstellung fällt auf, daß die Beschreibung ohne konkreten Bezug auf die Gleichung (1) auskommt. Der durch (1) eingebrachte mathematische Hintergrund ist bisher allenfalls in der Wahl der Sprache zum Tragen gekommen. Man wird sich fragen, welchen Beitrag (1) sonst noch leisten kann. Dies berührt die Grundfrage mathematischer Modellierung in der Biologie. Bei genauerem Hinsehen stellt sich diese Frage allerdings auch in der Physik und wo immer mathematische Methoden angewandt werden. Im vorliegenden Fall zeigt eine kurze Besinnung, daß wir bisher nur Forderungen aufgestellt und in keiner Weise Rechenschaft darüber abgelegt haben, ob die gewünschte Abfolge von Ereignissen auf der Grundlage der skizzierten Vorstellungen überhaupt möglich ist. Hier liegt der entscheidende Punkt: Die Frage der logischen Möglichkeit eines Zusammenwirkens der oben beschriebenen Art auf der Grundlage der drei genannten Prinzipien ist bisher nicht beantwortet und kann durch reine Anschauung oder reine Sprache nicht beantwortet werden. Die Transformation unserer Vorstellungen in die mathematische Sprache (1) setzt uns erst in den Stand, die eben gestellte Frage erfolgreich anzugreifen. Nun ist es klar, daß ganz einfache mathematische Realisierungen der drei Prinzipien für unser Vorhaben ausreichen. Damit wird die rechte Seite von Gleichung (1) ein möglichst einfaches Aussehen erhalten. Zugehörige Gleichungen wurden von Gierer und Meinhardt[3] angegeben. Das System wird heute Gierer-Meinhardt-Modell genannt.

In welcher Weise kann nun ein in Abb. 1 symbolisierter Übergang mit Hilfe von (1) beschrieben werden? Man geht davon aus, daß bei festem Parameter λ die durch (1) in Gang gesetzte Evolution stets einer stationären Lösung, welche dann das Muster definiert, zustrebt. Es handelt sich hier um die Selbstorganisation, zu welcher der Organismus aufgrund des Mechanismus F in der Lage ist.

Aus unserer Annahme folgt, daß das Muster Lösung der Gleichung

$$(3) \qquad F(x,\lambda) = 0$$

sein muß. Wir sollten zur Rolle des Steuerparameters λ mehr sagen: Es wurde schon erwähnt, daß er die Kommunikation des Objekts mit seiner Umwelt unterhält. Was soll das aber heißen? Ausgangspunkt unserer Überlegungen ist die Betrachtung eines Gegenstandes der belebten Natur. Dies bedeutet, daß wir einen Phänomenbereich unserer Umwelt aus dem Gesamtzusammenhang herausheben. Ihn beschrieben wir durch die Differentialgleichung (1) bei festem Parameter λ. Ihre Lösung bildet durch Selbstorganisation ein festes Muster aus und beschreibt unser Objekt auf einer bestimmten Entwicklungsstufe. Um dem »Lebendigen« Rechnung zu tragen, muß die Einwirkung der Außenwelt ins Spiel kommen: eben durch den Steuerparameter λ. Er unterliegt im Grunde auch dynamischen Gleichungen, welche von Mechanismen der Selbstorganisation eines Gegenstandsbereiches stammen, der unser Objekt umfaßt und mit ihm unmittelbar kommuniziert. Auf diese Weise erfassen wir die Gesamtwirklichkeit durch eine »nicht enden wollende« Hierarchie von ineinander geschachtelten Systemen, bei der jede Stufe auf die nächst niedrigere einwirkt. Die Steuerparameter einer festen Stufe werden in der nächst höheren durch dynamische Gleichungen ersetzt. Das Gesamtsystem bildet wiederum neue Steuerparameter aus, welche die Kommunikation der dann erfaßten Ganzheit mit seiner Außenwelt aufrechterhält. So ist es entscheidend, λ in (1) oder (3) nicht fest, sondern bewegt zu denken. Treiben wir λ, so werden sich die Lösungen von (3) (die Muster also) verändern. Die Steuerung von λ muß so langsam geschehen, daß die Selbstorganisation (1) in der Lage ist, das zum neuen Steuerparameter gehörige Muster aufzubauen. Bei kleinen Änderungen von λ werden wir im allgemeinen keine dramatische Musteränderung erwarten. Ein Sprung von einem Muster zum anderen (vgl. Abb. 1) tritt nur bei Überschreiten von kritischen Parameterwerten λ auf. Wir sprechen hier von Verzweigungspunkten, an denen ein Entwicklungsschub (gegeben durch eine signifikante Veränderung des Musters) stattfindet. Treiben wir nun λ weiter, so trifft der Parameter immer wieder auf Verzweigungspunkte, welche zu einem neuen und immer komplexeren Muster Anlaß geben. Wir bemerken hier den Zuwachs an Struktur, wenn wir von der »starren« Gleichung (2) zur Parameter getriebenen Gleichung (1) übergehen. Gleichzeitig bekommen wir ein Gefühl dafür, in welcher Weise (1) den Aspekt des »Lebendigen« in der Beschreibung berücksichtigt.

Halten wir unser Ergebnis noch einmal fest: Die Ausformung eines lebendigen Objekts im allgemeinsten Sinne wird als Bildung von immer komplexeren Mustern verstanden, der Übergang von einem Muster zum anderen geschieht an kritischen Punkten eines Steuerparameters, welcher durch die Umwelt des Objekts getrieben wird.

Wir wollen nun kurz einige Ergebnisse der mathematischen Analyse des Gierer-Meinhardt-Modells schildern. Es ist äußerst bemerkenswert, daß schon die einfachste Realisierung der Vorstellungen zum Ziel führt. Unsere Ausführungen lassen erkennen, daß ein wesentliches Problem darin besteht, die Lösungsmannigfaltigkeit von (3) in Abhängigkeit des Parameters λ zu übersehen. Unter diesen Lösungen sind die Muster zu finden, welche ausgebildet werden können. In der konkreten Situation des Gierer-Meinhardt-Modells sehen die Gleichungen (3) so einfach aus, daß man ihnen die Vielfalt der Möglichkeiten für Muster gar nicht zutraut. Eine genauere Beschäftigung mit dem System liefert allerdings sehr rasch eine Fülle von Möglichkeiten, unter ihnen auch jene, welche in Abb. 1 skizziert sind. Es wird sehr schnell klar, daß die Diffusion und das Aktivator-Inhibitor-Prinzip unverzichtbare Bestandteile sind: Sonst bricht die Vielfalt der Möglichkeiten sofort zusammen. Im Gegensatz dazu kann das Prinzip der Autokatalyse in der mathematischen Realisierung sehr weit gefaßt werden. Die theoretischen Untersuchungen sind bei weitem nicht abgeschlossen und können auch kaum befriedigend abgeschlossen werden. Die meisten Erkenntnisse verdanken wir numerischen Simulationen. Einige Ergebnisse, welche diese Simulationen nahelegen, können auch bewiesen werden. Andere, insbesondere solche globaler Natur, sind weitgehend theoretisch unbeherrscht.

Wir geben in Abb. 2 eine Auswahl von Resultaten numeri-

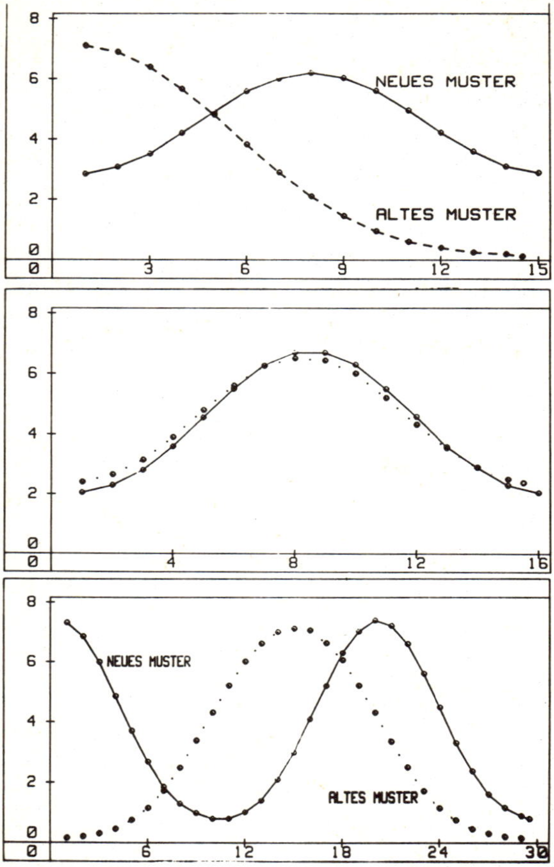

Abb. 2: *Aktivatormuster nach dem Gierer-Meinhardt-Modell.*

scher Experimente an. Der Aufbau der Zeichnungen unterscheidet sich nicht von dem der Abb. 1. Im Gegensatz zu Abb. 1 haben wir nur die Funktionswerte frei (gestrichelt oder durchgezogen) verbunden, damit die Abbildungen besser lesbar werden. Von Zeichnung zu Zeichnung wächst die Anzahl der Unterabschnitte, dies ist unser Steuerparameter. Dabei lassen wir am Ende des Objekts einen neuen Unterabschnitt herauswachsen, sobald der letzte voll ausgebildet ist. Die ausgezogene Kurve definiert das zur Anzahl λ gehörige Muster: Es ist $\lambda = 15$ in der oberen, $\lambda = 16$ in der mittleren und $\lambda = 30$ in der unteren Zeichnung. Die gestrichelte Kurve ist das alte Muster (zur Längenzahl $\lambda = 14.5$ in der oberen, $\lambda = 15.5$ in der mittleren und $\lambda = 29.5$ in der unteren Zeichnung). Aus dem alten Muster entsteht durch Selbstorganisation [vermöge (1)] das neue. Der Leser erkennt den Qualitätsunterschied von altem und neuem Muster in der oberen und in der unteren Zeichnung: Das neue Muster gewinnt gegenüber dem alten ein Extremum. Demgegenüber sind altes und neues Muster in der mittleren Zeichnung qualitativ gleich: Beide haben genau ein Maximum. Bei kontinuierlicher Erhöhung von $\lambda = 15$ bis $\lambda = 29.5$ prägt sich das Muster der mittleren Zeichnung zwar immer mehr aus, es ist aber kein qualitativer Unterschied zu beobachten. Einen Sprung erkennen wir in der oberen und in der unteren Zeichnung. Dies sind die Muster verändernden kritischen Parameterwerte. Hat sich einmal ein Musterwechsel vollzogen, so wird das neue Muster bei weiterer Vergrößerung des Steuerparameters zunächst fortbestehen, bis an der nächsten Verzweigung ein weiteres Maximum und damit höhere Komplexität erscheint.

Zeitliche Musterbildung

Soweit haben wir einen natürlichen Vorgang beschrieben, welcher räumliche Strukturen ausbildet. Der zeitliche Übergang zum räumlichen Muster wurde als Übergangsphase der Selbstorganisation des Systems behandelt. Mathematisch bedeutet dies, daß wir die dynamische Gleichung (1) durch die stationäre Gleichung (3) ersetzen. Tatsächlich sehen wir auch nur das durch (3) gegebene Resultat, wenn die Selbstorganisation (1) schnell genug ist.

Dieser Sachverhalt ändert sich, wenn wir periodische Vorgänge beobachten. Periodizität ist das nächst einfache zeitliche Muster. Manchmal redet man auch von der ersten wirklich zeit-

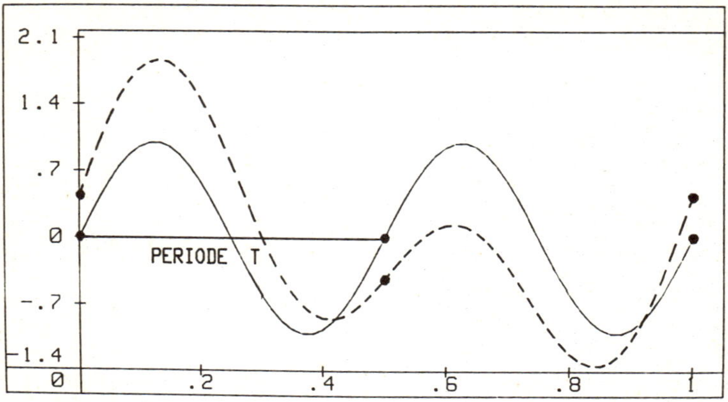

Abb. 3: *Oszillationen, Periodenverdopplung.*

lichen Struktur. Solche Vorgänge sind in unserer Umwelt besonders häufig anzutreffen. Man denke etwa an die Planetenbewegungen oder die Drehung der Erde um sich selbst und die daraus resultierenden Rhythmen, ferner an die Rhythmen, welche mit jedem Individuum selbst verhaftet sind und zur Steuerung seines Verhaltens beitragen. Abb. 3 zeigt den qualitativen Verlauf periodischer Vorgänge. Wir konzentrieren uns zunächst nur auf die ausgezogene Kurve. Nach Ablauf der Zeit $T > 0$ beginnt der Vorgang von neuem. T heißt die Periode. Auch bei periodischen Vorgängen tritt eine Phase der Selbstorganisation ein, in welcher die oszillatorische Bewegung einschwingt.

Wie im räumlichen Fall beobachtet man wieder Kaskaden von Verzweigungen, falls ein Steuerparameter bewegt wird. Eine besonders häufig auftretende Möglichkeit besteht in einer permanenten Verdopplung der Periode: $T, 2T, 4T, \ldots, 2^n T$. In Abb. 3 haben wir durch die gestrichelte Kurve eine solche Periodenverdopplung angedeutet: Die ausgezogene Schwingung hat die Periode T und die gestrichelte die Periode 2T.

Es hat sich eingebürgert, periodische Vorgänge durch den Zustand des Systems nach Ablauf einer festen Zeit T zu charak-

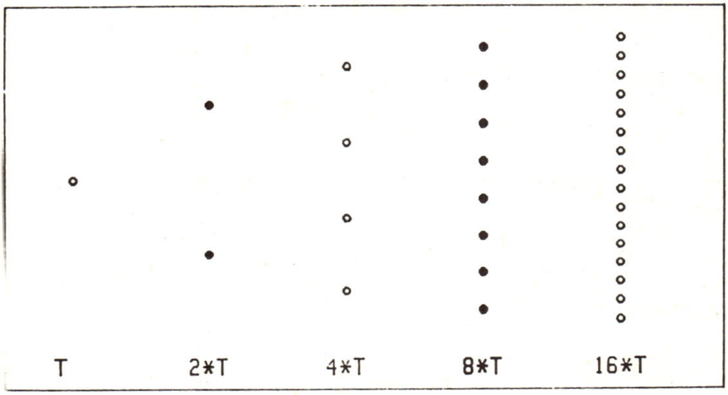

Abb. 4: *Kaskade einer Periodenverdopplung.*

terisieren. Ist T die Periode, so handelt es sich immer wieder um dieselbe Situation (vgl. die beiden Markierungen am Anfang und Ende eines Periodenintervalls der ausgezogenen Kurve in Abb. 3). Im nächsten Schritt finden wir die Periode 2T vor: also zwei verschiedene räumliche Zustände, je einen nach Ablauf der Zeit T. In Abb. 3 sind beide Zustände auf der gestrichelten Kurve markiert. Bei weiterer Periodenverdopplung zählen wir schon vier verschiedene Zustände, welche eine 4T-periodische Lösung in einem solchen Diagramm beschreibt. Verfolgen wir eine Kaskade der Periodenverdopplung, so erhalten wir symbolisch eine Abb. 4. Jeder Punkt in dieser Abbildung steht für einen Ort, welcher nach Ablauf der Zeit T besucht wird: In der Spalte mit der Bezeichnung 4T ist eine 4T-periodische Bewegung durch die vier Punkte symbolisiert, ähnlich sind die anderen Spalten zu lesen. Durchläuft (1) eine solche Kaskade von Verzweigungen (also etwa die Abb. 4 getrieben durch einen Steuerparameter von links nach rechts), so trifft man den Orbit innerhalb seiner Periode an immer mehr verschiedenen Orten, wenn man ihn jeweils nach Ablauf der Zeit T beobachtet. Dieses Verhalten erscheint immer unregelmäßiger, je mehr Stationen auf dem Weg liegen, bis der Kreislauf von neuem beginnt. Es kann mit fortschreitender Änderung des Steuerparameters zu völlig unregelmäßigen zeitlichen Strukturen führen, welche heute chaotisch genannt werden. Damit versucht man, turbulente Erscheinungen in der Natur etwa bei einem Wasserfall oder einem Wirbelsturm mathematisch zu simulieren und besser zu verstehen.

Die bisher beschriebenen Phänomenbereiche der Musterbildung räumlicher und zeitlicher Art können wir koppeln: Dann besteht zunächst die Abfolge der Verzweigungen räumlicher Art bis zu einer Stelle, an der eine Verzweigung in die erste zeitliche Struktur auftritt. Es ist von außerordentlichem Interesse, diese Übergänge mathematisch zu verstehen. Wir wollen nun anhand eines Beispiels aus der Biologie kennenlernen, in welcher Weise der zuletzt beschriebene Übergang von räumlicher in erste zeitliche Struktur nicht nur von inhaltlichem, sondern auch von methodischem Interesse ist.

Dazu betrachten wir ein periodisches Phänomen, etwa das Signalisierungssystem des zellulären Schleimpilzes *Dictyostelium discoideum*. Hier handelt es sich um einen amöbenartigen Organismus, welcher unter ungünstigen Lebensbedingungen zur Sporenbildung veranlaßt wird, um in dieser Form die Überlebenschance zu verbessern. Der Aggregationsvorgang, welcher der Sporenbildung vorausgeht, wird durch periodische Signalbildung eingeleitet. Dabei handelt es sich im wesentlichen um die periodische Ausschüttung von cAMP. Wie bei der räumlichen Musterbildung aus Abschnitt 2 sind auch hier verschiedene Chemikalien am Werk, welche auf verschlungenen Pfaden miteinander koppeln und Übergänge zueinander schaffen. Ihre Konzentrationen oszillieren in der Zeit. Man hat eine Reihe solcher Chemikalien separiert und deren Zusammenwirken in einem Mechanismus zusammengefaßt. Das Ergebnis ist ein Schema von Reaktionen, welches die Übergänge beschreibt. Ein Netzwerk dieser Art ist in Abb. 5 angegeben. Hier sind die Chemikalien nach mathematischen Gesichtspunkten in gewisse Gruppen mit verschiedenen Buchstaben unterteilt: e, f, u, v. Innerhalb der Gruppen sind die Chemikalien durchnumeriert, z. B. f_0, f_1, f_2, f_3. Für unsere Zwecke ist es nicht wichtig, welche Chemikalien hinter dieser Symbolik im

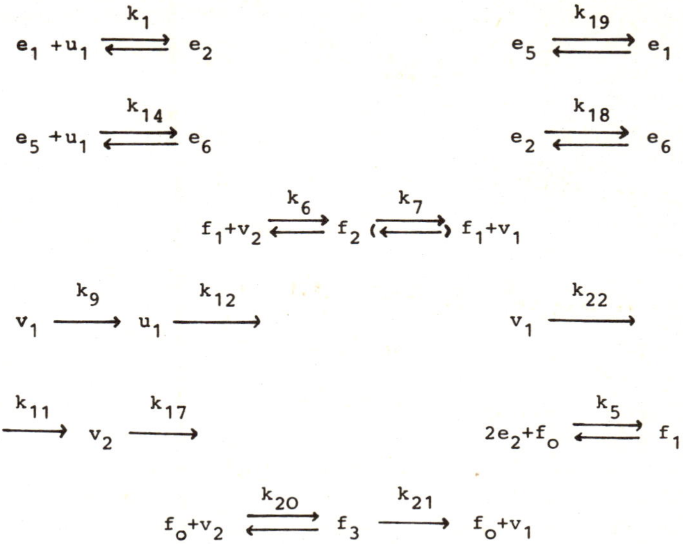

Abb. 5: *Reaktionsschema für Dictyostelium nach Martiel, Goldbeter*[4]

einzelnen stecken. Es sei allerdings bemerkt, daß das Netzwerk verschieden ausfallen kann, je nachdem ob die eine oder andere Reaktionskette als wichtig oder untergeordnet angesehen wird und daher sogar fortfallen kann. So erklärt sich, daß für denselben Vorgang durchaus verschiedene Netzwerke vorgeschlagen und vertreten werden. Natürlich geht man davon aus, daß das Netzwerk den natürlichen Vorgang immer genauer beschreibt, je mehr Einzelheiten berücksichtigt werden. Auf der anderen Seite kann eine zu große Fülle von Tatsachen die Analyse des Schemas so erschweren, daß eine Reduktion angezeigt ist. Der in Abb. 5 wiedergegebene Mechanismus geht auf J. L. Martiel und A. Goldbeter[4] zurück. Das Schema enthält Basisreaktionen für das Geschehen bei *Dictyostelium*.

Es entsteht nun die Frage, ob ein solches Netzwerk von Übergängen in der Lage ist, die in der Natur vorgefundene zeitliche Struktur wenigstens im Prinzip nachzubilden. Ein Mechanismus etwa, welcher im Falle von *Dictyostelium* nicht einmal oszillatorisches Verhalten zeigt, scheidet aus der Konkurrenz möglicher Mechanismen sofort aus. Die Beantwortung der so gestellten Frage kann nun durch reine Anschauung oder sprachliche Argumentation unter Ausnutzung der Übergänge allein prinzipiell nicht beantwortet werden. Hier liegt wieder eine mathematische Frage vor. Man kann ganz generell sagen: Wenn immer ein Mechanismus für einen Naturvorgang separiert und in die Form eines Netzwerkes gegossen wird, so muß man zur Anwendung mathematischer Methoden greifen, wenn man die Frage beantworten möchte, ob der Mechanismus die vorgefundenen Erscheinungen des Naturphänomens wenigstens qualitativ nachbilden kann. Man transformiert dann das Reaktionsschema in ein System von Differentialgleichungen (1) und untersucht das Verhalten ihrer Lösungen. Im Falle von *Dictyostelium* müssen Oszillationen, d. h. periodische Lösungen vorliegen. Oszillationen aber findet man am einfachsten, wenn man nach einer Verzweigung von einem räumlichen Muster zur ersten zeitlichen Struktur sucht. Die dazu in der Literatur vorliegenden analytischen und numerischen Methoden bilden ein äußerst wichtiges Handwerkszeug. Wieder wirken theoretische Analyse und Computersimulation zusammen.

Wir sollten sauber unterscheiden: Im eben beschriebenen Fall sind wir aus biologischer Sicht an der Verzweigung selbst gar nicht interessiert, denn unser Interesse richtet sich ausschließlich auf die Möglichkeit der Oszillation selbst und nicht darauf, auf welche Weise diese entsteht. Aus mathematisch-technischer Sicht allerdings gelingt der Nachweis der Fähigkeit zur Oszillation von (1) am einfachsten über das Hilfsmittel der Verzweigung. Hier spielt wieder ein äußerer Parameter λ eine Rolle, welcher in einen geeigneten kritischen Punkt getrieben werden muß. Dieser Parameter wird jedoch nur künstlich eingeführt und mathematisch-technischen Überlegungen angepaßt. Er muß keine biologische Rolle spielen wie im zweiten Abschnitt, als der Steuerparameter unmittelbar zur Kommunikation des Organismus mit seiner Umwelt herangezogen wurde.

Wir sollten kurz auf die Ergebnisse der mathematischen

Analyse für das Netzwerk aus Abb. 5 eingehen. Es stellt sich heraus, daß der Mechanismus oszillationsfähig ist. Der zum Nachweis benutzte Steuerparameter kann biologischen Bedürfnissen nachempfunden werden: *Dictyostelium* entwickelt nämlich vor der Sporenbildung gewisse Rezeptoren, welche für das Signalisierungssystem notwendig sind. Das Modell nimmt darauf Rücksicht, wenn durch geeignete Wahl der Konstanten dafür gesorgt wird, daß eine bestimmten Chemikalie (f_1 nämlich) im Netzwerk nicht auftritt, falls die genannten Rezeptoren in der aktiven Form nicht vorliegen. Genauer handelt es sich um die Reaktion mit der Konstanten k_9. Wird diese aus dem Netzwerk entfernt, so kann auch die Chemikalie e_2 nicht mehr aufgebaut werden. Diese modelliert aber die aktive Form des Rezeptors. Über die Geschwindigkeitskonstante k_9 nehmen wir also auf die Aktivierung der Rezeptoren, welche die periodische Ausschüttung von cAMP in Gang setzten, Einfluß. Man erwartet vom Modell, daß es von einer stationären Situation in eine periodische übergeht, falls an der Konstanten k_9 gesteuert wird. Der Übergang ist die gesuchte Verzweigung, welche tatsächlich auch eintritt. Es ist interessant zu bemerken, daß nicht alle Bestandteile des in Abb. 5 abgebildeten Netzwerkes zu seiner Oszillationsfähigkeit nötig sind. Vielmehr kann man auf die letzten Reaktionen mit den Konstanten k_{20}, k_{21} verzichten. Der mit f_3 bezeichnete Komplex tritt dann gar nicht auf.

Schließlich sollten wir folgenden Punkt festhalten: Die Oszillationsfähigkeit eines Systems ist eine qualitative Eigenschaft. Eigentlich wäre es natürlich das Ziel, quantitative Übereinstimmung des Modells mit der Welt zu erreichen. Allerdings scheint unsere Phantasie nicht auszureichen, die tatsächliche Komplexität der Natur einzuholen.

Reduktion auf zeitlich diskrete Prozesse

Wir kehren noch einmal zur Abb. 3 zurück. Dort wird versucht, Lösungen von (1) durch eine Abfolge von Punkten, welche nach Ablauf einer vorgegebenen Zeit T von der Evolution besucht werden, zu beschreiben. Dies bedeutet, daß wir der Lösung einen diskreten Prozeß der Form

$$x_{n+1} = h(x_n) \tag{4}$$

an die Seite stellen. Hier ist x_n der Zustand des Systems, nachdem n-mal die Zeit T verstrichen ist. Wir können daher n als diskreten Zeitzähler ansehen. Es ist bemerkenswert, daß Prozesse der Form (4) schon wesentliche Eigenschaften der durch die Differentialgleichung (1) beschriebenen Bewegungen enthalten können. Die Zuordnung h, welche in (4) auftritt, wird durch die Lösungen von (1) direkt definiert. Wir wollen dies an einem ganz einfachen Beispiel klarmachen:

Dazu betrachten wir die Entwicklung einer Population, etwa der Menschheit auf dieser Erde. Wir bezeichnen zum Zeitpunkt t ihren Umfang mit x(t). Dies ist eine reelle Zahl. Die einfachsten Vorstellungen für einen Entwicklungsprozeß führen auf die Verhulst-Gleichung, welche die Form (1) besitzt. Sämtliche Lösungen dieses mathematischen Modells sind durch

$$x(t) = \frac{Kx_o}{x_o + (K - x_o)\exp(-RT)} \tag{5}$$

gegeben. Die positive Konstante K gibt den Umfang der Population an, der durch die Umwelteinflüsse maximal erlaubt ist. Auch R ist eine positive reelle Zahl. Sie bedeutet die Wachstumsrate der Population, falls diese sich ohne Begrenzung durch Umwelteinflüsse entwickeln könnte. Der Parameter K spielt die Rolle einer typischen externen Steuerung der Population. Man liest an (5) leicht $x(0) = x_0$ ab. Wir verabreden nun, daß wir die Population jeweils nach Ablauf der Zeit $T > 0$ beobachten. Ausgehend von ihrem Umfang x_0 zum Zeitpunkt $t = 0$ würden wir dann die Folge der Zustände

$$x((n+1)T) = \frac{Kx(nT)}{x(nT) + (K - x(nT))\exp(-RT)} \tag{6}$$

antreffen. Mit den Bezeichnungen

(7) $$x_n = x(nT), \quad h(y) = \frac{Ky}{y + (K - y)\exp(-\lambda)}, \lambda = RT$$

geht (6) in die diskrete Iteration (4) über. Abb. 6 zeigt den Graphen der Funktion h aus (7) (ausgezogen gezeichnet) und deutet einen diskreten Iterationsprozeß (4) [oder (6)] an. Man sieht, daß er nach langer Zeit monoton gegen den Umweltparameter K strebt. Dieses qualitative Verhalten stimmt mit jenem des kontinuierlichen Prozesses (5), welcher durch die Verhulst-Gleichung definiert wird, überein.

Prozesse der Form (4) können auch allgemeineren Gleichungen (1) so zugeordnet werden, daß sie schon wesentliche Eigenschaften der durch (1) beschriebenen Bewegungen enthalten. Der oben betrachtete Verhulst-Prozeß ist nur ein ganz einfaches Beispiel. Wir wollen uns nun bei einem System der Chemie ansehen, wie die Ersetzung von (1) durch einen diskreten Prozeß (4) zur Analyse von Messungen benutzt wird: Es handelt sich um die sogenannte Belousov-Zhabotinskii-Reaktion (kürzer B.-Z.-Reaktion). Dies ist ein oszillierender Vorgang, der im einfachsten Fall einen periodischen Farbwechsel zeigt. Er beruht auf einem komplizierten chemischen Mechanismus, welcher in Gang kommt, wenn man Schwefelsäure, Cerammoniumnitrat, Malonsäure und Natriumbromat in einem festen Verhältnis zusammengibt. Der Mechanismus führt zu einem Netzwerk der Art von Abb. 5. Man hat wieder die Möglichkeit, mehr oder weniger Reaktionsschritte zuzulassen und erhält auf diese Weise Netzwerke verschiedener Komplexitätsstufen. Wir wollen uns hier aber nicht diesen Netzwerken zuwenden, sondern ansehen, wie eine typische experimentelle Situation aussieht.

In regelmäßigen Zeitabständen T wird die Konzentration E(t) einer charakteristischen Chemikalie gemessen. Dieses möge die Folge der Messungen

(8) $$E(T), E(2T), \ldots, E(nT), \ldots$$

liefern. Ähnlich wie in Abb. 6 für den Verhulst-Prozeß werden die Messungen (8) in ein Diagramm eingetragen: Man bildet die Paare

(9) [E(T),E(2T)], [E(2T),E(3T)], [E(3T),E(4T)],...

und markiert sie als Punkte in der Ebene. Dies ist in Abb. 7, welche aus einer aktuellen Messung[5] bei der Belousov-Zhabotinskii-Reaktion entstanden ist, geschehen. Aufeinanderfolgende Punkte (8) sind durch einen Strich verbunden. Im Falle des Verhulst-Prozesses entstehen bei dieser Vorgehensweise die in Abb. 6 markierten Punkte auf dem Graphen der Funktion h. Das Ergebnis ist ein überaus geordnetes Bild. Im Gegensatz dazu zeigt Abb. 7 eine verwirrende Unordnung: Unter geeigneten Umständen können die Oszillationen bei der B.-Z.-Reaktion in zeitlich irreguläres Verhalten umschlagen. Dies ist bei den vorliegenden Messungen geschehen. Es entsteht ein Objekt in der Ebene, welches ein sehr bizarres Aussehen hat. Die Chemiker gehen davon aus, daß es alle charakteristischen Eigenschaften der B.-Z.-Reaktion enthält. Ist dieser Schluß aber richtig? Darf man Aussagen, welche bei zeitlich geordneten Prozessen (wie in der Verhulst-Gleichung) vorherrschen, auf die ungeordneten Verhältnisse der Abb. 7 übertragen? Es ist interessant, daß wieder mathematische Methoden in der Lage sind, zur Klärung einen Beitrag zu leisten. Die mathematische Analyse stützt die beschriebenen Vorstellungen der Chemiker:

Dazu unterstellen wir zunächst, daß der beobachtete Vorgang (hier die Belousov-Zhabotinskii-Reaktion) durch ein großes System von Differentialgleichungen (1) mit »typischen Eigenschaften« modelliert werden kann. Eine Messung der oben genannten Art muß dann mit einer einzigen Evolution gemäß (1) gleichgesetzt werden. Sie liefert einen Vektor x(t), welcher den Zustand des Systems in der Zeit beschreibt. Diesen charakterisieren wir durch eine »typische Größe« E(t), die sich in geeigneter Weise aus den Komponenten des Lösungsvektors x(t) ergibt: Sie spielt die Rolle der Beobachtungsgröße, welche in (8) auftritt. Nun wählen wir einen »charakteristischen Zeitab-

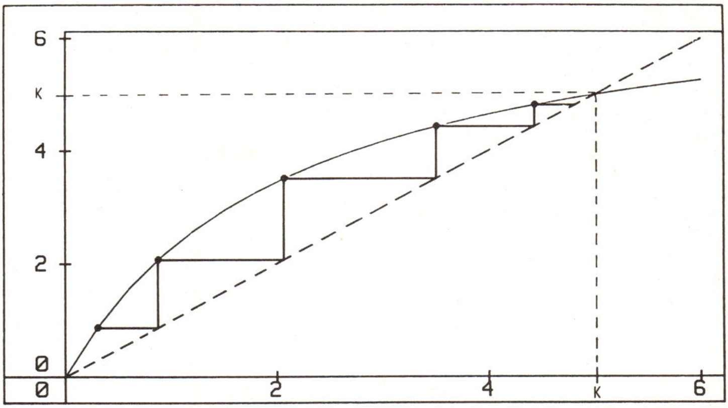

Abb. 6: *Diskretes Bild eines kontinuierlichen Verhulst-Prozesses.*

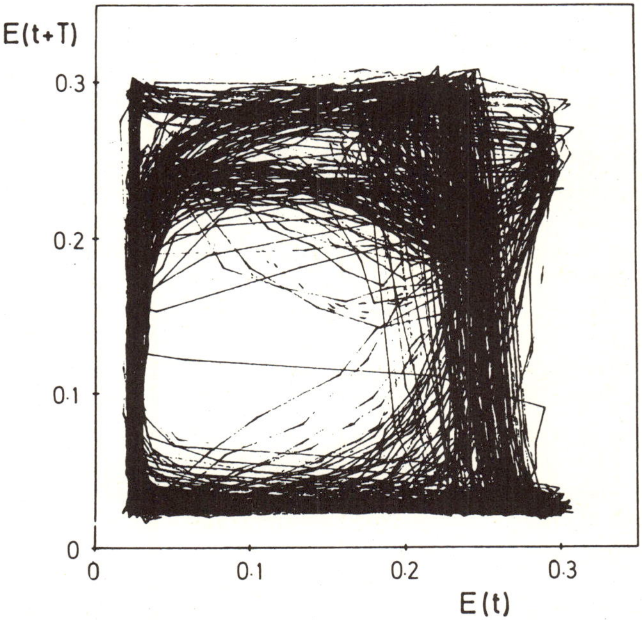

Abb.7: *Ansicht eines Attraktors in der B.-Z.-Reaktion, aus: Freud, Kruel, Schneider.*[5]

schnitt« T und gewinnen damit eine Sequenz (9), welche zu einem Bild gemäß Abb. 7 Anlaß gibt. So entsteht eine Vielzahl verschiedener Ansichten ein und derselben Evolution: je nach Auswahl der Größe E und des zeitlichen Abstandes T. Man kann nun beweisen[6], daß »die meisten« dieser Darstellungen »alle wesentlichen Eigenschaften« des Langzeitverhaltens der Evolution enthalten. In diesem Sinne ist man berechtigt, aus der Analyse einer einzigen Ansicht, wie es die Chemiker tun, auf den gesamten Zeitverlauf zu schließen. Allerdings ist es nicht notwendig erlaubt, mit nur zwei Dimensionen zu arbeiten. Im allgemeinen muß dazu ein höher- (aber noch endlich-) dimensionaler Raum herangezogen werden. Das zweidimensionale Bild (Abb. 7 etwa) ist nur eine Projektion einer erlaubten Ansicht in die Ebene. Man kann sich leicht überlegen, daß jede solche Ansicht der Evolution analytisch aus einer diskreten Vorschrift (4) entsteht. Alle theoretischen Ergebnisse über diskrete Abbildungen h finden daher auf diesem Umwege Anwendung auf Evolutionen von (1).

Wir stoßen immer wieder auf die diskreten Prozesse (4): Ist h eine reelle Funktion in einem reellen Intervall, so liegen umfangreiche Kenntnisse über das Verhalten einer Iterationsfolge (4) vor. Insbesondere trifft man zeitlich irreguläres Verhalten an. Abb. 8 liefert einen typischen Übergang, welcher den Weg über permanente Periodenverdopplung in das Chaos kennzeichnet. Diese Abbildung sei hier etwas genauer beschrieben:

Auf der waagerechten Achse ist der Steuerparameter (in der Abb. 8 mit μ bezeichnet) abgetragen, und auf der senkrechten Achse befindet sich der eindimensionale Zustandsraum des Systems. Man rechnet nun (4) etwa 1000 oder 2000 Schritte und markiert von nun an die weiteren Iterationspunkte im eindimensionalen Zustandsraum über dem Wert des zugehörigen Steuerparameters. Im Falle der Verhulst-Funktion h aus (7) würde sich nach 2000 Schritten immer nur der Zustand K einstellen (vgl. Abb. 6), weil (4) dann gegen diesen Wert konvergiert: Über jedem Wert des Steuerparameters $\lambda = RT$ wäre daher genau ein Punkt nämlich K markiert. Wir wenden uns nun der Abb. 8 zu: Sie zeigt eine für eindimensionale Iterationen typische Kaskade von Verzweigungen. Der Leser erkennt für

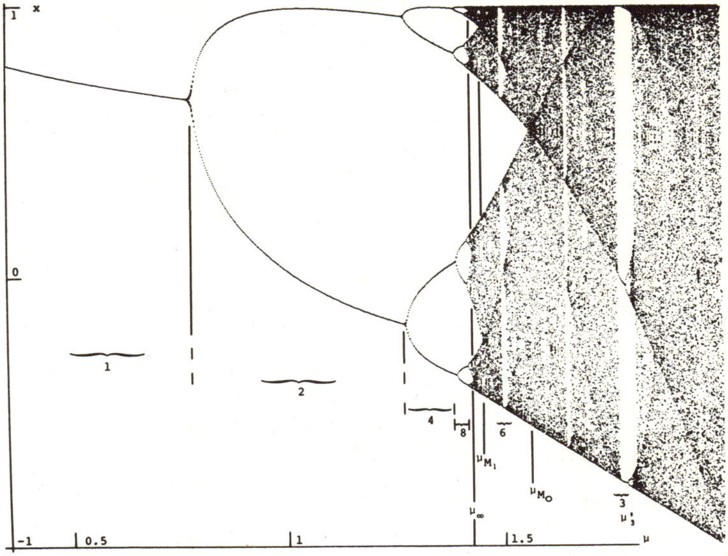

Abb. 8: *Periodenverdopplung ins Chaos, aus: Peitgen, Richter.*[7]

sehr kleine Steuerparameter (mit μ bezeichnet) qualitativ dasselbe Verhalten, welches wir eben beim diskreten Verhulst-Prozeß vorgefunden haben: In dem eindimensionalen Zustandsraum wird genau ein Punkt markiert. Vergrößert man aber den Steuerparameter, schreitet also in Abb. 8 nach rechts voran, so sieht man zunächst zwei dann vier dann acht usw. Markierungen im zugehörigen Zustandsraum: Dies sind die periodischen Bewegungen in der Darstellung der Abb. 4. Eine genauere Betrachtung der Abb. 8 zeigt weiter, daß die Abfolge der Periodenverdopplung mit immer kürzerem Abstand im Parameterwert erfolgt bis schließlich nach einem Grenzwert eine Situation eintritt, in welcher der gesamte eindimensionale Zustandsraum mit Punkten übersäht ist. Dies bedeutet, daß die Iteration (4) nach und nach jeden Ort des Zustandsraumes besucht und zu keiner zeitlichen Ordnung finden kann: Wir spre-

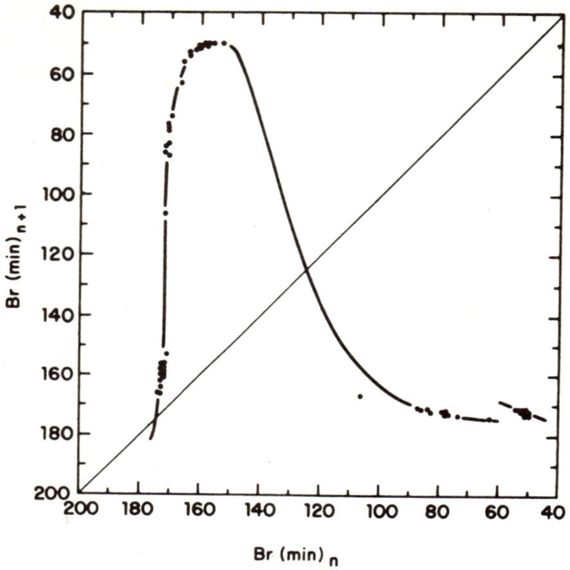

Abb. 9: *Hut-Funktion in der B.-Z.-Reaktion, aus: Hudson, Mankin*[8]

chen von einer chaotischen Bewegung. Das in Abb. 8 wiedergegebene Verhalten ist in allen Einzelheiten untersucht.[9] Es wird berichtet, daß die Chemiker eine Kaskade der Periodenverdopplung in der Belousov-Zhabotinskii-Reaktion meßtechnisch sicherstellen können. Auf dem Hintergrund der geschilderten mathematischen Ergebnisse schließt man dann auf die Möglichkeit chaotischen Verhaltens der B.-Z.-Reaktion.

Halten wir noch einmal fest: Die Reduktion eines kontinuierlichen Prozesses (1) auf einen diskreten (4) führt im allgemeinen nicht auf den eindimensionalen Fall. Vielmehr sind es diskrete Iterationen in höheren Dimensionen, welche »die typischen Eigenschaften« von Evolutionen (1) beschreiben. Oft wird eine weitere Reduktion vorgenommen, welche unter günstigen Umständen den eindimensionalen Fall herstellt. Dies ist in Abb. 9 geschehen, welche wiederum auf der Grundlage einer Messung[10] zur B.-Z.-Reaktion entstanden ist. Die Messungen sind als Punkte markiert, welche (ähnlich wie in Abb. 6) schon einen Eindruck von der zugehörigen reellen Funktion h vermitteln. Sie ist durch Interpolation der Meßdaten gewonnen und erscheint als ausgezogene Kurve. Iterationsprozesse an Funktionsverläufen mit Hutgestalt können zu völlig irregulärem Verhalten führen. Darüber gibt es eine Reihe von Ergebnissen[11], welche uns Möglichkeiten in die Hand geben, den Begriff der chaotischen Bewegung näher zu kennzeichnen.

Die diskreten Prozesse (4) sind durch Reduktion kontinuierlicher Entwicklungen (1) derart gewonnen, daß »typische Eigenschaften« bei diesem Übergang erhalten bleiben. Das bedeutet, daß die Komplexität des zeitlichen Verhaltens von (1) mindestens so groß ist wie jene von (4). Die Reduktion beachtet sogenannte »generische Eigenschaften« von Lösungen. Darunter versteht man alles, was mit hoher Wahrscheinlichkeit in Erscheinung tritt. Alles andere, was sonst noch möglich ist, wird ausgeblendet. Es sind sehr scharfsinnige Überlegungen nötig, um in verschiedenen Zusammenhängen Generizität durch mathematische Eigenschaften zu definieren, damit Aussagen formuliert und im strengen Sinne bewiesen werden können.

Diskrete kontra kontinuierliche Modelle

Die im letzten Abschnitt skizzierte Entwicklung hat die Aktivität ganz auf die Untersuchung von Iterationsprozessen (4) gelenkt. Bevor wir fortfahren, sei folgendes klar herausgestellt: Bisher treten die zeitlich diskreten Evolutionen (4) als reines Hilfsmittel zum Verständnis zeitlich kontinuierlicher Evolutionen (1) auf. (4) wird aus (1) unter Erhaltung generischer Eigenschaften hergeleitet. Den Vorgang haben wir anhand eines Verhulst-Prozesses (5) genauer studiert: Die (4) definierende Funktion h ist in (7) angegeben. Bei dieser Auffassung liefern selbstverständlich alle Sätze über diskrete Prozesse (4) Aussagen für kontinuierliche Evolutionen (1). Im Verlauf der weiteren Diskussion wird die kontinuierliche Beschreibungsweise

(1) übergangen und die diskreten Prozesse (4) direkt zur Beschreibung von Vorgängen in der Natur benutzt. Vollzieht man diesen Schritt, so hat man eine Entscheidung darüber getroffen, ob die Natur zeitlich diskret oder kontinuierlich beschreibbar ist. Diese Entscheidung kann von außerordentlicher Tragweite sein. Davon soll in den letzten Abschnitten die Rede sein.

Zunächst sehen wir uns einige Ergebnisse über diskrete Prozesse (4) an. Den eindimensionalen Fall einer reellen Funktion h haben wir schon beleuchtet. Der nächste Fall ist ein Prozeß (4) mit zwei unabhängigen, reellen Variablen. h bildet dann eine Teilmenge der Ebene in die Ebene ab. Hier gibt es eine ganze Reihe analytischer Ergebnisse.[12] Wir ziehen es in diesem Rahmen aber vor, auf Computersimulationen[13] hinzuweisen. Bei ihnen handelt es sich zunächst darum, in einem vorgegebenen Ausschnitt der Ebene möglichst viele Prozesse der Art (4) zu starten und deren Verlauf zu beobachten. Man versucht, zeitlich geordnete, diskrete Evolutionen von solchen zu unterscheiden, welche keine zeitliche Ordnung erkennen lassen. Im einfachsten Fall färbt man alle Ausgangspunkte einer Evolution (4), welche sich zeitlich geordnet verhalten (etwa gegen einen stationären Punkt konvergieren oder einer periodischen Bewegung zustreben) mit einer festen Farbe (z. B. hell). Die übrig bleibenden Punkte unseres Testgebietes werden z. B. dunkel gefärbt. Bei dieser Strategie wird der Prozeß (4) eine feste Anzahl von Schritten verfolgt (etwa 5000 oder 10000 Schritte). Hat sich bis dahin keine geordnete zeitliche Struktur eingestellt, so wird der Ausgangspunkt zur dunkel gefärbten Ausnahmemenge geschlagen. Sucht man ein festes Areal in der Ebene mit einem hinreichend dichten Netz von Startwerten für (4) ab, so bleibt eine Punktmenge schwarz gefärbt übrig, die Ausgangspunkte von Evolutionen (4) mit chaotischem Verhalten sein können. Solche Mengen werden heute Fraktale genannt.[14] Unsere Abb. 10 zeigt Fraktale dieser Art. Für weitere Beispiele, in denen auch durch verschiedene Färbung größere Unterschiede im zeitlichen Verhalten herausgearbeitet werden, verweisen wir auf die in den Anmerkungen 7 und 13 genannte Literatur. Man sieht auf solchen Bildern,

Abb. 10: *Fraktale, aus: Peitgen, Richter*[15]

welch bizarre Gestalten Fraktale annehmen können. Auch Abb. 7, welche als Resultat einer Messung bei der B.-Z.-Reaktion erstellt wurde, ist ein Fraktal. So entstehen geometrische Objekte in einem endlichdimensionalen (nicht notwendig zweidimensionalen) Raum, welche charakteristische Eigenschaften von kontinuierlichen Evolutionen (1) enthalten, falls der zugehörige diskrete Mechanismus (4) in geeigneter Weise aus einem kontinuierlichen Prozeß (1) entstanden ist. Man versucht, diese Objekte geometrisch zu beschreiben, etwa durch ihre sogenannte fraktale Dimension. Mit Hilfe solcher Begrifflichkeiten möchte man mehr über mögliches chaotisches Verhalten von (4) erfahren. Aussagen über Fraktale, welche einen sicheren Schluß auf die Chaotik diskreter Evolutionen zulassen, scheinen heute noch auszustehen.

Wir gehen nun auf den oben angekündigten Schritt ein, in der Natur auftretende Vorgänge direkt durch zeitlich diskrete Prozesse zu modellieren. Die damit verbundene Problematik wollen wir an einem einfachen Beispiel, welches aber die ganze Tragweite der Unternehmung aufdeckt, demonstrieren. Wir meinen die Entwicklung einer Population, welche bei kontinuierlicher Beschreibung zur Verhulst-Gleichung führt und deren

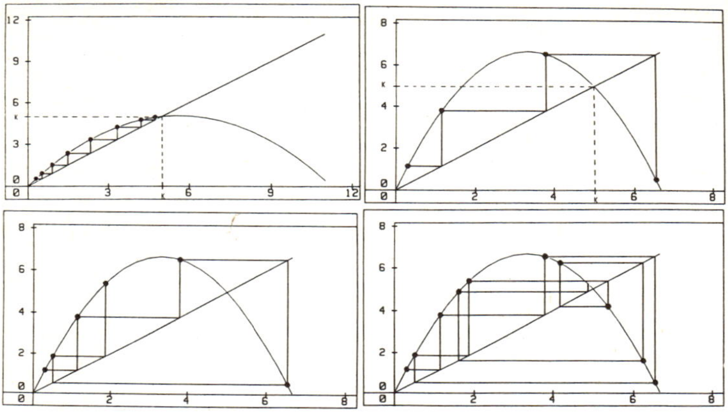

Abb. 11: *Diskrete Modellierung der Entwicklung einer Population: Populationsumfang (Ordinate) über der diskreten Zeit (Abszisse).*

Lösungen durch (5) vollständig angegeben sind. Die analoge diskrete Beschreibung liefert den Iterationsprozeß

(10) $$x_{n+1} = x_n + \lambda x_n \left(1 - \frac{x_n}{K}\right), \qquad \lambda = RT.$$

Die positiven Konstanten R, K und T haben dieselbe Bedeutung wie in (6) und sind am Anfang dieses Abschnitts erklärt. Man erkennt sofort, daß (10) von der allgemeinen Form (4) ist, falls wir die Funktion h durch

(11) $$h(x) = x + \lambda x \left(1 - \frac{x}{K}\right), \qquad \lambda = RT$$

definieren. Unsere Abb. 11 zeigt den Verlauf von (11) und eine typische Folge (10). Dem Leser wird die Ähnlichkeit der Funktionsverläufe in den Abbildungen 11 und 9 sofort ins Auge springen. Mit Blick auf den biologischen Hintergrund sollte eigentlich ein Vergleich mit Abb. 6 näherliegen. Die Abbildungen 6 und 11 haben jedoch nur den Fixpunkt bei K gemeinsam.

Während in Abb. 6 alle Evolutionen monoton verlaufen und gegen K konvergieren, sind die Iterationsprozesse in Abb. 11 eher mit denen aus Abb. 9 zu vergleichen. Man erwartet wieder die Möglichkeit chaotischen Verhaltens, welches auch tatsächlich eintritt, falls $\lambda = RT$ in (10) groß genug gewählt ist. Dazu müssen wir Abb. 11 genauer erklären: Zunächst betrachten wir die beiden Zeichnungen der oberen Zeile. Von der linken zur rechten Zeichnung wächst $\lambda = RT$. Die Iterationsfolge in der linken Zeichnung zeigt einen zeitlich geordneten gegen K strebenden Prozeß, jenem aus Abb. 6 vergleichbar. In der rechten Zeichnung dagegen erleben wir zeitlich ungeordnetes Verhalten: Die beiden Zeichnungen in der zweiten Zeile von Abb. 11 verfolgen diesen Prozeß über weitere Iterationsschritte. Der Leser kann an den Punkten auf dem Graphen von (11) die Evolution verfolgen und sich von ihrem unregelmäßigen Charakter überzeugen. Unsere Abb. 11 durchlebt also eine dramatische Entwicklung, wenn wir $\lambda = RT$ hochtreiben. Bei festgehaltenem R bedeutet dies, daß wir nur die Beobachtungszeitpunkte, welche ja durch T bestimmt werden, anders legen müssen, um von zeitlich regulärem zu zeitlich chaotischem Verhalten zu gelangen. Es leuchtet sofort ein, daß das Verhalten eines Systems von den Beobachtungszeitpunkten unabhängig sein muß. Daher könnte man argumentieren, daß zur Erhöhung von $\lambda = RT$ nicht T, sondern R wachsen wird. Das würde bedeuten, daß wir bei erhöhter Wachstumsrate chaotisches und bei geringerer Wachstumsrate zeitlich geordnetes Verhalten vorfinden müssen. Dieser Unterschied wird durch das kontinuierliche Modell (vgl. Abb. 6) nicht gemacht. Welches Modell beschreibt nun die Entwicklung von Populationen genauer? Um hier eine Entscheidung wirklich treffen zu können, müßte eine Population mit hoher Wachstumsrate bekannt sein, deren Entwicklung wirklich chaotisch verläuft. Gibt es aber Populationen dieser Art? Welchen Stellenwert haben chaotische Strukturen überhaupt in der Natur? Daß sie beobachtet werden oder daß natürliche Objekte mindestens zu chaotischem Verhalten veranlaßt werden können, ist sicher. Man hört häufig die Ansicht, daß chaotische Erscheinungsformen auf etwas Unnormales, Veränderungsbedürftiges hinweisen. Dann wären sie allenfalls Übergangsformen und in der Natur im allgemeinen nicht realisiert. Die Beschreibung durch einen zeitlich diskreten Prozeß (4) läuft in die Schwierigkeit, die Übergangsfunktion h richtig zu erfassen. Dabei sind eben doch alle jene Vorgänge zu berücksichtigen, welche im Zeitraum $n \rightarrow n + 1$ ablaufen. Dieses im Grunde wohl kontinuierliche Geschehen muß durch h richtig repräsentiert werden.

Die oben erwähnten Bilder zeitlich diskreter Prozesse werden oftmals auch ganzheitlich wie ein Kunstwerk gesehen und interpretiert. Diesen Aspekt findet der Leser bei Peitgen und Richter[13] ausführlich behandelt. Es ist dann nicht einfach festzumachen, welche Art von Erkenntnis anhand der Bilder gewonnen wird. Eines haben die Bilder allerdings ans Licht gebracht: Überraschend einfache Mechanismen, welche zu sehr simplen Funktionen h in (4) gehören, entfalten eine wunderbare Vielfalt von Phänomenen. Ein augenfälliger Beweis dafür, daß große Vielfalt und Komplexität aus einfachen Gesetzmäßigkeiten folgen kann. Das Vertrauen auf eine einfache Beschreibung der Natur, mag ihr Erscheinungsbild noch so komplex sein, ist eine ständige Triebfeder wissenschaftlichen Denkens.

Anmerkungen zur Literatur

1 V. Weizsäcker, C. F., Kritik der Wissenschaften, Tonbandnachschrift der Vorlesungen an der Universität Hamburg im Wintersemester 1968/69. Hamburg 1969.

2 Prigogine, I., Vom Sein zum Werden. München 1980.

3 Gierer, A., Meinhardt, H., A theory of biological pattern formation. Kybernetik 12, 30–39, 1972, sowie Meinhardt, H., Models of Biological Pattern Formation. London 1982.

4 Martiel, J.-L., Goldbeter, A., A model based on receptor desensitization for cyclic AMP signaling in Dictyostelium cells. Biophys. J. 52, 807–828, 1987.

5 Freund, A., Kruel, Th., Schneider, F. W., Distinction between deterministic chaos and amplification of statistical noise in an experimental system. Ber. Bunsenges. Phys. Chem. 90, 1079–1084, 1986.

6 Takens, F., Detecting strange attractors in turbulence. In: Dynamical Systems and Turbulence. Lecture Notes in Mathematics 898, D. A. Rand, L. S. Young (eds.), S. 366. Heidelberg 1981.

7 Peitgen, H.-O., Richter, P. H., Harmonie in Chaos und Kosmos. Sparkasse Bremen (Ausstellung 19. 1.–3. 2. 1984), 1984.

8 Hudson, J. L., Mankin, J. C., Chaos in the Belousov-Zhabotinskii reaction. J. Chem. Phys. 74 (11), 6171–6177, 1981.
9 S. dazu Collet, P., Eckmann, J. P., Iterated Maps on the Interval as Dynamical Systems. Progress in Physics, Vol. 1, Basel 1980; Grossmann, S., Thomae, S., Invariant distributions and stationary correlation functions. Z. Naturforsch. 32, 1353–1363, 1977; Li, T. Y., Yorke, J. A., Period 3 implies chaos. Amer. Math. Monthly 82, 985, 1975.
10 Hudson/Mankin, a. a. O.
11 Vgl. die in Anm. 9 genannten Titel.
12 Moser, J., Stable and Random Motions in Dynamical Systems. Ann. of Math. Studies 77, Princeton Univ. Press, 1973.
13 Mandelbrot, B. B., Die fraktale Geometrie der Natur. Basel 1987, sowie Peitgen/Richter, a. a. O., und Peitgen, H.-O., Richter, P. H., The Beauty of Fractals. Heidelberg 1986.
14 Mandelbrot, a. a. O.
15 Peitgen/Richter, The Beauty of Fractals, a. a. O.

Die Autoren

GEROLD ADAM ist Professor für Biologie an der Universität Konstanz.

ERICH BOHL ist Professor für Mathematik an der Universität Konstanz.

ERNST PETER FISCHER ist Privatdozent für Ideengeschichte an der Universität Konstanz.

ERNST FLOREY ist Professor für Biologie an der Universität Konstanz.

HERMANN HAKEN ist Professor für Theoretische Physik an der Universität Stuttgart.

ROLF KNIPPERS ist Professor für Biologie an der Universität Konstanz.

BERND-OLAF KÜPPERS ist wissenschaftlicher Mitarbeiter am Max-Planck-Institut für Biophysikalische Chemie in Göttingen.

KLAUS MAINZER ist Professor für Philosophie und Wissenschaftstheorie an der Universität Augsburg.

HANS PRIMAS ist Professor für Physikalische Chemie an der ETH Zürich.

ARNE WUNDERLIN ist Privatdozent für Theoretische Physik an der Universität Stuttgart.

Bernd-Olaf Küppers

Der Ursprung biologischer Information

Zur Naturphilosophie der Lebensentstehung
Vorwort von Carl Friedrich von Weizsäcker.
319 Seiten mit 26 Abbildungen und 5 Tabellen. Serie Piper 1313

Zu den faszinierendsten, zugleich aber kompliziertesten Problemen der modernen Naturwissenschaften gehört die Frage nach dem Ursprung des Lebens.
Die Behandlung dieses Problemkreises stellt höchste Ansprüche an eine interdisziplinäre Forschungstätigkeit. Physik und Chemie, Molekularbiologie und Populationsgenetik, Informations- und Spieltheorie – das sind Wissenschaftszweige, aus denen Methoden und Begriffe in die moderne Theorie der Lebensentstehung einfließen.

Bernd-Olaf Küppers (Hrsg.)
Ordnung aus dem Chaos

Prinzipien der Selbstorganisation und Evolution des Lebens
Mit Beiträgen von A. Dress, H. Haken, B. Hess, B.-O. Küppers, Ch. v. d. Malsburg, M. Markus, H. Meinhardt, D. Pörschke, P. H. Richter, H.-J. Scholz, K. Schulten und P. Schuster.
284 Seiten. Serie Piper 743

Die Ergebnisse der molekularen Biologie vermitteln uns inzwischen einen tiefen Einblick in den materiellen Aufbau lebender Systeme, deren Entstehung und Evolution. Das Lebendige muß heute nicht mehr als das Resultat geheimnisvoller immaterieller Kräfte angesehen werden, sondern vielmehr als Ergebnis eines gigantischen Selbstorganisationsprozesses der Materie, in dessen Verlauf sich auch das Leben allmählich aus einem molekularen Chaos heraus entwickelt hat.

Leben = Physik + Chemie?

Das Lebendige aus der Sicht bedeutender Physiker. Ein Lesebuch, herausgegeben und eingeleitet von Bernd-Olaf Küppers.
256 Seiten. Serie Piper 599

Die Frage, ob und inwieweit sich die Lebenserscheinungen physikalisch erklären lassen, gehört zu den grundlegenden Fragen der modernen Naturwissenschaften. Sie besitzt einen praktischen Aspekt insofern, als sich die Molekularbiologen anschicken, das Erbmaterial mit Hilfe physikalisch-chemischer Techniken zu manipulieren und die Evolution im Reagenzglas nachzuvollziehen. Zum anderen trägt sie bei zur Klärung eines uralten Problems, des Zusammenhangs von Geist und Materie.

Ernst Peter Fischer

Das Atom der Biologen

Max Delbrück und der Ursprung der Molekulargenetik
282 Seiten. Serie Piper 759

Max Delbrück (1906–1981) gilt als der Wegbereiter der Molekularbiologie, der vielleicht modernsten aller Naturwissenschaften, die sich mit der Erforschung der Grundlagen des Lebens beschäftigt. Aus der bekannten Berliner Familie der Delbrücks stammend, studierte Delbrück zunächst Physik und Astronomie. Angeregt durch die Entdeckung der Quantentheorie begann er, die neuen Erkenntnisse über die Atome zu nutzen und sie auf die Mikrobiologie zu übertragen. Anhand von Bakteriophagen arbeitete er, seit 1937 in den USA, über Genmutationen und Gen-Rekombinationen. Später wandte er sich der Erforschung einfacher Lebewesen zu, um so das Phänomen der Wahrnehmung analysieren zu können. 1969 erhielt er den Nobelpreis für Medizin.
Ernst Peter Fischer rekonstruiert anhand des Lebenslaufes von Delbrück die Ursprünge der Molekulargenetik. Kaum eine Wissenschaft hat in den letzten Jahrzehnten einen so großen Aufbruch erlebt wie die Molekularbiologie; die Tragweite der Forschungen auf diesem Gebiet läßt sich noch kaum abschätzen.